경제안보시대,
글로벌 무역의 새로운 길

입사 면접 및 논술 필독서이자
기업인의 경영전략 인사이트 창고

경제안보시대, 글로벌 무역의 새로운 길

입사 면접 및 논술 필독서이자 기업인의 경영전략 인사이트 창고

초판 1쇄 발행 2023년 5월 23일

지은이 최용민
펴낸이 유창남
펴낸곳 콜트맨

편집인 정국현
교정교열 유미순
홍보마케팅 박덕정, 박해인

출판등록 2022년 3월 29일 제2022-000028호
주소 서울특별시 성동구 아차산로17길 49, 생각공장데시앙플렉스 213호
전화 02-6949-2596 **이메일** info@allixglobal.kr

값16,000원 ISBN 979-11-982060-0-8

@최용민, 2023

이코노미 조선, 중앙일보, 조선일보 등에 기고문과 인터뷰

경제안보시대,
글로벌 무역의 새로운 길

입사 면접 및 논술 필독서이자 기업인의 경영전략 인사이트 창고

최용민(경영학 박사) 지음

콜트맨

 글로벌 무역은 기본적으로 생산비 차이에서 그 동력을 찾는다. 오래전에 형성된 고전적인 무역이론은 노동을 투입하는 생산단위가 국가별로 다르기 때문에, 보다 저렴하게 생산할 수 있는 제품의 생산에 전념하여 상품을 서로 교환하는 것이 모두에게 이롭다는 결론에서 출발한다. 이런 논리는 누구에게나 쉽게 이해되고 현장에서도 바로 확인되기 때문에 세계화의 디딤돌로 작용하였다. 이것은 세계적으로 유한한 자원을 효율적으로 사용할 수 있다는 논리에도 부합하기 때문에 모두에게 환영받았다.

 무역강국이란 그 국가의 대외경쟁력이 높다는 것을 말한다. 수출액이 늘어나면 부자가 되고 수입이 늘어 무역적자가 발생하면 외화가 부족하여 외환위기로 빠져든다는 이론은 대부분의 나라에서 통한다. 정치인들은 지구 반대편의 나라에서 큰 사건이 터져도 우리와 무관하다고 말하기도 하지만, 무역이라는 씨줄과 날줄로 연결된 우리의 일상을 감안하면 이 말은 전혀 사실이 아니다. 오히려 지구 반대편의 미풍이 우리에게 광풍으로 다가오기도 한다. 나비효과를 넘어 모두가 동고동락하는 세계화 시대가 이미 보편화되어 있다.

한국은 무역으로 성장한 나라다. 한국경제를 설명할 때 무역을 가장 앞세우는 것은 낯설지 않다. 1960년대 경제발전 가능성이 전혀 없다는 혹평을 듣던 나라에서 이제는 민주화를 완성하고 경제 강국으로 동시에 올라선 거의 유일한 나라라고 칭송받는 상황이다. 2022년 실적으로 보면 세계 수출순위 6위로 뛰어올라 무역강국을 넘어 일본을 추월할 기세다. 반도체, 선박, 자동차 등이 전세계 시장을 누비면서 'Made in Korea'의 가치를 높이고 있다. K-팝으로 대표되는 서비스 상품도 글로벌 시장을 넘나들며 새로운 기록을 갈아치우고 있다.

그러나 코로나19 팬데믹과 미·중간 경제전쟁은 전세계 무역률의 게임체인저가 되고 있다. 기존에 비용과 효율 중심의 거래구조가 무너지고 안정과 안전을 중시하는 공급망 구축이라는 새로운 전략이 확고하게 자리잡고 있다. 나에게 보다 많은 이익을 주는 파트너를 찾았다면 미·중간 격돌 이후에는 적어도 믿을 만한 친구와 거래하거나 적대 관계가 형성될 가능성이 거의 없는 곳에 생산기지를 두는 국익 위주의 전략(Friendly Shoring)인 경제안보가 글로벌 무역을 지배하고 있다. 우크라이나와 러시아 간 전쟁은 원자재의 안정적 확보가 매우 중요함을 다시 한번 일깨우고 있다. 부품소재를 제작하는 데 필요한 광물의 국제 시세가 수십 배 상승하기도 하고 이를 우선적으로 확보하기 위해 기업은 물론 정부가 다툼을 벌이는 형국이다.

경제안보로 대표되는 새로운 조류 속에서 한국의 무역전략은 분명히 달라져야 한다. 특히 연간 600억 달러(2013년)가 넘는 무역 흑자를 보이던 대중국 무역이 적자로 돌아서 성장엔진으로서의 기능을 상실하고 있음을 감안할 때 더욱 그러하다. 경제안보가 최우선 고려요소라는 점을 참고하여 기업들이 글로벌 플레이어로 우뚝 설 수 있도록 규제를 완화하고 금융과 상품 등을 믹스한 복합거래가 가능하도록 상사들을 육성하며 해외자원 투자에도 중장기 플랜을 가동해야 한다. 수천 개에 달하는 필수부품의 안정적인 조달을 위해 공급망을 수시로 점검하여 플랜B를 상설화하고 브랜드마케팅을 강화하여 고급소비재 수출에 앞장서야 한다. 또한 중소기업과 스타트업들이 글로벌 신트렌드인 데이터 농업, 웰리스, 팬덤 마케팅 등에 적극 참여하여 해외로 외연을 확장해야 한다. 그리고 디지털 무역이슈와 AI(인공지능)에 대한 전문가를 육성하여 미래의 무역룰 전쟁에 대비해야 한다.

글을 쓰면서 상상한 모습이 있다. 이 책으로 대학생들이 상식을 넓혀 면접이나 논술 등 입사시험에 좀 더 차별화된 멋진 답안을 썼다고 미소 짓길 바란다. 또한 시간에 쫓기는 기업가들이 바쁜 틈에도 짬을 내어 읽으면서 글로벌 비즈니스의 큰 흐름을 다시 짚어

보고 경영에 필요한 인사이트에 밑줄 치는 모습을 기대해 본다. 한 번이 아니라 두 번이나 세 번 읽혔으면 하는 바람도 가져본다.

 글을 쓰고 책을 낸다는 것은 지난한 일이다. 세계경제의 흐름을 꿰뚫는 주제를 잡아 시의성 있게 탈고하는 것은 저자의 능력을 뛰어 넘음을 고백한다. 다행히 주위에서 많은 도움을 주었음을 밝히고자 한다. 한국무역협회 국제통상연구원장을 맡을 때 연을 맺은 많은 연구원과 직원들의 협조가 있었고 이코노미 조선의 오광진 국장님의 자문도 큰 역할을 했다. 선뜻 출판에 동의해 주고 좋은 디자인으로 꾸며준 (주)올릭스글로벌의 유창남 대표와 정국현 이사께 감사의 인사를 드린다. 그리고 한국무역호를 탁월하게 리드하고 계시는 구자열 무역협회 회장님께 감사를 전한다. 끝으로 한국무역의 총본산인 강남구 삼성동 무역센터의 자산과 안전을 책임지는 WTC Seoul의 식구들과 이 책을 출판하는 기쁨을 나누고자 한다.

2023년 5월 트레이드 타워에서
글쓴이 최용민

차례

1장 | 공급망과 경제안보에 사활을 건다

2장 | 미국과 중국의 통상대결, 누가 이기나?

3장 | 디지털과 혁신으로 거듭난다

4장 | 한국경제의 미래를 위한 제언

경제안보시대, 글로벌 무역의 새로운 길

입사 면접 및 논술 필독서이자 기업인의 경영전략 인사이트 창고

1장 | 공급망과 경제안보에 사활을 건다

글로벌 각자도생 시대,
경제와 안보는 일체다

효율보다 안정을 추구하는 경제안보시대

이제 '경제·안보'라고 두 단어가 별개인 것처럼 쓰면 안 된다. 구분을 없앤 '경제안보(Economy Security)'라는 단어가 더 자연스럽다. 경제와 안보(국방)가 동전의 앞뒤처럼 일체형으로 기업현장을 지배하고 국가의 대외경제 정책의 근간으로 회자되고 있기 때문이다. 특히 경제 강국들이 경제 아젠더를 처리함에 있어 안보를 핵심가치로 삼으면서 수비에 그치지 않고 경제를 통한 보복의 칼을 갈고 있다. 일자리와 기술유출의 문제가 아니라 국가안보 차원에서 자국인이라도 외국기업과의 수상한(?) 접촉을 단죄하려는 법규가 경쟁적으로 나오고 있다. 미·중 대결에 이어 우크라이나를 두고 미·러가 대결구도를 형성하면서 안보는 글로벌 경제에 상수(常數)가 되었다.

일본은 조용하지만 단호하게 경제안보에 앞장서 나가고 있다. 일본 정부는 '경제안전보장추진법'을 통해 국민 생활이나 경제에 필요한 중요 물자를 안정적으로 확보할 공급망 강화, 사이버 공격에 대비한 기반시설 사전 심사, 민관 첨단기술 협력, 특허 비공개 등에 힘쓰는 한편 각각의 위반 사항에 대한 벌칙 조항도 마련하였다. 사이버 공격에 대비하고 첨단 기술의 유출을 철저히 방지하기 위해 관련 위반자(연구자)를 2년 이하의 징역형으로 처벌하는 안을 만들었다. 특히 전기, 가스, 석유, 수도, 전기통신, 방송, 우편, 금융, 신용카드, 철도, 화물차 운송, 외항 화물, 항공, 공항 등 14개 분야 중요시설에 사이버 공격을 받을 우려가 있는 외국 제품(부품)이 사용되지 않았는지 정부가 심사하도록 규정하였다. 이들 업무에 종사하는 민간기업은 중요 시스템을 도입할 때 시설개요, 부품 정보, 유지·관리 위탁기업 등을 기재한 도입계획서를 주무 장관에게 제출하도록 의무화해 민간자율이라는 선을 넘었다는 평가도 나오고 있다. 여기에 계획서를 안 내거나 허위로 작성하면 2년 이하의 징역, 또는 100만엔 이하의 벌금으로 처벌한다는 내용도 반영됐다. 더불어 민간 차원에서 첨단 기술유출이나 기밀을 유출하는 데에도 비슷한 수준의 처벌이 뒤따르게 했다.

2021년 하반기에 일본 정부는 조직개편을 단행했는데 매우 특이한 점이 있었다. 경제안보상이라는 자리를 신설하여 국가안전보장국, 총무성, 외무성, 방위성, 경제산업성, 재무성, 문부과학성, 경찰청, 공안조사청, 금융청 등에 대한 관련 업무를 총괄·지시하도록 막강한 권한을 부여하였다. 주요 업무를 소개하면서 정보보다는 첩보를 의미하는 '인텔리전스(Intelligence)'라는 용어를 강조하여 경제 위에 안보를 두는 격이다. 그 책임자로 40대의 중의원(하원)이 발탁되어 무게감이 실리고 있다.

국제통상에서 중간자적 입장을 견지해온 유럽연합(EU)은 최근 안보에 방점을 둔 통상조치를 내놓았다. EU는 제3국의 경제적 위협으로부터 회원국의 이익을 보호하기 위해 필요시 즉각적인 보복조치를 취할 수 있는 법안을 추진하고 있다. '통상위협대응규정'이라는 표제를 달고 있는 이 법안은 회원국이 경제적으로 불이익을 당하면 상품, 서비스, 외국인투자, 공공조달, 금융서비스 등으로 대응조치를 하도록 규정하고 있다. 의결조건도 만장일치에서 가중다수결로 완화하여 신속한 집행을 가능케 하였다. 특히 긴급할 경우 의결 없이도 EU 집행위가 곧바로 보복조치를 할 수 있도록 예외도 허용하였다. EU가 이처럼 강력한 조치에 첫발을 뗀 것은 WTO(세계무역기구) 상소기구 마비로 다자간 무역 및 통상분쟁 해결이 요원해졌다는 판단과 안보 관점에서 경제를 봐야 한다는 시각에 기인한다.

자국 생산의 보호무역주의로 회귀

미국은 중국을 견제하기 위해 미국 내 반도체 연구 지원 및 생산 보조에 520억 달러를 투입하는 것을 핵심으로 한 '미국경쟁법(The American COMPETES)'에 대한 입법 절차를 마무리하였다. 미국 연방 하원이 2022년 1월에 발의해 속전속결로 통과시킨 것이다. 이 법안은 2021년 6월에 중국을 견제하고 첨단산업을 육성하기 위해 발의된 '미국혁신경쟁법(USICA)'에 비해 보다 공격적인 내용을 담은 것으로 평가된다. 핵심내용 중 하나는 반도체산업의 경쟁력 제고를 위해 연방예산을 대거 투입하고 상무부를 실행기관으로 지정하여 집행력을 보강한 것이다. 미국경쟁법에서 가장 눈에 띄는 대목은 해외투자심사 및 규제책이다. 핵심품목의 공급망에 대한 중국 의존도를 줄이기 위해 국가안보를 이유로 해외투자를 규제할 수 있는 제도를 자본주의 시장국가에서 처음으로 채택하였다. 기존에는 경영상 자율권이 손상된다는 이유로 산업계가 반발하고 이에 미국 금융위원회가 동조하면서 물거품이 된 적이 있다. 또한 중국과 같은 비시장경제 국가로부터 수입을 금지하는 기준이 신설되었고, 중국은 물론 북한, 러시아, 이란을 '우려 대상국'으로 지정해 해당 국가 출신의 연구원이 미국 예산이 들어간 연구개발 및 교육 프로젝트에 참여하지 못하도록 하였다. 여기에는 홍콩 민주주의 관련 예산 배정, 신장위구르자치구 인권탄압 관련 망명인사 정착지원 등 중국이 민감해 하는 부분이 상당수 포함됐다.

중국, 반외국 제재법으로 미국에 대립각

미국과 대립각을 세우면서도 주로 수비에 의존해 온 중국은 2021년 6월에 '반외국 제재법(反外國制裁法)'을 통해 중국 정부나 기업이 외국으로부터 차별적인 제재조치를 받는 경우 보복할 수 있도록 명시했다. 보복 대상을 해당자의 친족까지로 확대하고 대상자(블랙리스트)에게는 입국 거부, 국외 추방, 중국 내의 재산 동결, 중국 기업과의 거래 금지 등이 가능하게 만들었다. 더욱 무서운 내용은 그 다음에 있다. 특정 국가의 부당한 제재에 제 3국이 협력했을 경우, 중국도 같은 보복 조치를 취할 수 있도록 명문화한 것이다. 예를 들어 미국의 조치로 한국 기업이 중국에 대한 수출을 줄이거나 중단한다면 그것도 보복조치 대상이 될 수 있어 국내 기업들이 미·중 대결에서 이러지도 저러지도 못하는 상황에 빠질 수 있다.

기존에는 경제와 안보는 다른 각도이고 서로 큰 관련이 없는 것으로 여겼다. 어찌보면 경제를 위해 안보를 약간 희생시키는 측면도 있었다. 일자리 지키기나 경제활성화에 역행한다면서 국가 밖의 경제행위를 자제해 달라는 정도였다. 그러나 이제는 경제를 안보의 프리즘에 올려놓고 국가의 역량을 총 동원하여 상대국에 이로운 행위를 막는 형국이다. 법을 통해 강제하고 보복하는 것에 기업은 물론 개인도 예외가 아니게 됐다. 블랙리스트와 첩보라는 명사가 글로벌 비즈니스 한복판을 점령하고 있을 뿐만 아니라 앞으로 상당기간 같은 흐름이 지속될 것으로 예견된다.

〈표〉 주요국의 경제안보관련 입법 동향

국가(법안명)	주요 내용	기타
일본 (경제안전보장추진법)	-공급망 강화, 사이버 공격에 대비한 민관 첨단기술 협력, 특허 비공개 등 -전기, 가스 등 14개 분야 중요시설에 외국 제품 사용 심사 -위반 연구자 2년 이하의 징역형으로 처벌	경제안보상 신설
EU (통상위협대응규정)	-경제적으로 불이익을 당하면 상품, 서비스, 외국인투자, 공공조달, 금융서비스 등으로 대응조치 -긴급할 경우 의결 없이도 EU 집행위가 곧바로 보복조치 가능	의결조건 만장일치에서 가중다수결로 완화
미국(미국경쟁법)	-반도체 연구 지원 및 생산 보조에 520억 달러를 투입 -국가안보를 이유로 해외투자를 규제 가능 -중국, 북한, 러시아, 이란 등을 '우려 대상국'의 연구원을 미국 예산이 들어간 연구개발 및 교육 프로젝트에서 배제	미국혁신경쟁법 (USICA)보다 강화
중국(반외국 제재법)	-외국으로부터 차별적인 제재조치를 받은 경우 보복 -특정 국가의 부당한 제재에 제3국(기업)이 협력했을 경우, 같은 보복 조치 가능	친족도 블랙리스트화

자료: 국제무역통상연구원 및 저자 정리

왜 글로벌 경제제재는
실패하는가

촘촘하지 못한 규제와 국가간 공조 한계

글로벌 경제뉴스에서 자주 등장하는 경제제재는 상당수가 '실버 블릿(Silver Bullet)'이라고 믿지만 조금만 시간이 흐르면 겉만 번지르한 말 잔치로 추락하는 경우가 흔하다. 은으로 만든 총알은 전설 속에 나오는 뱀파이어나 늑대인간, 그리고 초자연적인 존재를 죽일 수 있는 결정적인 무기를 뜻한다. 이말은 아무리 복잡하고 풀기 어려운 상황을 단번에 해결해 줄 수 있는 획기적인 타개책을 의미하는 관용어로 서구에서 널리 쓰인다. 우리가 잘 아는 '스모킹 건(Smoking Gun)'이 사건 해결의 가장 확실한 단서를 의미한다면, '실버 블릿'은 한 단계 더 높은 완벽한 해결책을 말한다는 점에서 글로벌 리더들이 사랑하는 단어다. 러시아가 우크라이나를 침공하면서 미국과 EU(유럽연합)는 은으로 만든 총알을 장전하고 방아쇠를 당겼다. 그 결과는 어떠했을까? 아직 최종적인 결론을 단정하긴 이르지만 러시아가 손들고 나올 만한 확실한 효과와는 거리가 멀다는 뉴스가 도배를 하고 있다.

중국을 제외한 경제강국들이 러시아에게 우크라이나에서 물러나라고 제재 조치를 앞다퉈 내놓았다. 전쟁 초기에 러시아에 치명상을 입힐 조치들이 많이 거론되었지만 얼마나 실행될지 알 수 없었다. 전쟁이 장기화되면서 미국을 비롯한 서방진영은 가스와 원유를 비롯한 주요 수출품에 빗장을 걸고 경제제재 중 최고의 압박수단인 국제적인 금융거래 네트워크에서 러시아 은행들을 퇴출시켰다. 곧바로 러시아 통화인 루블화의 가치가 폭락하고 외국에 예치되어 있던 상당수의 외환이 묶이면서 러시아는 디폴트(외채상환중단)와 같은 막다른 골목으로 내몰리게 되었다. 러시아가 루블화로 외채를 갚겠다고 선언했지만 대외 신인도가 낮은 루블화는 절대로 달러를 대신할 수 없었다. 개전 초기 전황도 좋지 않고 경제적인 타격이 심해 러시아가 쉽게 백기를 드는 것이 아닐까라는 전망도 있었다. 실제로 전쟁발발 후 스마트폰에 대한 대러시아 수출규모가 절반 정도로 줄고 루블화 가치는 50% 정도 폭락하더니 곧바로 80% 까지 추락했다. 러시아에서 활동 중인 많은 글로벌 기업들이 영업을 중단하고 일부는 철수하면서 주식 시장도 폭락을 멈추지 않았다.

선전효과에 멈추는 복수 칼날

그러나 얼마 가지 않아 반전이 일어난다. 미국 등이 러시아를 압박하는 가장 효과적인 수단은 러시아석유에 대한 수입중단조치이다. 그러나 그린피스는 우크라이나 침략 후 EU 국가들이 러시아에서 수입한 가스와 석유, 석탄이 356억 달러(44조 원)에 달할 정도로 규모가 커서 수입규제가 유명무실하다고 평가했다. 최근 언론에 등장한 푸틴은 러시아 경제가 매우 좋다고 자랑까지 하고 있다. 폭등했던 루블화 환율은 벌써 전쟁 전인 2022년 2월 초 수준으로 돌아갔고 대외거래 성적표도 매우 좋다. 이는 심리전을 위한 허풍이 아니다. 모두가 러시아 내 외화고갈을 노렸지만 2022년 1/4분기 경상수지 흑자는 580억 달러를 기록, 분기 기준 사상 최고치다. 다만, 소비자 물가는 개전 이후 9.4% 올랐고, 연간으로는 17.5% 상승이 예상되면서 인플레이션 압력이 심하지만 전쟁과 서방 제재를 고려한다면 매우 미미한 수준이라는 평가다. 푸틴은 한 술 더 떠 서방측을 걱정하고 있다. 제재가 서방의 인플레이션 및 실업, 경제 역동성 약화, 생활 수준 저하를 초래하고 있다고 위협하고 있다.

엄청난 파장을 몰고 올 것으로 예상되는 경제제재는 쉽게 효과를 발휘하지 않는다. 언론에 대서 특필되고 조만간 피제재 국가가 손들고 나올 것 같지만 그런 전례는 찾기 힘들다. 글로벌 경찰국가를 자원하는 미국 등이 경제제재에 나선 것은 세계 1차 대전 까지 거슬러 올라갈 정도로 매우 오래된 무기다. 1차 세계 대전에서 적지 않은 인명 손실을 경험하면서 무력(전쟁)보다 경제제재가 국제분쟁 해결 수단으로 떠올랐고 최근에는 대중화되었다고 할 정도로 너무 쉽게 남발되고 있는 상황이다. 1990년부터 10년간 총 67건의 경제제재가 글로벌 차원에서 실행되었다. 이 중 3분의 1 정도는 미국이 부과한 일방적인 제재였다. 특히 빌 클린턴 전대통령은 재임 기간에 세계 인구의 약 40%(2.3억 명)를 대상으로 제재를 실행에 옮긴 '제재 왕'으로 일컬어지고 있다. 미국은 약 8천 건의 제재를 시행했거나 시행하고 있는데, 이란과 북한이 단골 손님(?)이다. 특이한 점은 미·중이나 미·러 제재와 달리 대부분은 큰 국가가 작은 국가에게 제재를 부과하고 있어 논리의 정당성이 의심되기도 한다.

미국과 함께 경제제재를 주도하는 또 다른 주인공은 유엔이다. 1960년대부터 유엔 안전보장이사회는 유엔헌장 제41조에 따라 30개의 다자간 제재를 시행하고 있다. 안보리는 병력을 사용하지 않는 범위 내에서 경제제와 같은 조치를 취하겠다고 결정할 수 있으며, 또한 유엔 회원국에 대해 그런 조치를 적용하도록 요청할 수 있다. 이런 제재 중 가장 성공적인 것은 남아프리카공화국과 남부

로디지아(짐바브웨)에서 인종차별 정권을 종식한 것이며, 특정 국가를 겨냥하는 것 외에 알 카에다, 탈레반, 이슬람 국가(ISIS)를 타깃으로 삼아 어느 정도 성과를 거둔 것이다.

제재는 많은 허점과 비효율 야기

그러나 이란의 제재가 보여주듯 그 성과에 많은 의문이 들고 있다. 미국 다트머스대 조교수인 Robert A. Pape 등의 전문가에 따르면 20세기에 부과된 170건의 제재 중 3분의 1만이 목표를 달성한 것으로 추정되지만 또 다른 의견은 제재 성공률이 5%보다 낮다고 주장하기도 한다. 대표적으로 이란에 대한 미국의 규제에 대해 2018년에 트럼프 행정부는 에너지, 운송, 금융 등에 대한 보다 강화된 조치를 실행에 옮겼다. 이에 따라 이란 내 통화가치 하락과 산업붕괴로 명목적인 성장률이 마이너스를 기록하고 외국인투자자가 떠나가기도 했지만, 규제가 효과적이었다고 동의하는 사람은 많지 않다. IMF(국제통화기금)가 내놓은 이란의 실질GDP는 최근 10년간 거의 변화가 없는 것이 이를 확인시켜 주고 있다. 이란에 대한 경제제재의 핵심은 석유수출을 못하게 하는 것인데 원유에 대한 거대 소비국인 중국과 인도가 거래금지 대상에서 빠져 있고 유조선이 항해추적장치(AIS)를 끄고 이동하는 방법을 통해 추적을 피하고 있다. 또한 공해상에서 배와 배 간에 거래를 잡아내는 것은 사실상 불가능에 가깝다. 전문가들은 북한과 쿠바에 대한 미국의 제재는 오랜 기간 시행되었지만 내성만 키우고 있을 뿐 당초 기대한 성과는 크지 않다고 말한다.

그럼 왜 경제제재가 쉽게 무력화되고 있을까? 제재 조치는 경제성장률을 낮추고 대외거래를 줄이는 데 분명하게 효과가 있다. 또한 실업과 인플레이션, 그리고 외환위기 등을 초래하여 해당국가와 국민들을 괴롭게 한다. 그러나 분명하게 한계가 존재한다. 우선, 생명을 중시한다는 명분으로 전쟁 대신 제재를 선택하지만 그만큼 남발되기도 쉬운데 실효성 제고를 위한 노력도 잘하지 않는다. 두 번째로는 제재에서 식품과 의약 등은 인도주의적 필수품이라는 이유로 제외되어 단기간에 성과가 나오지 않는다. 셋째, 언론이 통제된 사회주의 국가에서 외부에 적을 만들면 내부적으로는 더욱 단합하는 경향이 있어 얼마 가지 않아 내성이 생긴다. 넷째, 스마트하게 규제를 실행한다는 이유로 부분적인 제재가 많아 해당국 고위층은 타격이 없고 일반 국민만 힘들어진다. 특히 규제는 특권층을 겨냥하지만 실제로는 가난한 자를 더 힘들게 한다.

다섯째, 인권보호가 목적인데 해당 국가 내 NGO와 인권단체들이 적과 결탁했다는 혐의를 뒤집어 쓰면서 큰 핍박을 받는 등 부작용이 발생한다. 여섯째, 석유수래나 수출의 금지가 자주 등장하는데 공급자와 수요자가 다양하게 묘안을 동원하여 그 규제를 피한다. 북한은 중국의 원조로 버티고 산유국은 이란처럼 다양한 방법을 짜내 수출규제를 무력화한다. 일곱째, 전세계는 복잡하게 얽혀 있는데 반드시 편법이 있다. 물물교환을 통해 달러 개입없이 거래가 이뤄지고 밀수는 거간꾼에게 막대한 이윤을 안겨주어 매력적인 거래수단으로 사용되기도 한다. 경제제재 방식도 진화하고 있어서 금융시장 퇴출이나 교역 및 운송금지가 기본이고 SNS폐쇄도 주요 메뉴로 올라와 있다. 제재효과를 높이는 확실한 대안은 모두가 동의하는 공통의 룰을 만들고 모두가 자발적으로 동의해야 한다. 제재가 강자의 논리를 적용하는 수단이 되면 항상 한계가 있게 마련이다.

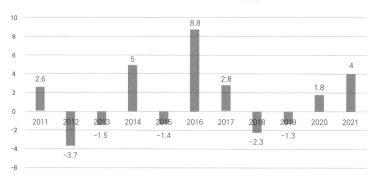

〈그림〉 최근 이란의 실질GDP 추이(%)

자료: IMF

공급망 혁신, 시장을 지배하는
한국판 카길 육성

공급망 해결사는 민간 무역업체

최근 자타가 공인하는 글로벌 경제의 핵심이슈는 공급망관리라는 데 이견이 없을 듯하다. 물가상승 억제라는 국내 경제목표를 달성하고 안보를 튼튼히 하는 데 핵심적인 자원확보가 최대 화두가 되었기 때문이다. 특히 바이든 행정부는 '인도·태평양 경제 프레임워크(IPEF: Indo-Pacific Economic Framework)'를 2022년에 우선적으로 추진해야 할 통상 과제로 선정하고 출범식까지 거행하는 등 일사천리로 진행하고 있다. IPEF는 공급망뿐만 아니라 디지털 경제, 에너지·기후변화 대응, 선진적인 노동·환경 기준, 공정한 자유무역 환경 조성 등을 망라하는 보다 포괄적인 경제 협력체제이자 넓은 의미의 안보 협력체다. 미국이 선두에 서고 한국, 일본, 호주, 인도 등 쟁쟁한 나라들이 모두 출사표를 던져 같은 배를 탄 상황이다. 그러나 무역현장에서는 관세인하와 같은 손에 잡히는 실질적인 조치가 없는 선언적인 정책에서 머무는 것은 아닌지 우려가 적지 않다. 정작 중국만 자극하는 방식으로 대결구도가 고착화되면 오히려 공급망 갈라치기가 일반화되어 원자재 대란을 초래하는 것은 아닌지 우려가 크다.

　공급망을 정부간 협력체를 통해 관리한다는 것은 겉으로 보기에는 외교적 화려함과 일사분란함이라는 장점도 있지만 부작용도 적지 않다. 먼저, 정부가 시장 플레이어로 뛰어드는 모양새여서 공정성에 의문이 제기된다. 당연히 상대국의 반발과 경계가 반사적으로 나타나면서 보복성 대응책이 강구된다. 그동안 문제가 없던 품목 중 어떤 것을 무기화할 것인지를 검토하는 과정에서 원자재 교역이 위축되고 수비가 아닌 공격을 위한 대비책이 검토되면서 진영대결로 긴장도가 높아진다. 둘째로, 교역촉진책이 아닌 규제책이 일반화되면서 단기간에 부분적인 수출입 마비는 물론 산업붕괴도 초래될 수 있다. 원자재는 태생적으로 특정지역(국가)에 편중되어 있고 대체를 위한 기술진보는 엄청난 시간을 필요로 하는 경우가 태반이기 때문이다. 셋째로, 정부가 공급망 관리에 전면적으로 나서면 효율성이 떨어진다. 기업만큼 시장 수요에 적극적으로 반응하는 집단은 없다. 이런 상황에서 정부의 영역확대는 수시로 가격이 변하고 거래를 통해 부가가치를 높이는 글로벌 시장흐름과 맞지 않는다. 더구나 미국과 같이 글로벌 공급망을 좌지우지할 힘을 갖고 있지 못한 상황에서 정부 주도형 공급망 관리정책은 한계가 드러날 수밖에 없다.

공급망 관련 정부 역할은 민간기업 뒷받침

그래서 정부는 정교한 정책과 외교적 뒷받침을 통해 기업을 밀어주되 본질적인 공급망 관리는 민간기업이 주도하도록 판을 깔아주어야 한다. 공급망 관련 조기경보시스템을 통해 관리되는 품목이 대충 4천여 개에 달하는 것으로 알려지고 있다. 이를 효율적으로 관리할 주체는 민간기업일 수밖에 없다. 우선적으로 종합상사 등 무역업체가 선도적 역할을 해야 하고, 그 다음은 실수요 업체가 뛰어야 한다. 기업은 상품거래에 대한 노하우가 많은 데다 직접적인 교역이 막히더라도 인적 네트워크를 통해 우회로를 뚫을 비법을 갖고 있다. 이들이 핵심 원자재 확보에 선봉대 역할을 할 수 있도록 보험을 도입하는 것이 필요해 보인다. 산업용 요소수 문제가 불거졌을 때 실질적인 해결수단을 제공한 곳이 종합상사였지만 같은 상황이 또 다시 발생한다면 다시는 안 나설 것이라고 이구동성으로 말한다. 요소수를 확보하기 위해 엄청난 비용과 시간을 투입했지만 곧바로 물량과다로 가격이 급락하여 '애국'하려다 '쪽박'차는 상황이 발생했기 때문이다. 유가의 고공행진에도 미국 셰일업계가 증산을 하지 않는 것은 정부정책을 믿고 증산했다가 코로나19에 따른 수요부진으로 대대적인 손실을 본 악몽 때문이다. 현행 환율보험제도처럼 향후 불확실한 시장상황에서 공격적으로 원자재를 확보한 경우 이윤은 아니더라도 원가확보에는 문제가 없도록 디딤돌을 만들어줄 필요가 있다. 이럴 경우 100페이지 정부 정책보다 효과가 큰 실질적인 원자재 확보방안이 솟아 오를 것이라고 전문가들은 입을 모은다.

원자재 확보과정에서 무역상사들이 감내해야 하는 리스크나 피해를 금융혜택을 통해 보전해 주는 방안도 매우 중요하다. 비슷한 사례가 FTA(자유무역협정)에 따른 '무역조정지원 사업'이다. 이 제도는 제조·서비스업 분야의 업력 2년 이상 기업 중 FTA에 따른 수입산 증가로 6개월, 또는 1년간의 매출액(생산량)이 작년 동기보다 10% 이상 감소한 곳에 2%대의 낮은 금리로 업체당 최대 60억 원까지 6년 내에서 시설투자는 물론 운전자금을 빌려 줘 자금난을 원천적으로 봉쇄한다. 또한 농수산물의 원활한 수급과 가격안정을 도모하고 유통시설의 근대화를 촉진하기 위해 오래전부터 운용하고 있는 '농수산물가격 기금법'을 벤치마킹하여 중요 원자재 가격안정을 제도적으로 확보하여 거래의 안정성을 높이는 방안도 검토해야 한다.

금융과 보험으로 기업리스크 헷지를

핵심 원자재에 대한 공급망 관리를 위해 확실한 거래선을 민간을 통해 복수로 확보하는 것은 대부분 단기 대책이다. 이와 함께 필수적인 중장기 조치가 해당 원부자재에 대한 해외투자다. 정부가 공기업을 통해 직접 확보하는 것보다 민간기업이 보다 능동적으로 활약할 수 있도록 기회를 주고 이를 위해 투자보험 확대를 추진해야 한다. 현재도 한국무역보험공사는 국내 민간기업이나 금융기관이 해외투자를 한 후 투자상대국에서의 수용위험, 전쟁·소요위험, 송금위험, 약정불이행위험, 상환불이행위험 등으로 인해 발생하는 손실을 보상하는 제도를 운용 중이다. 보상분야에 새롭게 필수 원자재 투자분야를 추가하여 해외투자에 따른 위험으로부터 원자재 실수요자와 상사들을 보호함으로써 선제적으로 원자재를 확보할 수 있도록 해야 한다.

원자재의 원활한 확보를 위해 세제지원도 지원책 리스트에 추가해야 한다. 원자재를 적기에 확보하는 것은 이제 최우선 국책과제가 된 상황이다. 이를 위해 민간기업이 열심히 뛸 수 있도록 리스크를 제거하고 금융을 제공하는 직접적인 지원은 한계가 있을 수 있다. 안정적인 원자재 조달선 구축은 중요 사회인프라 건설(SOC)이라고 간주하고, 이에 소요된 비용에 세제혜택을 강구할 필요가 있다.

정부는 기본적으로 시장 플레이어가 아니다. 정부는 애로를 해결해주고 뒷받침해주는 역할에 그쳐야 한다. 또한 중장기적으로 기술개발(R&D)과 혁신을 이끌고 이를 통해 시장 주도자인 기업이 마음껏 뛰게 만들어야 필수 원자재를 안정적으로 확보할 수 있다. 정부는 지휘하고 뒤에서 조용하게 뒷받침할 때 외국과의 분쟁도 소멸된다. 정부가 직접 성과를 내고 이를 홍보하기 위해 시장을 직접 관장하려고 하면 무리수가 따른다. 민간주도의 보다 창의적인 방안을 통해 장기적이고 안정적으로 원자재를 확보해야 한다. 치솟고 있는 곡물과 소재의 안정적 확보를 위해 '한국판 카길(Cargill)'이라는 민간차원의 글로벌 자원(곡물) 기업을 키워야 한다. 카길은 글로벌 곡물시장을 지배하는 미국 소재 다국적 기업으로 1865년에 설립되었으며 16만 명의 고용인원에 매출규모가 포춘 500대 기업의 10위권으로 미국의 먹거리를 든든하게 뒷받침하고 있다. 미쓰이물산(三井物産) 등 일본의 종합상사들은 원유, 석탄, 천연가스, 철광석 등 자원사업에 대한 해외투자와 글로벌 거래로 일본의 공급망을 책임지고 있다. 글로벌 시장을 지배하는 기업은 있어도 세계시장을 이기는 국가는 없다.

텍사스 정전사태가 던진
자연재해와 GVC혁신

부품 하나 부족이 시스템 붕괴로

최근 미국 텍사스지역에 한파가 몰아쳐 400만 명 이상의 현지 주민들은 전기 공급이 중단되어 큰 어려움을 겪었다. 갑자기 온도가 급강하하면서 발전기들이 제기능을 발휘하지 못한 것이다. 전기 공급 중단은 거의 모든 생산시설을 멈추게 만들고 일상생활도 한순간에 처참한 수준으로 망가뜨린다. 일각에서는 에너지 전환에 따른 풍력발전에 문제가 생긴 것으로 이번 사태의 원인을 돌리고 있지만 낮은 풍력발전 비중을 감안하면 완전한 소명에는 도달하지 못한다. 일상화되고 있는 이상기온이 정전의 일차적인 원인으로 지적된다. 다만, 자연재해로만 그 탓을 돌리면 그 해결책 모색이 영원히 불가능할 수 있다.

그런데 코로나19 이후에 확산되고 있는 GVC(Global Value Chain) 재설계의 관점에서 접근하면 그 해결방안이 보다 쉽게 다가온다. 원래 자연재해를 GVC와 연계하는 것은 아주 낯선 것은 아니다. 일본 기업들은 2010년을 전후로 높은 법인세, 과중한 인건비 부담, 엄격한 환경규제, FTA 체결지연 등 고비용 구조에 직면하자 해외투자에 적극 나섰다. 2015년 전후로 해외 생산비율이 25%를 상회할 정도로 역사상 최고조에 달했다. 그러나 외부로 잘 드러나지 않은 또 다른 해외투자 촉진 요인이 있었다. 2011년 동일본 대지진이 발생했을 때 현지 자동차 업계는 일부 부품조달이 스톱되면서 큰 타격을 입게 된다. 이에 따라 자국 내에서 저렴하게 조달된다 하더라도 해외에 다른 공급선을 만드는 작업에 착수하였다. 불가피하게 국내에서 거래선 복수화를 도모할 경우 지역을 달리하고 호환 가능성을 우선적으로 고려하였다. 2020년 코로나19 초기에 국내 자동차 업계가 '와이어링 하네스'라는 부품 1개로 공장이 완전히 스톱된 애로를 일본은 거의 10년 전에 겪은 것이다. 일본 제조기업들은 1~2개 부품의 부족만으로 모든 공정이 멈춘 것을 경험하면서 대량생산을 통한 '규모의 경제'에 대한 신념을 버리고 '복수화'라는 GVC 차원의 새로운 전략을 탄생시켰다.

비상상황에 작동하는 매뉴얼 부재가 원인

최근 텍사스 정전사태는 기존에 신봉하던 기본적인 경영원칙을 무너지게 만들었다. 영하 20도를 밑도는 강추위가 몰려와 1899년 이후 가장 낮은 온도를 기록한 것이 발단이었다. 같은 시기 알래스카보다도 추웠다고 한다. 저온에 충분히 대비하지 못한 발전소들은 발전기가 얼어붙어 작동 불능상태에 빠져 들어가는 것을 지켜볼 수밖에 없었다. 이런 발전기 동결사태는 논란의 중심에 선 풍력 발전기를 포함해 거의 모든 발전기가 상황이 비슷했다고 한다. 따라서 풍력 등 재생에너지는 문제의 핵심이 아니고 곁가지다. 근본적인 원인은 코로나19처럼 예상치 못한 상황에서 작동하는 비상 매뉴얼의 부재에 있다.

더욱이 하나의 에너지원에 대한 지나친 의존도가 문제를 키웠다. 텍사스주는 가정의 약 50%는 전기 난방을, 40%는 천연가스 난방을 하고 있다. 그런데 전체 전력의 40%가 또 다시 천연가스에 의존하고 있다. 이런 구조는 비상사태 리스크를 높였고 사후에는 공급난을 부채질하면서 신속한 대안 마련이나 복구를 더욱 어렵게 만들었다. 호환성이 낮은 전력망도 문제점으로 지적되고 있다. 텍사스주의 송전 네트워크는 여타 주들과 연계되지 않고 독립적으로 설계되었다. 화석연료가 풍부한 이들 지역은 연방규제를 회피하기 위해 자체 전력망을 갖추었고 연방에너지규제위원회(FERC)가 주관하는 전력의 도매시장에도 참가하지 않고 있었다. FERC는 전력 인프라, 액화 천연가스 파이프라인 등에 대한 전문지식을 확보한 연방 차원의 전문기관이다. 텍스사주 전력공급 업체들은 대부분 지역 독점권을 확보하고 과점 형태로 운영되어 필요시 화석연료에 대한 공급량 증대책만 마련했을 뿐 다른 대체원료 확보에는 관심을 보이지 않았다. 리스크 관리에 필요한 전력 간 대체성 제고와 분산전략을 준비하지 않은 것이다.

  미국은 2035년까지 전력부문 탄소제로(Net Zero)에 도전하고 있다. 이를 위해 풍력과 태양열 등 친환경 에너지원 확대에 적극 나설 예정이다. 바이든 행정부 출범과 함께 친환경 어젠다는 최우선 정책으로 테이블 위에 올라와 있다. 재생에너지의 원활한 활용과 한파 등 자연재해에 대비하기 위해 송전망을 현재보다 50~60% 늘려야 한다고 전문가들은 진단한다. 탄소제로 전력망 구축에 들어가는 비용은 제2차 세계대전 이후 고속도로 건설과 농어촌 전화 사업 등에 들어간 것보다 더 큰 규모로 추정되어 입이 벌어질 정도라고 한다.

  눈을 돌려 다른 나라의 사례를 통해 에너지 전환의 성패가 조밀한 송전망 구축에 있다는 점을 확인할 수 있다. 재생에너지 생산량을 단기간에 대폭 늘리는 것도 쉽지 않을 뿐만 아니라 생산규모보다 더 중요한 것이 거미줄과 같은 촘촘한 송전망 구축이라고 전문가들은 강조한다. 특히 변동성이 큰 재생에너지의 특성상 다양한 네트워크로 충분한 예비에너지를 확보할 필요가 있다. 재생에너지 분야에서 선두를 달리고 있는 유럽연합은 단순히 한 국가 내 송전망 구축에 머물지 않고 국가 간에 에너지 송전 인프라를 연계하여 에너지 안보 확보와 재생에너지 사용증대를 동시에 도모하고 있다. 덴마크에서 생산된 풍력 전기는 스웨덴으로 공급되며, 벨기에에서 과잉 생산된 원자력 전기는 영국으로 보내진다. 독일은 자국 내 북부지역에서 생산된 재생에너지를 남부지역 산업단지에 공급하는 데 필수적인 녹색 전력고속도로(Green-Power Autobahn)를 계획했으나 비용증가에 따른 사업 지연으로 진척률이 낮은 상황이다. 당초 이 프로젝트에는 950억 유로(128.3조 원)라는 천문학적인 예산이 투입될 예정이었으나 실제로는 더 늘어날 전망이다. 미국과 국토 면적이 엇비슷한 중국은 2020년 재생에너지 전용 초고압선 전력망 구축에 35억 달러를 투입했으나 앞으로 그 규모는 더욱 확대될 예정이다.

에너지 생산량 총합보다 송전망이 더 중요

향후 어느 나라이건 기존 화석에너지와 재생에너지 간 관계설정이 중요해 보인다. 변동성이 큰 재생에너지와 환경이슈가 부각된 화석에너지의 효율적 조화가 필요하기 때문이다. 특히 재생에너지의 경우 생산량 자체보다 더 중요한 것이 촘촘하게 송전망을 구축하는 것이다. 언제든지 잉여전력을 나눠주고 부족할 때 받을 방법에 대해 깊게 고민해야 한다. 코로나19 팬데믹 이후에 일반기업의 GVC 전략이 크게 변하고 있는 것과 같은 맥락이다. 시장을 세분화하고 소비자별 특성에 맞는 작은 단위의 공장을 여러 개 만들어 고객 수요의 변화에 실시간으로 적극 대응하는 것이 디지털시대 제조업 모델이다. 발전소도 소규모로 여러 개를 짓되 동시에 다양한 에너지원을 확보해야 한다. 만약의 사태로 기존 전기 공급선에서 문제가 발생하면 다른 곳에서 바로 대체할 수 있도록 상시적인 복수의 전력체계를 구축해야 한다. 대량생산을 통한 원가 인하보다 거래선 다원화로 리스크를 낮추어야 한다. '효율'에서 '안정성'으로 재설계해야 한다.

조달선 복수화를 통해 경영의 안정성을 높이는 과정에서 비용이 크게 뛰어오를 수 있다. 이런 부작용은 디지털 혁신으로 해결해야 한다. 산업용 IoT(사물인터넷)와 센서의 발전, 그리고 3D 프린팅 기술의 성숙은 개별 소비자에게 신속하고 저렴하게 맞춤형(차별화된) 조달 및 공급체제를 갖추는 데 큰 도움을 준다. 농자재를 생산·판매하는 회사가 3D로 쉽게 신제품을 개발하고 IT 기술을 활용하여 농산물의 상태 및 기후 등을 감안하여 적시에 알맞은 양의 농약과 비료를 공급하는 소프트웨어를 출시하고 있다. 디지털 기업으로 변신하여 경쟁력의 원천을 상품의 원가나 물류비용이 아닌 디지털 서비스로 확장하는 사례가 일반화되고 있는 것이다.

포퓰리즘 한복판에 선
보호무역주의

수입 대체 산업화가 포퓰리즘의 출발점

"아르헨티나인처럼 부자다." 오래전에 프랑스인들의 입에서 회자되던 문구라고 한다. 다른 나라와 비교가 안 될 정도로 넓은 토지와 초원을 자랑하는 아르헨티나는 1880년 언저리부터 산업화가 시작되었는데 그 원동력은 영국과 프랑스가 주도하는 해외자본의 유입이었다. 이에 힘입어 그 당시부터 근대적 공장이 세워지는 등 탄탄대로의 경제성장을 구가하게 된다. 1910년 전후로 세계 5~7위의 경제대국으로 올라서고 당시 선진국의 징표인 지하철도 1913년에 부에노스아이레스에 건설된다. 우리나라가 1974년에 서울에서 처음 개통한 것과 비교하면 거의 60년의 격차가 발생한다.

그 즈음에 아르헨티나 최초 보통선거에 의해 당선된 이폴리토 이리고헨(Hipolito Yrigoyen) 대통령이 포퓰리즘의 원조로 등장한다. 그는 국가가 철도와 항만 등을 국유화하여 저렴하게 공급하고 근로자의 임금도 두 자릿수 인상을 통해 국민의 마음을 사는 전략을 구사한다. 더불어 국내 산업을 보호한다는 이유로 높은 환율(수입품이 비싸지게 하는 효과가 있음)과 수입대체 산업화라는 지렛대를 활용해 보호무역주의에 나선다. 수입품에 높은 장벽을 치니 곧바로 국내 업체가 땅 짚고 헤엄칠 정도로 쉽게 영업이 가능해지고 만들기만 하면 팔려 산업이 번성하는 듯했다. 사람은 어릴 때 보호가 필요한 것처럼 산업도 약할 때 보호해야 나중에 강해져 국가에 기여할 것이라는 매우 희망적인 이론적 배경을 등에 업고 유치산업보호론이라는 멋있는(?) 간판도 달았다. 그러나 보호의 틀 속에서 경쟁이 없어지면서 많은 산업이 경쟁력을 잃었고 환율 등 높은 수입장벽은 원자재 조달을 어렵게 만들면서 기존에 경쟁력을 확보했던 상품의 수출도 얼마 지나지 않아 곤두박질치게 만들었다. 이는 무역수지 적자에 따른 외화부족으로 연결되고, 산업보조금 증가로 재정도 고갈되는 악순환에 빠지면서 경제대국에서 빈곤층이 가장 많은 나라 중 하나로 거명되는 수렁에 빠져들었다.

수입 억제가 대중의 표를 얻는 데 일조

2020년에 코로나19가 전세계에 유행하면서 좌파나 우파 정부를 막론하고 포퓰리즘의 일환으로 보호무역주의가 만연하고 있다. 자유로운 무역이라는 협력구도를 통해 경제를 부흥시키고 코로나19를 신속하게 극복해야 하지만 실제 정책은 반대로 가고 있는 것이다. 실제로 백신생산 및 개발, 그리고 그 원자재 수급을 두고 기술협력과 생산시설의 효율적인 활용이 절실한데 이를 인위적인 장벽으로 막는다면 보건위기 타파는 멀어질 수밖에 없다. 예나 지금이나 경제 위기를 극복하기 위해 가장 먼저 손대는 것이 국산을 장려하는 것이다. 관세부과 등으로 수입 장벽을 높이고 국내 일자리를 늘리겠다고 선언하는 게 대표적이다. 이를 반대할 국내 정치세력이 없으니 표의 득실에 대한 고민도 필요 없다. 아주 획기적인 아이디어인 것처럼 자국산 사용(미국의 Buy American 정책 등)이 강조되면서 스포트라이트를 받는다.

그럼, 현재와 같은 글로벌 무역구도에서 이런 보호무역주의가 어느 정도 효과가 있을까? 최근 미국의 언론매체는 "트럼프는 물러났지만 트럼프주의는 살아 있다"라고 기술하고 있다. 새롭게 바이든 행정부가 들어섰지만 포퓰리즘이 미국 사회에 여전히 강하게 남아있음을 표현한 것이다. 새로운 행정부가 발족과 함께 행정명령에 서명한 40여 개 항목 중 무역통상분야는 '바이 아메리칸 정책'이 유일하여 보호무역주의 색채를 띤 정부라고 규정하는 것은 시기상조이지만 모두가 트럼프 시대와 크게 달라지지 않을 것이라는 예측에 무게를 두고 있다. 대다수 전문가들은 자국제품 우선 사용 정책이 바이든 행정부의 트레이드 마크인 동맹과의 협력과 기조에 맞지 않는다고 말하지만 철회될 가능성은 낮아 보인다.

2018년부터 미국은 중국산 제품의 자국내 범람을 막기 위해 최고 25%에 해당하는 관세를 부과하기 시작하였다. 중국이 지식 재산권을 제대로 보호하지 않고 기술이전을 강제하는 등 불공정 행위를 일삼고 있다는 핑계를 내세웠지만 자국산 제품의 소비촉진을 통해 일자리를 늘려 보겠다는 기대가 섞여 있음을 부인하기 힘들다. 이 조치의 결과는 어떻게 되었을까? 코로나19가 창궐한 2020년만 보면 수천억 달러 제품에 대해 관세율을 높였음에도 미국의 대중국 무역수지는 커다란 변화가 없었다. 2019년에는 중국으로부터 수입액이 16.7%나 줄어 규제효과가 가시화되는 듯했으나 2020년에는 3.7%만 줄어드는 데 그치면서 감소를 고대하던 무역수지 적자액은 3천억 달러대를 그대로 유지하였다. 중국 상품에 매긴 고율관세는 중국 기업이 아닌 미국의 소비자가 부담했다는 분석이 나왔다. 수입액이 줄지 않았으니 수입대체를 통한 일자리 창출도 상당부분 희망사항에 그친 것으로 분석되었다.

GVC 단절과 무역보복으로 비화

한발 더 나아가 철강과 알루미늄에 대한 232조 조치(미국 안보에 대한 부정적인 영향을 이유로 쿼터나 관세인상을 통해 수입규제를 강화한 것)로 외국보다 미국 업체들이 더 큰 피해를 보고 있다는 볼멘소리가 나오고 있다. 이들 원자재는 관세로 인해 수입가격이 높아져 미국 기업의 제조원가가 올라가 대외경쟁력 제고에 장애가 되고 있다는 설명이다. 미국 내 적지 않은 기업들이 정부를 상대로 소송을 제기하고 있을 정도다. 바이 아메리칸 정책도 얼핏 보면 자국산업을 위하는 것처럼 보이지만 저렴한 제품을 사용하지 못해 재정에 부담이 되고 관련된 서비스의 질적 저하로 연결되어 오히려 미국 스스로에게 부메랑이 될 수 있다. 최근 일본 언론은 자국의 반도체 소재의 대한국 수출규제로 손해가 막심하다고 보도하였다. 대표적으로 불화수소의 대한국 수출은 2020년에 75% 정도 줄었다. 한국이 관련 소재를 국산화하고 다른 대체 공급선을 찾은 것이 부메랑으로 작용하였다.

최근 1개 나라에서 조달된 원자재로만 물건을 생산하는 경우는 매우 드물다. 전세계 기업들이 실타래처럼 얽혀 있어 원자재를 사고 파는 구조를 의미하는 GVC(Global Value Chain)는 복잡하기 그지없다. 한 공장이 휘청하면 그 부품을 사용하는 2차, 3차 공장은 자동으로 그 파고에 휘말린다. 최근 반도체 공급이 부족하여 전세계 자동차 생산라인이 위협받는 현실이 이를 잘 대변한다. 죄근 미·중간 디커플링(Decoupling)이 심화되면서 GVC가 단절되고 코로나19

로 물류난이 심화되면서 소비지 인근에 공장을 세우는 사례가 늘고 있지만 거의 모든 공장은 여전히 규모의 경제를 통한 원가절감이 필요하고 따라서 그 수급구조도 복잡하게 얽혀 있다. 더구나 한 국가나 기업이 보복을 당하면 가만히 앉아 있을 곳이 없을 것이다. 상대의 가장 아픈 곳(상품)에 관세로 보복하여 서로 물고 물리는 관계로 전락하게 되면 당초 기대한 성과는 고사하고 오히려 피해가 더 커지는 것이 국제무역의 현실이다.

최근 경제정책연구센터(CEPR)의 포털사이트에는 흥미로운 분석결과가 게재되었다. 한 국가의 통치자가 본인의 통치방식과 이념을 엘리트들이 아닌 대중의 견해에 초점을 맞춘 포퓰리즘 정책의 비율을 60개국에 대해 분석하여 1900년부터 2018년까지 흐름을 그래프로 보여주었다. 이에 따르면 1930년대 대공황과 2010년대 금융위기 이후에 포퓰리즘 기세가 매우 가파르게 상승한 것으로 나타났다. 특히 흥미로운 점은 금융위기 이후로 좌우파를 구분하지 않고 포퓰리즘 기세가 더욱 높아져 2018년에는 사상 최고치에 달했다는 점이다. 코로나19 전염병 사태는 빠른 문제해결을 위해 배척보다는 협업이 절실하다고 모두에게 강요한다. 당장의 정치적 인기를 위해 보호무역주라는 포퓰리즘 유혹에 휘말리지 않는 것이 글로벌 경제회복의 속도를 좌우하는 시금석이 될 것이다. 이 연구는 포퓰리즘을 채택한 국가들은 다른 국가에 비해 매년 1%p

정도 경제성장이 둔화되었으며 장기적으로는 그 부작용이 더 크다고 덧붙였다.

〈그림〉 연도별 60개국 포퓰리즘 정책 채택비율(%) 추이

자료: https://voxeu.org/article/cost-populism-evidence-history

코로나19로 아세안
공급망 위기

한국, 차이나+1 전략이 대세

한국과 일본기업들이 중국에 대한 리스크를 줄이기 위해 차이나+1(중국 이외에 생산기지를 하나 더 갖는 것) 전략에 관심을 갖기 시작한 것이 10여 년 전의 일이다. 중국과의 거래가 경제 외적인 이유로 커다란 영향을 받고 미·중간의 대결이 선언적 포문을 넘어 관세부과 등 실질적인 조치로 이어지고 있기 때문이다. 최근에는 미국의 중국 견제로 원가 상승을 넘어 아예 거래중단에 내몰리기도 한다. 더불어 IT관련 제품과 부품을 중심으로 베트남을 필두로 아세안이 새로운 투자처로 떠오르면서 한국과 일본 기업의 자금을 빨아 들이고 있다. 특히 한국은 베트남으로, 일본은 태국으로 너무 몰린다는 지적까지 나오고 있다. 그러나 최근 아세안에서 코로나19 델타 변이 환자가 급증하면서 글로벌 공급망을 위협하는 요인으로 급

부상하고 있다. 차이나+1을 넘어서 글로벌 공급망을 다시 짜야 할 때가 성큼 다가온 느낌이다.

한국 기업의 해외경영에서 중국 일변도를 탈피해야 한다는 논리는 경제적인 요인에서 촉발되었다. 중국은 각 지역별로 최저 임금이 다른데 한국 기업이 주로 입주한 산동성 등 연안지역을 중심으로 매년 두 자릿수의 임금인상이 단행되면서 생산성을 고려한 한·중간 인건비 차이는 사실상 사라졌다는 진단이 나오면서 2010년을 전후로 베트남으로의 공장이전 붐이 일었다. 당시 생산비를 기준으로 베트남은 중국의 3분의 1에 불과한 데다 근로자들이 신기술 습득에 적극적이고 업무 집중도가 높다는 평가가 나왔다. 이런 장점을 기반으로 베트남이 섬유류 등 노동집약 제품은 물론 휴대폰 등 첨단 IT제품에 적합한 생산기지라는 평가가 내려졌다. 2004년에 한국기업의 해외 투자에서 아세안이 차지하는 비중은 8.6%로 당시 중국의 그것(37.3%)에 4분의 1도 미치지 못했다. 그러나 코로나가 발생하기 전인 2019년에 아세안의 핵심 파트너인 베트남(45.9억 달러), 인도네시아(9.8억 달러), 싱가포르(32.2억 달러) 등 3대 투자처만 합해도 90억 달러에 육박하여 같은 해 중국에 대한 투자액인 58.5억 달러를 크게 앞지른다. 특히 제조업이 주로 이전하고 있는 베트남과 인도네시아 투자액만 더해도 중국에 맞먹는 수준이다.

〈표〉 한국의 해외투자 동향(베트남과 중국 등)

(단위: 억달러)

국가	2011	2012	2013	2014	2015	2016	2017	2018	2019	2020
베트남	10.6	9.9	11.6	16.7	16.2	23.8	19.9	33.4	45.9	27.1
중국	36.1	42.6	52.2	32.3	29.9	34.4	32.1	48.0	58.5	50.0
인도네시아	13.0	10.0	4.6	7.3	7.0	6.6	6.8	6.8	9.8	13.2
베트남+인도네시아	23.6	19.9	16.2	24.0	23.2	30.4	26.7	40.2	55.7	40.3

자료: 한국수출입은행 해외투자통계를 저자가 가공

일본 기업도 중국에서 아세안으로 다변화

일본도 글로벌 차원에서 중국 위주의 공급망을 재구축하는 데 시동을 건 것은 2010년으로 한국과 큰 차이가 없다. 중국과의 영토분쟁이 수면으로 급부상하면서 제조기지를 '중국 일변도'에서 벗어나 아세안을 그 대안으로 모색하였다. 이는 일본기업의 주재원 수로 확인되고 있다. 일본 외무성이 내놓은 자료에 따르면 2017년을 기준으로 아세안에 주재하는 일본 기업의 주재원 수가 2012년 대비 32% 증가하면서 8만 3천 명을 기록한 반면 같은 기간 중국은 16%가 줄어 7만 명에 불과하여 역전이 발생하였다. 더욱이 아세안 주재원 수는 북미(5.5만명)와 유럽(3만명)을 큰 차이로 따돌려 명실상부한 1위 자리에 올라섰다.

한국과 일본의 해외전략 변화는 글로벌 투자 지도로도 확인된다. 2016년부터 2020년까지 전 세계 대아세안 직접 투자액은 직전 5년(2011~2015년) 대비 30.4% 증가한 7,310억 달러를 기록하여 같은 기간 중국에 대한 투자액(6,989억 달러)을 추월하였다. 특히 같은 기준으로 한국의 아세안 투자액 증가율이 가장 두드려졌다. 한국의 아세안 투자 증가율이 74.2%를 기록하여 인접한 국가인 중국(65.4%), 대만(40.6%), 일본(21.8%)을 넘어섰다. 아세안이 전세계 투자에서 차지하는 비중도 2016년 6.5%에서 2020년 15.0%로 2배 이상 뛰어올라 세계 공장이 중국에서 아세안으로 옮겨진 것을 확인시켜 주었다.

〈그림〉 전세계 순투자액 중 중국과 아세안 비중 추이   (단위: %)

자료: UNCTAD 자료를 전국경제인연합회가 재가공

　최근 아세안 국가 내 코로나19 환자급증과 봉쇄(Lockdown)는 해당지역 투자기업들을 당황스럽게 할 뿐만 아니라 글로벌 공급망에도 치명상을 가할 것으로 우려된다. 베트남의 수출품목을 살펴

보면 전체 수출액의 18.1%(2020년 기준)가 휴대전화와 그 부품이고 컴퓨터 등 IT제품(15.8%)을 더하면 그 비중이 33.9%로 뛰어 오른다. 여기에다 기계류와 장비를 합하면 40%를 웃돈다. 실제로 아세안 5개국(인도네시아·필리핀·베트남·말레이시아 등)이 세계 수출에서 차지하는 비중은 5.7%에 불과하나 중국이 수입하는 데이터처리(Data Processing) 장비의 38%, 통신장비의 29%는 상기 5개국 제품이다. 이런 상황에서 베트남의 경제수도인 호찌민에서의 근로자 이동금지가 강제되었고 인도네시아와 말레이시아 등의 일부 기업들도 원자재 문제로 사실상 공장스톱이 불가피하다.

공급망 안전을 위해 본국 회귀도 고려

글로벌 기업들은 이제 아세안에서 어디로 또 가야 하는가를 두고 깊은 고민에 빠져들고 있다. 첫째 대안은 본국 회귀(Reshoring)다. 가장 익숙한 곳에서 사업하는 것이 리스크를 줄이는 가장 좋은 해법이기 때문이다. 해외진출의 최대 동력이었던 저렴한 인건비 확보는 공장스마트화로 해결할 수 있고 봉쇄와 기술유출에서도 보다 자유롭다. 더불어 일자리도 돌아와 정부가 각종 당근을 제시하고 있는데 그 대표적인 나라가 일본이다. 2020년 일본 정부는 총 2,200억 엔 규모의 예산을 투입하여 특정 국가에 생산거점이 집중되어 있거나 국민의 건강에 중요한 제품·소재의 생산시설을 본국으로 회귀시키는 프로젝트를 가동하였다. 수동적 기업지원에서 탈피하여 공장시설(건물 및 설비)은 물론 물류시설(창고·배송센터)에 대한 본국 투자도 업체당 150억 엔까지 지원하기 시작하였다. 한번에 수백건의 지원신청이 들어와 일본정부가 업체선정에 어려움을 겪을 정도다. 우리도 리쇼어링에 대해 외국인 투자에 준하는 특단의 혜택이 필요해 보인다.

둘째 대안은 규모의 경제를 포기하고 소비시장에 근접하여 소규모 공장을 여러 곳에 짓는 것이다. 수요가 있는 곳에 공장을 짓는다는 개념을 도입하여 생산은 물론 원자재 조달과 유통에 다원화를 도모하는 것이다. 최근 전기차 배터리 공장을 중국은 물론 미국, 그리고 인도 등에도 짓는 전략이 대표적이다. 최근 물류비 급등과 코로나 봉쇄로 효과적인 물류망을 통한 자원의 효율적인 재분배가 한계에 달한 것도 공장 다원화에 힘을 실어주고 있다.

셋째, 플랜B의 일상화 전략이다. 코로나19는 글로벌 경제의 불확실성이 언제나 재발할 수 있음을 상기시켜 준다. 더구나 WTO(세계무역기구)라는 심판이 글로벌 시장에서 제 기능을 회복하지 못하고 있어 국가간 불협화음은 물론 보호무역주의는 더욱 팽배해질 우려가 크다. 앞으로 통제하기 힘든 경영변수는 끊임없이 출현할 것이기 때문이다.

관세전쟁, 일자리 보호
만병통치약 아니다

높은 관세는 극단적 이기주의

모두가 세금을 싫어하지만 수입하는 제품에 부과하는 관세에 대한 저항은 약한 편이다. 간접세로 부담하는 주체가 불분명한 데다 수입품의 가격을 높여 국내 산업을 지키는 것으로 해석되면서 명분도 쉽게 얻는다. 특히 코로나19 처럼 경제위기 때에 관세는 '일자리 지킴이'로 포장되면서 모두가 환영하는 정책수단으로 인식된다. 국가 입장에서는 재정수입이라는 하나의 이익이 추가된다.

그러나 글로벌 차원에서 관세는 '잊고 싶은 추억'으로 자리잡고 있다. 세계 1차 대전이 마무리되고 글로벌 경제가 호황국면에 막

진입하려는 순간에 미국에서 주가 대폭락이 발생하였다. 그해 미국 의회에 스무트-홀리법안이 상정되면서 당초 의도와 달리 글로벌 관세전쟁의 신호탄 역할을 하는 방향으로 불똥이 튀었다. 원래 농산물에 대한 관세를 높이는 것이 주된 내용이었으나 관세인상 품목이 2만 개를 넘어 전방위로 확산되고, 이들 품목의 평균 세율도 60%에 달했다. 미국 역사상 가장 높은 수준으로 점프한 것이다.

미국의 주요 교역국인 캐나다와 프랑스는 관세공격을 받고 수비만 하지는 않았다. 자유무역을 주창하던 영국을 포함하여 거의 모든 나라가 관세인상 전쟁에 뛰어들었다. 관세를 올려 쉽게 자국 산업을 보호하고 일자리를 늘릴 것 같지만 상대방이 반격하면 효과는 없어지고 글로벌 교역액만 줄어들어 오히려 경제가 더 위축되는 부작용이 나타났다. 1929년 84억 달러를 웃돌았던 전세계 교역액은 1933년에 그것의 3분의 1 수준인 30억 달러로 대폭 줄었다. 그래서 경제대공황은 관세전쟁의 처참한 악몽을 확실하게 깨닫게 해준 사건으로 기억된다.

관세전쟁은 논리가 아닌 국력 싸움

관세전쟁에서 우리나라도 예외가 아니다. 2000년에 국내 마늘 농가를 보호하기 위해 중국산에 대해 2년간 315%의 관세를 부과하는 세이프가드를 발동했는데 중국은 우리나라 주력 수출품인 휴대폰으로 맞대응하였다. 많은 논란을 야기한 협상 끝에 30~50%로 관세율을 낮추었지만 관세전쟁은 논리가 아니라 국력의 싸움이라는 냉엄한 현실을 다시 한번 깨닫게 하였다. 또한 미국은 안보상 이유로 무역확장법 232조를 근거로 우리 상품에 관세를 부과하고 있다. 종료 기간도 정하지 않는 채 한국산 철강제품에 대해서는 25% 관세 부과를 면제하는 대신 쿼터제(2015~2017년 3년 평균 수출물량의 70% 수준)를 시행 중이고 알루미늄에 대해서는 10%를 부과하고 있다.

　국내 기업들이 미국에서 받고 있는 관세조치는 이것만이 아니다. 2020년 미국 정부가 관세부과(반덤핑과 상계관세 등 무역구제조치)를 위해 새롭게 조사를 개시한 사례는 총 117건으로 역대 최고치를 기록했는데 한국의 경우 같은 해에 감열지, 무계목 강관, 타이어, 초고분자량 폴리에틸렌, 알루미늄 시트, 4급 담배 등 7건에 달했다. 정작 억울한 점은 반덤핑·상계관세 등 관세조치 조사과정에서 중국 등 비시장경제 국가에나 적용하는 AFA(Adverse Facts Available, 불리한 정보이용 가능한 자료) 및 PMS(Particular Market Situation, 특별시장상황) 조항이 한국 기업에도 빈번히 적용되면서 피해가 커지고 있다는 점이다.

최근 미·중간의 대결도 관세전쟁으로 요약된다. 미국은 2018년 7월부터 총 4차례에 걸쳐 3,351.8억 달러(2017년 기준) 규모의 중국산 수입에 7.5~25%포인트의 추가관세를 부과 중이다. 제재 규모가 미국의 대중국 수입의 66.4%, 대세계 수입의 14.3%(금액기준)에 달할 정도로 엄청나다. 특히 미국의 제조업 평균 관세율 수준(3.1%, WTO)과 비교할 때 제재 수위도 강력하다는 평가다. 2020년 1월 서명된 미·중 1단계 무역합의로 2019년 9월부터 시작된 4차 제재의 추가관세 수준은 15% 포인트에서 7.5% 포인트로 인하되었고 2019년 12월로 예정되었던 1,600억 달러 규모에 대한 추가관세 부과 계획은 철회되었다. 하지만 바이든 행정부 출범 이후 양국 정상회담을 가로막는 가장 큰 장벽 중 하나가 관세전쟁이라는 점을 부인하기 힘들다.

요즘에는 관세전쟁의 툴도 진화하고 있다. 미국 상무부는 외국의 자국 화폐 저평가에 대해 상계관세를 부과할 수 있도록 보조금 판정요건을 일부 개정한 규칙을 2021년 2월에 공표하였다. 환율과 관세를 연계한 것은 이번이 역사상 처음이다. 그 희생양으로 베트남산 타이어 및 중국산 트위스트 타이(빵봉지 끈)가 떠올라 2021년 11월에 최고 10%대(베트남산 타이어 1.16~1.69%, 중국산 트위스트 타이 10.54%)의 예비 판정을 받았다. 환율이 자국제품의 경쟁력 제고에 유리하게 작용하도록 개입하여 보조금을 준 것과 같다고 판단한 것이다. 환율에 따른 관세부과는 모든 품목에 보복적인 수단으로 활용될 수 있어 파괴력이 상상을 초월할 수 있다. 중국과 베트남은 시작에 불과하고 환율이 저평가 되었다고 생각하는 모든 나라가 그 대상이 될 수 있다. 통화가치 평가는 매우 복잡한 과정으로 사실상 주관성이 높이 개입될 수 있어 통상에서 '뜨거운 감자'로 부상하고 있다.

상품무역에서 서비스무역으로 확전 우려

여기에다 상품무역의 전유물이었던 관세가 서비스 무역에도 부과되어야 한다는 논리가 부상하고 있다. 온라인을 통한 디지털 전송이 새로운 무역 패턴으로 일상화되어 소프트웨어, 음원, 동영상 등이 우선적으로 고려되고 있다. 실제로 인도네시아는 관세품목 분류체계에 99류를 신설하여 서비스분야에 언제든지 관세부과를 실행에 옮길 수 있는 준비를 완료하였다. 한류콘텐츠가 해외에서 영향력을 확대하고 있는 가운데 서비스 상품에 대한 관세화는 한류에 적지 않는 타격을 안겨줄 것으로 우려된다.

최근 글로벌 차원에서 확산되고 있는 관세 만능주의에 대한 논란은 정부를 넘어 관련 단체로 확산되는 양상이다. 미국내 37개 단체가 참가하고 있는 관세개혁연합(TRC)은 철강에 대한 관세부과가 미국내 기업의 경쟁력 약화로 이어져 일자리 지키기가 아니라 일자리 감소로 이어지고 있어 관세정책 폐지가 절박하다고 정부에 목소리를 높이고 있다. 철강에 대한 232조 적용으로 미국 내 일자리 7.5만 개가 사라졌다고 구체적인 수치를 제시하였다. 이 연합은 행정부가 보다 투명하고 공정한 절차로 관세를 부과하도록 의회가 감독자로 나서야 한다고 강조하였다. 3만 개 이상의 제조업체가 참가하는 금속제조업·사용자협회(CAMMU)도 232조 적용은 원자재 공급중단으로 이어져 제조업 경영에 위협요인으로 부상했다면서 철폐를 주장하였다. 반대로 싱크탱크인 경제정책연구소(EPI)는 232조로 미국의 철강업계가 기사회생하는 기회를 맞고 있다는 논리를 전개하였다.

　기본적으로 관세는 특정지역에 대한 통치행위를 상징하는 조세로 성경에도 등장할 정도로 오랜 역사를 자랑한다. 그것은 시행과 동시에 확실하게 효과를 발휘하기 때문에 선호된다. 경제위기 극복을 위해 재정이 필요한 시기에는 더욱 환대 받는다. 그러나 관세는 국제교역을 위축시켜 경기회복이 아닌 위축으로 연결되는 부메랑이라는 점을 잊어서는 안 된다. 원자재를 공급받아야 하는 제조업체에는 원가상승이고, 완제품이라면 물가상승이라는 부작용도 같이 수입된다는 점을 알아야 한다. 서구열강의 관세 전쟁이 경제위기 장기화는 물론 물리적 전쟁의 원인이었음을 모두가 곱씹어 봐야 한다.

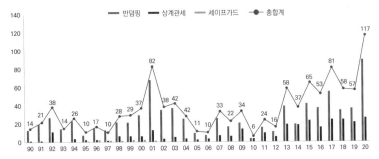

〈그림〉 미국의 對세계 관세조치 조사개시 추이(1990~2020년)　(단위: 건)

자료: WTO, USITC, 국제무역통상연구원, 주: 1993~2018년 WTO(2019~2020년 USITC 기준)

코로나19 경제위기와
국제유가 흐름

1970년대 에너지 위기로 가나?

국제유가는 경제를 가늠하는 바로미터다. 경기가 좋으면 소비량
이 증가하면서 가격이 뛰어 오르고, 그 반대면 소비는 하락 곡선을
그린다. 경제적인 요소 외에도 중동 사태와 같은 국제정세에 민감
할 뿐만 아니라 정치적 요소도 가격을 좌우하는 데 한 몫하고 있
다. 코로나19 환자가 2019년부터 발생하기 시작했지만 글로벌 경
제에서 코로나19의 전면적인 등장은 2020년 3월 말로 보는 것이
정설이다. 그 무렵 코로나19로 인한 극단적인 경기 침체가 예견되
면서 국제유가가 급전직하로 내몰리기 시작했기 때문이다. 두바
이유 가격은 2020년 3월 5일까지 배럴당 50달러 선을 지지했으

나 4일 만에 32.9달러를 기록하면서 40% 정도 폭락하였다. 이런 흐름을 반영하여 글로벌 주식시장도 동반 하락을 경험하여 유럽에선 하루만에 9%가 급락하기도 하였다. 당시에 제2의 블랙먼데이라는 별칭이 붙었다.

2019년 말 유가가 배럴당 70달러에 육박했던 점을 감안할 때 30달러선은 유가가 바닥을 보여준 것으로 경제전문가들은 평가하였다. 그러나 바닥 밑에 지하층이 있다는 것을 보여주기라도 하듯 2021년 4월에는 두바이유 가격이 10달러 대로 추락하였다. 비슷한 시기에 미국내 대표적인 유가지표인 서부텍사스중질유(WTI)는 하루만에 배럴당 17달러에서 13달러대로 22%나 폭락하기도 하였다. 끝날 것 같지 않던 코로나19 터널은 국제유가를 기준으로는 터널 끝에 와 있다는 데 이론을 제기하기 힘들다. 2022년 10월 6일에 두바이유 가격은 코로나19 이후 처음으로 80달러 대로 올라서면서 경기침체를 넘어 경기회복이 본격화되고 있음을 보여주었다. 브렌트유도 최근 85달러를 돌파하여 3년래 최고치를 경신하면서 1970년대 에너지 위기를 떠올리게 만든다.

글로벌 경기의 바로미터 국제유가

국제유가 흐름에서 배럴당 80달러는 중요한 터닝포인트로 인식되고 있다. 국제유가가 80달러 선에 육박하면 경기회복에 대한 확신이 국제시장을 지배하게 된다. 이에 따라 투자와 소비가 동시에 뛰어 오르면서 긍정적인 수치로 연결될 가능성이 높아지게 된다. '경제는 심리'라는 관점에서 보면 80달러 돌파는 미래를 더욱 밝게 하는 디딤돌이 된다. 이런 의미에서 80달러 돌파는 적어도 코로나19로 촉발된 경제위기에서 글로벌 경제가 확실하게 탈출의 실마리를 찾았다는 것을 의미한다. 수요와 공급이라는 가격결정 메커니즘을 감안할 때 국제유가는 코로나19가 발생하면서 수요 감소라는 요인에 의해 빨간 불이 들어왔다면 이제는 오히려 공급 부족이라는 쪽으로 흐름이 바뀌면서 1년 6개월만에 10달러 대에서 80달러 대로 점프한 것이다. 2021년 4월에 국제유가 선물가격이 경기침체에 따른 소비감소와 저장시설 부족으로 인해 마이너스 가격을 기록했던 점을 감안하면 격세지감이다.

그러나 유가의 80달러 돌파는 또 다른 고민의 시작을 의미한다. 이전에는 경기회복이라는 긍정적인 신호를 주지만 80달러 돌파는 물가상승과 경기과열에 대한 우려를 곳곳에서 솟아나게 하는 시발점이기 때문이다. 유가가 10달러 상승하면 미국과 EU(유럽연합)의 연간 물가상승률은 약 2% 포인트 높아진다고 전문가들은 진단한다. 80달러 돌파로 '고유가'라는 수식어가 앞에 붙는 것이 일상화되고 이는 모든 기업의 생산비 증가로 이어져 이를 제대로 흡수하지 못하는 기업은 경쟁력 둔화에 노출된다. 특히 최근의 유가급

등이 투기가 아니라 수요증가에 따른 것으로 해석되면서 확실한 추세로 인식된다.

배럴당 80달러가 이상적인 가격

수출로 먹고 사는 우리에게도 유가는 비슷한 구도로 다가온다. 80달러를 밑돌던 시기에 유가상승은 제품의 원가에는 크게 부담이 안 되면서 경기회복에 대한 플러스 추세가 더 잘 반영되어 수출에 긍정적이다. 전체 수출에서 차지하는 비중이 각각 10%를 약간 밑도는 석유제품과 석유화학류는 국제유가 상승으로 수출단가가 올라가 채산성 개선에 크게 기여한다. 석유관련 설비투자와 산유국의 인프라 투자가 늘면서 건설과 철강제품 수출에도 호재로 작용한다. 선박발주 증가도 유가 상승에 따른 낙수효과(유가상승→운송 수요 증가→선박발주 증대)로 거론된다. 더불어 자동차, 가전, 섬유류, 기계 등도 산유국 경기회복에 대한 수혜품목으로 분류된다. 그러나 80달러를 넘어서면 부(-)의 효과가 수출전선에도 얼굴을 내민다. 제품생산에 대한 원가압력이 높아지기 시작하여 경쟁력 약화로 이어지고 대부분 수입에 의존하는 다른 원자재 가격이 덩달아 뛰어오른다. 유가가 글로벌 경제성장을 제한하기 시작하면서 여타 소비재에 대한 수요도 감소하기 시작하여 수출전선 전반에서 우려의 목소리가 나오기 시작하는 시기가 80달러 대이다.

수급상황에 따라 조만간 국제유가가 배럴당 90달러를 넘어 100 달러 선에 도달하여 에너지 위기를 불러올 것이라는 우려도 제기되고 있다. 최근 유가상승과 함께 원유와 대체관계인 천연 가스 가격이 7년래 최고치를 경신하였다. 이는 미국내 셰일가스 생산량이 감소세를 보인 데다 천연가스 비축량도 5년 평균치 아래로 떨어졌기 때문이다. 2022년 겨울 기온이 낮을 것으로 예상되면서 에너지 소비증가로 가격급등 국면이 전개될 수 있다는 우려도 나온다. 결국 △국제유가 3년 내 최고치 △천연가스 10월 선물가격 7년만에 최고치 △블룸버그 원자재 현물지수(BCSI) 10년 내 최고치 △국제연합(UN) 식량가격지수 전년비 33% 증가 등이 복합적으로 작용하면서 에너지 위기에 힘을 실어주고 있다.

유가상승은 국가별 산업별로 영향이 달라 새로운 정치 경제적 부침을 야기할 것으로 예상된다. 원유가격 상승은 산유국인 러시아에게 가장 큰 혜택이 돌아가고 사우디아라비아와 호주도 콧노래를 부를 것으로 점쳐진다. 산업별로는 최근 코로나19 회복세에 큰 혜택을 보고 있는 항공과 해운에 짙은 그림자를 던질 것으로 우려된다. 해운회사의 운영비 중 연료비 비중이 50~60%에 달하고 항공산업은 25~40%로 엇비슷해 채산성에 치명타가 될 수 있다.

에너지 위기국면이 장기간 유지되기 힘들 것이라는 의견도 적지 않다. 대부분의 국가들이 2050년 탄소배출 제로(Net Zero)에 도달하기 위해 에너지 전환을 가속화할 것이기 때문이다. 재생에너지 생산을 늘리고 가솔린 차량이 전기차로 급속히 대체되고 있는 것이 대표적인 징표다. 더불어 미국내 셰일 오일 생산량이 회복세를 보이고 있으며 조만간 코로나19 이전 수준을 웃돌 것으로 전망되고 있다. 통상 국제유가가 55달러를 돌파하면 셰일오일 기업들의 재무상태가 크게 개선되고 그 수준이 60달러를 돌파하면 생산증대를 위해 공격적인 투자가 개시되는 구조를 갖고 있는 것도 에너지 위기론을 약화시킨다. 결론적으로 국제유가를 기준으로 보면 글로벌 경제는 코로나19 이전 수준으로 회복되어 위드코로나(With COVID19)를 넘어 경기과열 초기국면으로 인식되고 있다.

〈표〉 2000년 이후 국제유가 흐름

기간	추이	유가 변화	유가 변동 원인
'00~'08.7월	(+)	$21 → $140	글로벌 경기 호황, 중국의 빠른 경제 성장
'08.7월~'08.12월	(-)	$140 → $35	글로벌 금융위기
'08.12월~'14.6월	(+)	$35 → $109	경기회복, 지정학적 리스크, OPEC감산
'14.6월~'16.1월	(-)	$109 → $25	美 셰일 혁명 및 산유국 간 점유율 경쟁
'16.1월~'19.3월	(+)	$25 → $67	OPEC+ 감산, 수요 회복
'19.10월~'20.1월	(+)	$58 → $67	미국-이란 대치, OPEC+ 감산, 미·중 무역협상 타결 기대감
'20.1월~'20.4월	(-)	$60 → $10 후반	코로나19 팬데믹
'20.4월~'21.10월	(+)	$10 후반 → $80 중반	글로벌 경기회복 본격화

자료: 저자 정리

FTA가 경제를 넘어
외교안보 아젠더로 진화

세계 최고 수준의 경제영토 활용을

모두가 잘 알듯이 한국의 물리적 영토 크기는 1,004만ha로 그 순위가 108위로 크게 밀린다. 그런데 경제영토로 눈을 돌리면 말이 달라진다. 경제영토는 좀 생소한 개념이지만 우리 기업들이 생산한 제품을 관세를 물지 않고 다른 나라로 운송한 후에 팔 수 있도록 정부 차원에서 자유무역협정(FTA)을 체결한 국가들의 국내총생산(GDP)이 전세계에서 차지하는 비중으로 계산된다. 이 기준으로 대한민국의 영토를 계산하면 전세계의 80%(57개국, 2021년 말 현재)에 육박한다. 단연코 세계 최고 수준이다. 특히 글로벌 경제에서 중요한 파트너인 미국, 중국, 유럽연합(EU), 아세안 등과 FTA를 모두 체결한 나라는 우리가 유일하다. 2022년 2월부터 아세안, 한·중·일 3개국, 호주·뉴질랜드 등 15개국이 참여하는 역내포괄적동반자협정(RCEP)이 발효되면서 경제강국 일본이 새로운 FTA 파트너로 추가되었다.

우리나라가 자유무역의 깃발을 드높이며 경제적 측면의 국경인 관세장벽을 허무는 것은 높은 경제적 위상과 기업들의 경쟁력에 대한 자신감이 기저에 깔려 있다. 자본주의 원리인 '경쟁을 통해 경쟁력을 키운다'는 논리를 실천하는 것이다. 가장 먼저 언급되는 FTA의 이점은 국내에서 생산한 제품들이 해외시장에 출시될 때 관세라는 족쇄에서 벗어나 경쟁력에 날개를 달아준다는 사실이다. 실제로 최근 세계에서 가장 빠르게 성장하고 있는 베트남에 K-푸드의 대표선수 격인 떡볶이가 상륙하기 위해 원래 35%의 관세를 물어야 하지만 FTA를 이용하면 제로(0%)로 급전직하한다. 기업 마케팅에 신세계가 열리는 것이다. 국내 생산분에만 혜택을 주기 때문에 자국 내 투자를 늘리고 더불어 일자리도 늘어나는 일석삼조의 효과가 발휘된다.

대부분 FTA를 기업을 위한 것이라고 이해하지만 사실은 다르다. FTA는 체결국 상호간에 수입품에 대해 관세를 낮추거나 없애는 것이다. 이에 따라 수입한 완제품이나 원재료로 생산하는 제품의 가격을 낮추는 효과가 발생하여 물가안정에 기여한다. 이는 다시 소비자의 후생을 증대(낮은 가격으로 소비)하는 것으로 연결되어 경제 활동을 윤택하게 만든다. 이 과정에서 관세의 감면에 따른 국가의 재정수입이 줄어드는 마이너스 효과도 발생하지만 경제 활성화라는 사이클을 통해 보전되기도 한다.

중소기업 활용률 제고 솔루션 필요

글로벌 경제에서 FTA가 만병 통치약처럼 보이지만 속내를 보면 꼭 그런 것은 아니다. 우선, 상대국에 진입할 때 관세를 낮추거나 없애는 데 전제 조건이 있다. 기업 스스로 그것을 신청을 해야 하고 복잡한 서류 준비를 통해 해당 제품의 제조공정과 원자재(부품 이나 원료)가 해당국에서 조달되었음을 증명해야 한다. 그러니 전문 인력이 없는 중소기업은 '그림의 떡'이다. 최고경영자 차원에서 관심을 갖고 필요에 따라 직접 교육(컨설팅)도 받고 원자재 관리시스템을 만드는 데 투자도 해야 한다. 극단적으로 혜택은 적은데 투자비용이 더 높아 실익이 없는 품목도 있고 혜택에서 아예 제외된 품목도 부지기수다.

더 중요한 점은 각 협정별로 혜택을 주는 조건이 다르다는 점이다. 챙겨야 할 서류가 다르고 복잡한 산식을 동원해 원자재 조달 비율도 제 각각 별개의 산식으로 따져야 한다. 예를 들어 같은 베트남이라도 기본적으로 한-아세안 간 혜택을 확인하고, 그 다음에 한-베트남 간 FTA를 서로 비교하여 유리한 조건을 따라야 한다. 여러 나라와 동시에 FTA를 체결하면 나라마다 다른 원산지 규정, 그리고 통관절차 및 표준 등을 확인하는 데 시간과 인력이 더 들어가 거래비용 절감이라는 애초 기대효과가 반감되는 스파게티볼효과(Spaghetti Bowl Effect)가 나타날 수 있다. 좋은 음식이라도 면끼리 얽혀 있으면 먹기 힘든 상황에 비유한 것이다.

고의 여부를 떠나 서류나 계산 과정에 잘못이 있으면 무서운 벌금 폭탄이 떨어질 수 있다는 점도 간과해서는 안 된다. 포드자동차는 1996년부터 멕시코로부터 자동차 부품을 수입했고, FTA에 따라 수입신고 시 멕시코 공급업체의 원산지증명에 기초해 특혜관세를 신청했다. 이에 미국 정부는 제출한 원산지 증빙서류 등에 문제를 제기하며 포드에 2천만 달러에 상당하는 벌금을 부과하였다. 원산지 규정이 까다롭기로 유명한 섬유분야에서 원산지 검증을 통한 벌금 케이스는 어렵지 않게 찾을 수 있다. 터키 관세당국은 수입통관 후 원산지 검증을 하면서 위반사례가 나오면 FTA 혜택을 배제할 뿐만 아니라 관세차액의 3배에 해당하는 벌금을 부과하고 있어 기업의 존재를 위태롭게 한다는 말까지 나돈다.

RCEP과 CPTPP의 대결구도 예의 주시

2004년에 칠레와 손을 잡으면서 시작된 한국의 FTA 역사는 2022년 기준으로 큰 이정표를 앞두고 있었다. 향후 국제무역의 틀을 좌우할 포괄적·점진적환태평양경제동반자협정(CPTPP)에 4월경 가입신청이 거론되었기 때문이다. RCEP은 경제규모로는 거대하지만 노동, 환경, 국유기업 등에 대한 조항이 없고 상품의 관세인하 수준도 낮은 편이어서 파장이 크지 않다. 그러나 기존에 미국과 일본이 주도하던 환태평양경제동반자협정(TPP)에서 미국이 빠지면서 일본 등 아시아·태평양 11개국이 새롭게 추진한 CPTPP는 △농산물을 포함한 모든 상품에 대한 100% 관세철폐 △금융 및 외국인투자에 대한 규제완화 △고급인력 이동보장 △투자시 기술이전 강요금지 △국유기업에 의한 시장왜곡 방지 △데이터거래 활성화 등을 내걸고 있어 세계무역기구(WTO)를 대체할 새로운 국제무역의 룰셋터(Rule Setter, 규범 제정자)가 될 전망이다.

이에 따라 중국을 선두로 영국, 한국, 대만은 물론 미국도 다시 가입할 것이라는 기대가 높아지는 형국이다. 경제대국 중국은 비시장경제 국가(Non-Market Country)인 데다 가입조건을 쉽게 충족하지 못해 배제가 유력하지만 10년 정도의 유예기간을 설정하는 양보안이 회자되고 있다. 회원국 대부분이 중국과의 교역비중이 20%를 넘어 회원국들의 실익이 크기 때문이다. 영국은 역내 협력체의 외연확장을 통한 무역원활화와 외교안보(중국 견제)를 이유로 적극적으로 구애하는 행보를 보이고 있다. 대만은 '하나의 중국'이라는 걸림돌이 있지만 반중 카르텔(?)로 CPTPP가 진화하면 유리한 국면이 전개될 것으로 기대하는 눈치다. 한국은 농산물 개방이 커다란 걸림돌이고 일본의 경제적 견제와 외교적 냉전도 넘어서야 한다.

FTA는 무차별주의라는 글로벌 무역룰을 깨는 조치다. 그럼에도 모두가 용인하는 것은 특정국에 대해 장벽을 높이는 것이 아닌 낮추는 방식으로 차별하기 때문이다. WTO가 제 기능을 못하면서 무역의 새로운 룰을 셋팅하는 역할도 하고 있다. FTA가 갈수록 중요해지는 것은 공급망의 안정적 구축과 미·중 대결로 요약되는 신냉전에 대한 전위대 역할도 하는 모양새이기 때문이다. 따라서 무역의존도가 높은 한국경제에 FTA는 미래를 좌우하는 핵심의제가 되고 있다. 안으로는 중소기업이 쉽게 FTA를 이용하여 실리를 챙기도록 정책적 지원을 강화하고 밖으로는 투명한 글로벌 규범 확립과 외교안보의 디딤돌이 되도록 능동적 역할을 해야 한다.

〈그림〉 한국의 FTA 네트워크(2021년 12월 현재)

발효 　서명 및 타결 　협상 중

자료: 국제무역통상연구원

우크라이나-러시아 전쟁은
글로벌 원자재 전쟁

장기화하는 전쟁은 사실상 전세계가 전쟁터

국내 유명 정치인이 우리와 아무런 관련이 없는 지구 반대편에서 러시아와 우크라이나 간에 전쟁(우-러전쟁으로 약칭)이 발생했다고 표현할 정도로 이 전쟁은 초기에 경제적 측면에서 주목을 받지 못했다. 그러나 단기전이 무산되면서 현실은 완전히 달라졌다. 글로벌 경제가 촘촘한 공급망으로 얽혀 있음을 다시 한번 실감하게 만들었다. 1단계로 우크라이나의 수출품에 대한 걱정이 컸지만 이제는 러시아에 대한 서방의 경제제재와 러시아의 금수(禁輸) 카드가 나오면서 부작용이 걷잡을 수 없을 정도로 커지고 있다. 특히 코로나 19에 따른 물류비 충격에 원자재 가격급등이 겹치면서 인플레이션 공포가 글로벌 경제를 벼랑으로 내몰고 있다. 단순히 공급망을 복수화하는 소극적인 전략에서 벗어나 자원에 대한 대외투자를 늘리고 원자재 수출규제를 막는 국제적인 룰 세팅(제정)이 절실하다는 지적이 힘을 얻고 있다.

러시아의 우크라이나 침공은 빠르면 3일, 늦어도 1주일 내에 종료될 전쟁으로 인식되었다. 대다수 기업들은 원자재 가격이 잠시 급등할 수 있다고 생각했지만 예견은 완전히 빗나갔다. 현재로선 종료 시점을 기약하기 힘들고 생산시설이나 농장이 완전히 파괴되어 이를 복구하는 데도 상당한 기간이 필요할 것으로 보인다. 2022년은 물론 그 다음 해에도 그 여진이 계속될 전망이다. 이제는 원자재 대외의존도가 높은 국내 기업들뿐만 아니라 글로벌 차원에서 최대의 이슈로 부상하였다. 단순히 채산성을 위협하는 문제에서 이제는 기업의 생존을 좌우하는 방향으로 폭발력이 커지고 있다.

우려의 시선이 가장 몰리는 곳은 우크라이나가 생산하는 곡물자원이다. 옥수수는 미국, 브라질, 아르헨티나에 이어 우크라이나가 4위 생산국이다. 시장점유율도 두 자릿수에 달해 개전 이후에 옥수수 가격이 고공행진을 지속하고 있다. 옥수수는 사료(80%)와 다른 가공식품의 원료(19%)로 주로 소비되는데 러시아와 우크라이나로부터의 공급이 동시에 제한되면서 2022년 2월 이후 큰 폭의 가격 상승세를 시현하였다. 같은 해 3월에 부셸당 가격이 765센트까지 상승하며 전년 연말 대비 30% 정도 뛰어 올랐다. 러시아와 우크라이나의 공급량이 전세계의 30%에 육박하는 소맥은 식량(32.9%), 가공(30.8%), 사료(36.3%) 등 다양한 방면에서 골고루 사용되고 있다. 소맥이 제빵, 제과, 라면, 음료 등에 주로 사용되면서 우크라이나에게 '유럽의 빵 공장'이라는 닉네임을 부여한 곡물인데 2022년 3월 부셸당 가격이 1,425센트까지 뛰면서 지난해 말보다 85%나 상승하였다. 특히 러시아는 EU(유럽연합)를 제외하면 소맥 최대 수출국이라는 명성을 누리고 있다. 사실은 앞으로가 더 심각할 것이라고 전문가들은 지적한다. 이번 전쟁으로 2023년까지 소맥과 옥수수 가격은 약 20% 상승할 것으로 예상되며 사태가 장기화될 경우 이러한 가격의 고공행진은 상당 기간 유지될 것으로 전망된다.

우-러는 글로벌 원자재 공급국

우크라이나가 압도적인 공급자인 희귀가스는 더 큰 문제다. 네온과 크립톤은 반도체 제조 공정에 필수적으로 사용되는 소재로, 대체가 어렵고 지구상에 극미량만 존재해 공급이 제한적이다. 특히 우크라이나가 전세계 공급량의 70%를 차지하는 네온은 반도체는 물론 디스플레이 공정을 위한 엑시머 레이저, 전구, 절연 보안경

등의 제조에 필수 소재이다. 크립톤은 러시아와 우크라이나가 세계 생산량의 약 80%를 차지하여 공급량이 전쟁에 기대는 양상이다. 이에 따라 네온과 크립톤의 국내 수입단가는 최근 2배 이상 급등했다. 네온가격은 kg당 150달러를 돌파했으며, 크립톤은 kg당 700달러에 육박한 데 이어 앞으로도 상승곡선이 점쳐지고 있다. 다행히 2021년까지 전량 수입에 의존하던 네온에 대해 최근 포스코가 국산화에 성공하면서 조만간 생산에 들어갈 예정이다.

에너지 관련 원자재와 비철금속으로 눈을 돌리면 러시아 입지가 크로즈업(Close-Up) 된다. 특히 서방의 수입규제와 러시아의 수출규제가 맞물리면서 해당 원자재 시장은 안개가 자욱하여 한 치 앞을 내다보기 힘들다. 거의 모든 제품의 생산원가에 절대적인 영향을 미치는 원유의 러시아 생산량은 세계 2위다. 크렘린의 입에 의해 가격이 들썩일 정도인데 만약 공급차질이 본격화되면 원유가격 상한선은 예단이 불가능하다. 이미 뜨거운 감자로 부상한 천연가스는 러시아의 비중이 17%에 달해 전세계가 영향권이다. 러시아산 천연가스 의존도가 높은 EU가 공급선 다변화 및 소비 감축에 적극 나서면서 천연가스 가격에 관심이 쏠리고 있다. 만약 전쟁이 장기화되면 러시아로부터 직접 공급을 받는 유럽은 물론 여타 지역 물량이 전배될 수밖에 없어 글로벌 쇼크가 우려된다.

원자재 비축 늘리고 수입선 다변화를

비철금속 중 알루미늄과 니켈에 대한 러시아 입김은 상당하며 팔라듐은 40%를 웃돌아 절대적이다. 팔라듐은 가볍고 단단하여 고급 외과 수술용 기구, 열계측기, 베어링, 치과 재료, 장식용 귀금속 등으로 쓰이며, 특히 수소를 잘 흡수하고, 수소를 방출시키면 활성도가 높아져 수소의 정제에 사용되는데 역시 가격이 요동치고 있다. 한때 가격이 톤당 3천 달러를 돌파하며 지난해 말보다 60% 이상 급등했으나 수요 조절에 의해 현재는 2천 달러 대를 유지하고 있다. 우리나라에서는 구리, 알루미늄, 니켈, 팔라듐 채굴이 이루어지지 않아 구리광, 알루미늄광 등 광석 형태의 비철금속을 전량 수입에 의존하고 있다. 국내에서는 비철금속 광석을 수입하여 제련·가공을 통해 괴·판·박 등 형태로 가공하는 정도여서 국제 원자재 리스크에 그대로 노출된 상황이다.

러-우 전쟁으로 스태그플레이션(경기불황 속 물가상승) 우려가 높아지는 가운데, 성장률 둔화와 함께 원자재 인플레이션 쓰나미가 오는 것 아니냐는 경고가 나오고 있다. 러시아산 에너지에 대한 의존도가 높은 에스토니아와 핀란드를 중심으로 경기침체가 예상되며, 에너지 대외의존도가 높은 중국과 일본도 안심할 수 없는 상황이다. 원자재 가격 상승과 더불어 러시아산 에너지 수입금지로 공급 축소가 예견되면서 2022년 상반기에 글로벌 인플레이션이 7%

를 상회할 수도 있다는 우려도 있다. 이에 따라 우리나라의 무역수지 악화가 불가피하고 기업은 제조원가 상승분을 판매가격에 모두 전가하기가 어려워 채산성 악화 및 가격경쟁력 약화에 직면해 있다. 수입 원자재 가격이 10% 상승했을 때 국내기업의 제조원가는 제조업에서 1.1%, 전산업에서 0.43% 각각 상승하는 것으로 추정되어 코로나19에 버금가는 또 다른 복병이 나타난 셈이다. 따라서 원유와 천연가스에 대한 관세(현재 3%)를 감면하고 시세차익을 노린 매점매석을 단속해야 한다는 목소리도 나오고 있다. 정부 차원에서도 원자재 비축을 늘리고 해외 자원개발을 확대할 필요가 있다.

〈표〉 러시아와 우크라이나와 관련된 원자재의 생산지표

구분	원자재	생산국 순위 및 비중 (2020년 기준)					비고
에너지	원유	미국 (14.9%)	러시아 (13.0%)	사우디 (12.4%)	캐나다 (5.5%)	이라크 (5.4%)	
	석탄	중국 (50.6%)	인도 (9.2%)	인도네시아 (7.4%)	호주 (6.6%)	미국 (6.4%)	러시아 (6위,5.3%)
	천연가스	미국 (23.8%)	러시아 (16.8%)	이란 (5.9%)	중국 (4.4%)	캐나다 (4.4%)	
비철금속	구리	칠레 (27.8%)	페루 (10.4%)	중국 (8.3%)	콩고 (7.8%)	미국 (5.8%)	러시아 (8위,3.9%)
	알루미늄	중국 (57.0%)	러시아 (5.6%)	인도 (5.5%)	캐나다 (4.8%)	UAE (3.9%)	
	니켈	인도네시아 (30.7%)	필리핀 (13.3%)	러시아 (11.3%)	뉴칼레도니아 (8.0%)	호주 (6.7%)	
	아연	중국 (33.8%)	페루 (11.1%)	호주 (10.9%)	인도 (6.0%)	미국 (6.0%)	러시아 (8위,2.3%)
	팔라듐	러시아 (42.9%)	남아프리카공화국(33.9%)	캐나다 (9.2%)	미국 (6.7%)	짐바브웨 (6.0%)	
곡물	옥수수	미국 (31.8%)	브라질 (21.5%)	아르헨티나 (19.5%)	우크라이나 (13.8%)	EU (2.5%)	
	소맥	EU (18.5%)	러시아 (15.8%)	호주 (13.5%)	미국 (13.5%)	우크라이나 (9.8%)	
희귀가스	네온	우그라이나 (70%)	–	–	–	–	
	크립톤	러·우 (80%)	–	–	–	–	

자료: EIA, USGS, USDA, 언론보도 등을 국제무역통상연구원이 취합

코로나19 재정풀기,
인플레 수출전쟁을 촉발하다

미국의 인플레이션 떠넘기기

글로벌 시대에 이웃하고 있는 국가의 경제적 희생을 통해 자국의 발전을 도모하려는 정책을 '근린궁핍화정책(Beggar-My-Neighbor Policy)'이라고 말한다. 이것은 모든 국가가 그물망처럼 연결된 상황에서 환율 인상이나 보조금 지급, 그리고 관세율 인상으로 수출품 가격은 낮게 하고 수입품은 높게 하여 국내외 시장에서 자국 상품의 판매량 증대를 통해 나홀로 경제부흥을 도모하는 일련의 과정이다. 대표적인 예로 미국에 의해 주도된 플라자합의가 거론된다. 1985년 9월 22일 뉴욕에 위치한 플라자호텔에서 프랑스, 독일, 일본, 미국, 영국으로 구성된 G5(주요 5개국)의 재무 장관들이 각국의 외환시장의 개입으로 발생한 달러화 강세를 시정하기로 결의한 조치를 말한다. 당시 미국측은 달러화의 가치상승이 세계경제가 직면하고 있는 여러 문제점들의 원인이라고 지적하였지만 내심 강달러로 미국 기업의 대외경쟁력이 약화되고 있으니 여타 국가들이 양보하라고 강요한 것이다.

 이는 '일본의 잃어버린 20년'의 단초가 되었다. 플라자합의가 실행에 옮겨지면서 독일 마르크화는 1주 만에 달러화에 대해 약 7%, 엔화는 8.3% 각각 오르는 즉각적인 변화가 나타났고, 이후 2년 동안 달러 가치는 30% 이상 급락하였다. 덕분에 미국 제조업체들은 달러 약세로 높아진 가격경쟁력을 바탕으로 1990년대 들어 해외시장에서 승승장구하면서 미국 경제가 회복세를 찾아갔다. 반면 일본은 엔고로 수출품의 가격경쟁력이 크게 하락하면서 큰 타격을 받았다. 그 후유증으로 일본 내 좋은 일자리가 줄고 유망한 기업들의 해외 탈출이 잇따르면서 약달러의 희생양이 되었다고 전문가들은 이구동성으로 말한다. 이것이 지금은 '잃어버린 30년의 시발점'이라고 대부분이 동의한다. 만약 한 나라가 환율을 높이면 (자국 통화가치 하락을 통해 수출제품 경쟁력을 제고) 곧바로 다른 나라도 같은 조치를 취하기 때문에 환율전쟁이 발생하고 결국 적당한 선에서 타협하면서 근린궁핍화전쟁은 용두사미로 끝나지만 플라자 합의는 달랐다. 초강대국 미국이 주도한 정책에 여타 나라가 역공을 취할 수 없었던 것이다.

역환율전쟁은 가보지 않은 길

코로나19에 이은 우크라이나 전쟁은 이전과 전혀 다른 형태의 환율전쟁을 야기하고 있다. 코로나19 이후에 높은 인플레이션이 글로벌 현상으로 떠오르면서 많은 나라들이 금리를 올려 물가 잡기에 나서고 있다. 미국이 이런 움직임에 기관차 역할을 수행하면서 각국의 환율이 요동치고 있는 것이다. 미국의 달러는 안전자산이라는 기본적인 이점에다 최근 미국 중앙은행이 금리를 잇따라 올리면서 높은 이자라는 추가 혜택으로 강달러를 추구하고 있다. 코로나19가 발생하면서 각국 정부가 취한 정책의 핵심은 돈을 풀어 약자를 돕고 일자리를 유지하는 것이었다. 돈만 찍어내면 되는 미국이 이 일에 가장 앞장섰고, 여타 국가들도 적정수준을 넘어서 돈 풀기에 경쟁적으로 나섰다. 2022년 2월에 나라살림연구소가 조사(2020년 12월 말 기준)한 바에 따르면 코로나19 대응에 가장 많은 돈을 투입한 나라는 미국으로, 그 규모가 4조 130억 달러에 달했다. 이어 일본(2조 2,110억 달러), 독일(1조 4,720억 달러), 영국 (8,870억 달러), 이탈리아(7,900억 달러) 순으로 나타났다. 이를 상대적 지출 규모로 전환해 보면 일본이 GDP(국내 총생산) 대비 코로나19 관련 지출액 비율이 44%로 가장 높았고, 그 뒤는 이탈리아(42.3%), 독일(38.9%), 영국(32.4%), 프랑스(23.5%) 순이었다. 미국은 19.2%이고 한국은 13.6%로 낮은 수준이었다.

경쟁적인 돈 풀기는 물가상승을 통해 글로벌 경제에 태풍을 몰고 오고 있다. 2021년부터 각국의 물가상승률은 새로운 역사를 쓰고 있다고 해도 과언이 아니다. 특히 원자재 보유 강국인 우크라이나와 러시아가 전쟁에 휘말리면서 돈을 주고도 구하지 못하는 곡물이 속출하고 첨단 산업용 핵심소재를 확보하기 위한 전쟁은 일상이 되고 있다. 2022년 4월에 미국의 소비자물가지수는 2021년 같은 달보다 8.3%나 뛰어 올랐다. 무려 40년 만의 최고 기록이었다. 특히 우크라이나 전쟁 등의 여파로 미국의 같은 달 식료품 가격은 9.4%나 올랐다. 이런 상황에서 경제를 살리기 위한 응급 처방은 빠른 속도의 금리인상이었고, 이에 따라 달러가 미국으로 회귀하고 있다.

미국이 단기적으로 자국 기업의 경쟁력 약화를 감수하면서 고금리 정책을 쓰는 이유는 명확하다. 현재로선 높은 인플레이션을 잡지 않으면 중장기적으로 경쟁력 기반을 무너뜨리고 기존에 쌓아올린 성장의 기반도 한 순간에 무너질 수 있기 때문이다. 문제는 미국의 고금리는 여타 국가의 높은 환율이라는 나비효과를 필수적으로 야기한다는 점이다. 수출에 도움이 되는 고환율이 얼핏 환대를 받을 것 같지만 물가 상승기에는 독이 된다. 해당국의 통화가치가 낮아지면서 수입된 원자재 가격이 높아져 인플레를 부추기기 때문이다. 더욱이 한국처럼 대부분의 원자재를 해외에 의존하는 상황에서 높은 환율은 물가상승을 넘어 수출제품 원가도 끌어 올려 대외경쟁력 약화를 부채질하게 된다.

대외부채 안정적 관리로 환율불안 축소

각국이 금리를 올려 환율을 잡으려고 안간힘을 쓰고 있지만 미국의 금리인상 속도가 워낙 빨라 효과를 보기 힘든 상황이다. 미국 중앙은행은 지난해 5월에 한꺼번에 0.5%를 올린 데 이어 당분간 비슷한 추세가 이어질 것으로 전문가들은 내다보고 있다. 미국발 금리인상 붐은 들불처럼 각국에 부작용을 양산하고 있다. 2021년 1월 2% 대를 기록했던 브라질 중앙은행 금리는 5월에 12.75%로 6배 이상 치솟아 현기증 나는 상승세를 보였다. 2022년 통화가치가 20% 이상 하락한 터키는 국내외 환경을 고려하지 않고 금리를 낮추는 역주행을 하면서 급격한 환율상승을 막기 위해 외환보유고를 지속적으로 풀고 있다. 또한 일본도 미국의 금리인상으로 가장 큰 피해를 보고 있다는 평가가 나오고 있다. 지난달 말에 엔/달러 환율이 131엔까지 치솟아 20년 만에 처음으로 130엔을 돌파했다. 세계에서 세번째로 거래량이 많은 엔화가 2022년에 다른 통화대비 가장 크게 떨어지면서 아베노믹스는 일본 경제에 심각한 우려를 안겨 주고 있다. 아베노믹스는 시중에 막대한 돈을 풀어 의도적으로 엔저를 유도하면서 세계 시장에서 일본 제품의 가격 경쟁력을 높여 수출액을 늘리면서 경제성장을 일구겠다는 구상이었지만, 미국의 금리 인상과 우크라이나 전쟁의 장기화로 아베노믹스는 마이너스 금리(-0.1%)를 포기하거나 초엔저로 높은 원자재 가격을 감수해야 할 상황이다.

결국 원자재의 가격이 고공행진을 하는 상황에서 대외의존도가 높은 국가들은 고금리와 고물가, 채산성 악화라는 3중고에 시달리고 있다. 이는 다시 임금 등 생산요소 가격을 끌어 올리는 악순환으로 연결되어 환율상승이 오히려 대외경쟁력을 갉아먹게 된다. 결국 미국이 금리를 올리는 것은 해외로 인플레이션을 수출하고 있는 셈이다. 더불어 대외 부채가 높은 신흥국은 달러 유출로 유동성 부족에 시달리면서 외환위기에 직면할 수도 있다. 재무건전성이 낮은 기업들도 이자부담이 눈덩이처럼 늘면서 경영에 빨간불이 들어오고 있다. IMF(국제통화기금)는 미국의 고금리 정책으로 신흥국의 60% 정도가 대외 부채로 고통을 느끼게 될 것이라고 진단하고 있다.

환율변동은 단순히 가격의 이전 효과에만 그치지 않는다. 이자와 물가에 영향을 미치고 대외 채무 상환을 어렵게 하여 글로벌 경기 침체로 연결될 수 있다. 낮은 금리가 경제성장에 필요요소인데 미국으로 빨려 들어가는 달러를 잡기 위해 높인 금리는 투자를 줄여 성장세에 브레이크를 걸고 주식시장 등 금융시장도 경색으로 내

몬다. 흔히 인플레이션은 자산가의 재산을 불리는 반면 생필품 가격을 밀어 올려 저소득층의 생존을 더 힘들게 하면서 빈부격차를 키운다. 비슷한 이치로 환율과 이자율을 통한 국가 간 인플레 이전은 개도국의 삶을 더욱 팍팍하게 만든다. 허약한 체질에다 증폭되는 나비효과로 인해 환율과 이자율의 출렁거림이 더욱 커지기 때문이다. WTO(세계무역기구)와 IMF의 다자간 협의체 입김도 그 어느 때보다 낮아 미국의 위상이 더 강화된 느낌이다.

글로벌 공급망 관리,
편가르기 안 된다

자원 편중이 경제안보의 위협요인

특정 국가가 외부 영향을 받지 않는 글로벌 공급망(Supply Chain)을 구축하는 것은 가능한가? 최근 세계 최고의 경제강국인 미국을 비롯하여 거의 모든 나라들이 외부환경에 흔들리지 않는 안정적인 공급망을 구축하기 위해 총력을 쏟고 있다. 코로나19는 시간이 흐르면 극복할 수 있지만 허술한 공급망은 기업은 물론 국가도 글로벌 경제전쟁에서 패배의 늪으로 내몰리게 만드는 최고의 위험요소로 인식하고 있기 때문이다. 그러나 얽히고 설킨 수출입 구도와 광물자원의 불균형적인 매장량을 고려할 때 특정국가가 독립적으로 안정적인 공급망을 만드는 것은 원천적으로 불가능하다. 특히 저탄소를 근간으로 하는 미래경제는 더욱 다양하고 많은 광물자원을 필요로 하기 때문에 배타적인 공급망을 구축하려는 공격적인 통상정책은 한계를 보일 수밖에 없다. 정치나 국제기구로 자원 분포도를 바꿀 수 없기 때문에 공급망 관리는 배타적 자세보다 낮은 자세로의 상호 협력을 원한다.

2021년 2월에 미국의 텍사스주는 사상 초유의 정전사태를 겪으면서 사회의 기본 인프라인 전력공급망에 대한 안정이 얼마나 중요한지 일깨워주었다. 미국에서 따뜻한 지방으로 손꼽히는 텍사스가 미국에서 가장 추운 알래스카보다 더 추웠을 정도로 30년 만의 한파라고 했지만, 전력수요는 증가하는 반면 전력망은 노후화된 것이 정전의 결정적인 원인으로 지목되었다. 미국 정부는 노후 전력망을 보강하고 청정에너지 인프라를 강화한다면서 새로운 변압기 생산에 뛰어 들었다. 그러나 변압기의 미국 내 생산기반은 허약하여 동남아에 의존할 수밖에 없었다. 갑작스런 현지 생산증대는 해당제품의 핵심원료인 철강과 구리가격이 발목을 잡았다. 더구나 동남아는 코로나19로 물류가 여의치 않고 공장은 락다운(Lockdown) 되어 있었다. 인건비가 저렴한 멕시코로 이전하는 작업을 진행했지만 납품시기는 오히려 길어질 수밖에 없었다.

코로나19로 가장 각광을 받고 있는 산업분야가 냉난방 공조다. 공기의 질을 높여 쾌적한 환경을 유지하고 더 나아가 멸균효과도 제고해야 하기 때문이다. 이들 품목에게 최첨단 에너지 절감기술이 경쟁력의 핵심으로 등장하여 제조업체간 혁신경쟁이 뜨겁다. 그런데 제품제조에 필요한 원자재 공급망이 복병으로 등장하였다. 주요 자재로 알루미늄이 필요한데 그 원료인 보크사이트(Bauxite)는 전체의 3분의 1이 아프리카에서 채굴되고 있다. 이에 따라 미국 등 어느 나라도 리쇼어링(Reshoring)은 물론 인근지역으로 공급루트를 옮기는 것이 마땅치 않다. 물류비가 뛰면서 다른 곳에서 정제 및 제련시설을 찾는 것도 쉽지 않다.

저탄소 경제는 현재보다 4배 이상 광물수요

전세계적으로 전기차에 대한 수요가 늘면서 핵심부품인 배터리 생산도 기하급수적으로 늘고 있다. 특히 신형 전기차의 평균 주행거리가 2015년 230Km에서 2020년 380Km로 늘면서 배터리 셀의 성능 향상을 위해 핵심 원재료인 니켈, 리튬, 코발트 등의 수요가 급증하고 있다. 이들 배터리 생산기지는 대부분 한국. 중국, 일본 등 아시아에 집중되어 있으나 원재료 생산지역은 완전히 다르다. 리튬의 경우 칠레, 호주, 아르헨티나에 분포되어 있다. 특히 호주가 전세계 리튬 생산량의 46%를 점하고 있다. 코발트의 경우 콩고민주공화국이 가장 많이 생산하고 있다.

청정에너지 전환에 필요한 풍력발전기 모터를 생산하기 위해 더 많은 희귀 원자재 투입이 필요한 상황이다. 국제에너지기구(IEA)는 파리협정목표인 Net Zero(배출량을 줄이고 대기 중 이산화탄소를 흡수하는 방법을 통해 인간의 활동에 의해 발생하는 온실가스의 양을 제로로 만들자는 목표)를 달성하기 위해 사용되는 희토류 등 광물이 현재보다 4배 이상 더 필요하다고 지적하였다. 그런데 이들 광물은 특정 국가에 편중되어 있고 원자재 무역 없이 특정 국가 중심의 배타적인 공급망으로 제품 생산은 쉽지 않다. 중국은 희토류에 압도적인 우위를 갖고 있다. 생산량 기준으로 세계시장 점유율이 65%이고 가공 및 처리량 기준은 85%를 웃돈다. 구리는 전세계 수요량의 25%가 페루에서 생산되고 리튬은 호주의 비중이 절반을 차지한다. 니켈은 인도네시아 비중이 약 3분의 1이고 코발트에 대한 콩고 점유율은 무려 80% 안팎이다.

　코로나19 속에서 경제회복이 절실한 글로벌 경제강국들은 공급망 애로를 극복하기 위한 정책에 총력을 기울이고 있다. 파격적인 세제 및 금융혜택을 주면서 해외에 나갔던 자국기업들에게 돌아오라고 손짓하고 있다. 이런 리쇼어링 정책은 일자리도 늘려 환호의 대상이지만 원자재 확보가 힘들고 인건비가 높아져 해당 기업의 경쟁력을 잃게 만드는 결과를 초래할 수 있다. 미국 기업이 동남아에서 멕시코로 이동하는 니어쇼어링(Near-Shoring)은 운송비를 크게 줄이고 상대국 규제에서 보다 자유로운 것처럼 보이지만 기초 광물 운송이 길어지고 제조 여건은 크게 후퇴하여 경쟁력은 뒷걸음질 칠 수밖에 없다.

경쟁적 원자재 확보는 국가 충돌로

기업 현장에선 보다 구체적인 대책도 강구하고 있다. 물류난 완화를 위해 트럭 운전자의 임금을 올리는 등 근로 여건을 개선하고 비용절감을 위해 재고를 최소화하는 적시제조(Just-in-Time)를 버리고 선제적으로 충분히 부품과 소재를 확보하는 전략을 강구하고 있다. 이를 통해 자국의 공급망을 안정화하여 코로나19, 지진, 홍수, 허리케인에 대한 극복은 물론 다른 나라의 견제에서도 보다 자유롭도록 노력하고 있다. 또한 비용이 더 들더라도 거래선을 복수화해 특정 국가 및 거래선에 대한 의존도를 줄이고 있다. 특히 그동안 등한시하던 자국내 광물개발에 나서기도 한다.

그러나 자국 위주의 공급망 안정화는 곧바로 한계에 부딪친다. 극심한 편중현상을 보이는 광물은 원천적으로 해결할 대안이 없고 설사 자국에 자원이 매장되어 있는 경우라도 생산에 상당한 시간이 필요할 뿐만 아니라 생산효율이 극히 낮거나 환경문제로 득보다 실이 많은 경우가 부지기수다. 더욱이 독자적으로 먼저, 그리고 더 많이 원자재나 부품을 확보하려는 경쟁은 여타 국가와의 충돌을 야기하여 가격이 천정부지로 뛰거나 아예 물류 봉쇄에 내몰릴 수 있다. 복수의 원자재가 필요한 첨단제품 특성상 1~2가지 원자재 부족으로 공장가동이 멈추고 국가간 긴장도도 높아질 수밖에 없다.

자유무역으로 대표되는 세계화가 후퇴하면 그 결과는 국가간 충돌로 이어진다는 것은 역사가 증명한다. 1차적으로 미래로 나가는 혁신이 뒷걸음질 치고 첨단제품도 설계도에만 그려질 뿐 시장으로 나오지 못할 수 있다. 이어 긴장관계가 높아지면서 세계 1·2차 전쟁과 같은 끔찍한 결과를 완전히 배제할 수 없다. 힘을 못쓰고 있는 WTO(세계무역기구)에 의한 규범중심(Rule-Based) 다자주의를 다시 살려 광물에 대한 자유무역을 보장하고 광물 봉쇄가 아닌 기술진보를 두고 선의의 경쟁을 할 때 글로벌 경제는 나아지고 보다 안전한 공급망을 모든 나라가 확보할 수 있다.

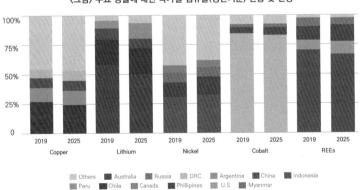

〈그림〉 주요 광물에 대한 국가별 점유율(생산기준) 현황 및 전망

자료: Wilson Center

글로벌 서민고통지수,
로켓처럼 날아 오르다

실업이 늘고 물가가 뛴다

'글로벌 경제에 빨간불이 들어왔다'고 말하면 대부분의 서민들은 '나와 무슨 상관인데'라며 무시해 버린다. 그러나 우크라이나-러시아간 전쟁(우-러 전쟁)은 일반 대중의 밥상을 위협하고 서민의 삶을 팍팍하게 만드는 데 지대한 영향을 미치고 있다. 이런 흐름을 반영하여 경제학자들이 고안한 것이 고통지수(Misery Index)다. 이 지수는 특정한 기간 동안 서민들의 생활에 밀접하게 영향을 미치는 인플레이션율(물가상승률)·실업률·국민소득 증가율 등 경제적 수치를 계량화해서 표시한 것이다. 그 기원은 기상용어인 불쾌지수에서 출발하였다. 불쾌지수가 온도나 습도 등 기상 요소들을 고려해 산출했다면, 고통지수는 일반 국민들이 느끼는 경제적 어려움에 대한 체감도를 나타낸 것으로 종종 국가간 비교용으로도 사용된다. 미저리(Misery)라는 영어 단어가 의미하는 고통과 불행이 다름 아닌 일반 서민을 겨냥하고 있다는 점에서 눈여겨 볼 필요가 있다.

최근 위드(With) 코로나19 시대의 개막으로 해외여행이 일반화되는 등 외부 활동도 정상수준에 근접하고 있으나 서민의 고통은 또 다른 장벽을 만나 역사적으로 아주 높은 지수를 만들어 내고 있다. 최근(2022년 6월) OECD(경제협력개발기구)가 내놓은 수치를 기준으로 2022년 전세계 고통지수(실업률+인플레이션)를 산출하면 13.7이 나온다. 이는 2013년부터 코로나 발생으로 경기침체가 시작된 2019년까지의 평균치 8.2에 비해 거의 2배 정도 높아진 수치다. 2021년의 9.9에 비해서도 가파른 상승세다. 전세계 국가의 실질 경제성장률이 2021년 5.8%로 코로나 위기에서 벗어나는 모양새를 보였으나 2022년은 3.0%로 급격히 둔화되는 추세다. 이에 따라 전세계 광의의 고통지수(협의의 고통지수에 실질GDP 증가율을 뺀 것)는 2021년 4.1에서 2022년은 10.7로 로켓처럼 솟아오르고 2023년에도 8.5를 기록하여 비슷한 추세가 이어질 전망이다. 한국의 고통지수도 2021년 2.0에서 2022년은 5.3으로 2배 이상 높아지고 그 다음 해에는 4.4로 전망되어 바로 꺾이지 않을 것으로 예상된다.

특히 물가상승에 따른 서민의 고통은 2022년 상반기에 급반전의 역사를 쓰고 있다고 해도 과언이 아니다. 2021년 12월에 예상한 OECD 국가의 2022년 물가상승률은 4.4%에 불과했으나 지난 달에 발표된 수치는 8.8%로 정확하게 2배 점프하였다. 더욱이 유로존은 2.7%에서 7.0%로 거의 3배 정도 높아졌다. 2023년 수치도 녹록지 않다. 2021년 말에 2023년 물가상승률은 1.8%에 불과할 정도로 낮게 예측되었지만 현재로서는 5%에 근접할 것으로 OECD는 내다보고 있다. 여타 지역들도 2023년에 6%를 웃돌 것으로 보여 거의 한 번도 경험하지 못한 길을 갈 것이라는 빨간색 경고등이 켜진 상태다. 튀르키예는 2022년과 2023년에 각각 70%대와 40% 선의 폭발적인 물가상승률이, 아르헨티나도 각각 60%와 50%의 고공행진이 예고되어 이들 국가의 고통지수가 전례를 찾기 힘들 정도로 최고조에 달할 전망이다.

코로나19보다 더 무서운 복병인 인플레 전염병이 성큼성큼 다가오고 있다고 해도 과언이 아니다. 선진국인 독일, 영국, 미국에서 이미 40년 만에 최고치라는 기록적인 인플레이션이 기정 사실화되고 있다. 최근 가장 큰 피해를 입은 국가는 유럽이며, 에너지 부족이 난민 유입보다 더 큰 문제라고 전문가들은 진단한다. 2021년 12월에 다음 해 유로존 인플레이션은 2%대를 점쳤으나 2022년 6월에는 7% 대로 뛰어 올랐다. 실제로 석탄의 국제가격은 1

년 전과 비교하여 60~70% 상승하는 곡선을 그리고 있으며, 밀의 국제가격 상승폭도 60% 대로 올라섰다. 미국에서의 가스가격은 50% 이상, 유럽의 그것은 30%나 각각 높아졌다. 니켈은 50% 안팎의 상승률을 기록 중이며 석유와 옥수수도 20~30% 상승이라는 흐름을 이어가고 있다. 여기에다 미국에서는 일부 도시의 거주지 임대료가 50% 이상 치솟아 저소득층의 생계를 위협하고 있는 상황이다.

경제는 삶과 문화를 모두 지배

물가상승이 서민의 삶을 얼마나 팍팍하게 만드는지 유명한 팝송으로도 확인된다. 1960년대와 1970년대 미국의 흑인음악 스타였던 마빈 게이(Marvin Gaye)는 'Inner City Blues'라는 곡을 통해 적나라하게 고통을 호소한다. '인플레이션으로 자산을 늘릴 기회는 사라지고 있는데 각종 고지서는 하늘 높은 줄 모르고 쌓여만 간다. 청년들을 팍팍한 삶의 막다른 골목으로 내몰고 내가 살아가는 처지를 스스로 바라보며 분노하고 있다네.' 이 노래의 그 다음 구절은 물가상승에 대한 악몽을 더욱 날카롭게 비판하고 있다. '범죄가 늘어나고 경찰은 미친 듯이 총을 쏘고 공포가 사회를 덮치고 이런 우리 사회의 내일을 아마 신만이 알겠지(필자가 임의 번역).' 우선, 서민의 지갑을 얇게 하고 좀 시간이 지나면 경기침체로 일자리를 앗아가며 사회 분위기가 흉흉해져 평범한 보통 사람들이 악의로 마음을 채우게 된다는 인플레이션의 폐해를 적나라하게 묘사한 명곡이다.

최근 물가상승은 오일쇼크 등 특정 원자재를 중심으로 폭등한 이전의 것들과 완전히 다른 양상이다. 일반 서민들의 생활과 밀접한 가스와 석유는 물론 옥수수와 밀 등 먹거리와도 직결되는 상황이다. 특히 인도 등의 극심한 가뭄과 갈수록 종료 시기가 미뤄지고 있는 우-러 전쟁은 사태해결을 더욱 어렵게 하고 있다. 농산물은 곧바로 생산물량을 늘릴 수 있는 공산품과 달리 재배에서 생산물을 얻기까지 상당한 시간을 요하고 있어 2023년도 수급전망도 암울한 상황이다. 러시아와 우크라이나는 많은 상품 시장에서 중요한 공급업체라는 점을 새겨야 한다. 이들의 공급량을 합하면 세계 밀 수출의 약 30%, 옥수수, 광물, 비료, 천연 가스는 20%, 석유는 11%를 각각 차지한다. 먹거리 제조에 필수적인 식용유에 대한 글로벌 공급망도 붕괴 직전이다. 전세계 국가의 3분의 2가 해외 공급선에 의존하는 식용유 비율이 50%를 넘는데 전쟁 발생 이후에 가격이 30% 정도 치솟아 금값이라고 지칭되고 있다. 전쟁이 장기화되면 식량은 부족함을 넘어 일부의 생존을 위협하는 수준으로 악화될 수밖에 없다. 이는 아프리카 등 저소득 국가와 선진국 내 하층 소득자의 생활수준을 빠른 속도로 끌어 내릴 것이다.

외부 변수 탓하기 전에 내부 개혁을

물가폭등을 통한 고통지수 급상승은 어떤 이유 때문일까? 우-러 전쟁, 그리고 글로벌 공급망 붕괴, 코로나19에 따른 물류비 상승과 재정지출 확대 등이 우선 거론된다. 그러나 이것만으로는 설명이 부족한 실정이다. 특히 미국발 인플레이션은 달러에 대한 높은 가치유지(강달러) 정책을 통해 전세계로 확산되는 양상이다. 더불어 천정부지로 치솟는 이자율도 문제다. 미국의 중앙은행이 '빅스텝'과 '자이언트 스텝'을 언급하면서 최근 한 번에 0.75% 인상이라는 초강수를 행동으로 옮겼다. 2022년 연말에는 미국 금리가 4% 정도로 수직 상승하였다. 이자율 상승은 각국 주식시장에 부담을 주고 개도국의 금융시장과 환율의 교란 요인으로 작용할 뿐만 아니라 모든 상품의 제조원가를 높여 물가상승에 불쏘시개가 된다. 특히 통화량 증발로 인한 물가상승은 통화의 환수라는 해법이 있지만, 원가상승(Cost Push-Up)에 따른 물가의 고공행진은 뾰족한 대책이 없어 고착화될 것이라는 우려도 상당히 존재한다.

우-러 전쟁이 전세계에 가격전쟁을 촉발시켰다. 2022년 OECD 국가의 인플레이션은 전쟁 발생 전에 예상했던 것의 두 배인 거의 9%에 달할 것으로 추정된다. 전 세계적으로 높은 인플레이션은 가계의 실질 가처분 소득과 생활 수준을 잠식하여 빈부격차와 국가 간 생활의 질 간극을 크게 확대할 것이다. 이 과정에서 불확실성이 대폭 확대되어 기업 투자를 억제하고 이에 따라 향후 수년간 공급이 억제될 것이라는 위협도 존재한다. 동시에 중국의 코로나 바이러스 제로 정책은 글로벌 공급망을 계속 짓누르고 있어 기업의 생산붕괴를 야기할 수도 있다. 또한 미국과 중국간 대결로 야기된 반도체 문제는 여타 품목으로 언제든지 확산될 수 있다. 따라서 즉각적인 국제협력이 없다면 식량 위기라는 시한폭탄을 불발탄으로 되돌리기 힘들다. 식량, 에너지, 자원, 재정 등의 문제를 해결하는 국가별 능력도 큰 차이를 보여 저개발국가의 생활고는 회복되기 쉽지 않은 깊은 낭떠러지로 추락할 가능성이 매우 높다.

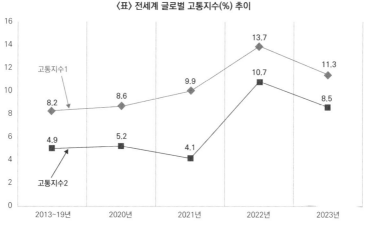

〈표〉 전세계 글로벌 고통지수(%) 추이

주) 고통지수1은 실업률과 인플레이션의 합이며 고통지수2는 고통지수1에서 실질GDP 증가율을 뺀 것임
자료: OECD(2022. 6) 발표자료를 저자가 가공

원산지제도라는
국제경제 룰은 악마

난수표 같은 원산지 규정 이행요구

악마는 디테일에 있다. 이 표현은 겉으로 그럴싸하게 포장한 내용보다 작은 규정이나 마무리가 모든 것을 좌우한다는 의미로 사용된다. 글로벌 경제에서 안보가 주요 이슈로 등장하면서 모두가 경제 회생과 일자리를 내세우지만 디테일로 눈을 옮기면 이기주의로 초점이 모아진다. 우리 제품만 가능하고 여타 제품에는 혜택을 배제하겠다고 말한다. 특히 경제체질 강화와 경제안보를 말하면서 보이지 않는 구석에 타국 제품을 배제하는 위장된 조항을 끼워 넣는다. 심지어는 목적은 친환경과 공정한 룰이라고 설명을 달고 세상에 나오지만 실제로는 높은 장벽을 내세워 그린과 국제룰을 적대시한다.

이런 차별과 교묘한 술수는 원산지표시제도(Certificate of Origin)를 통해 시현된다. 원산지제도는 원래 소비자에게 정확한 생산지 정보를 제공하고 저개발국 수입품과 국산품을 비교할 수 있도록 한다는 선량한 의미에서 출발하였다. 생산지를 쉽게 알 수 있는 과실이나 곡물을 제외하고는 원산지를 표시하는 규정은 매우 복잡하다. 오늘날과 같이 국제적 분업구조를 통한 생산방식이 일상화되면서 스파게티볼 효과(Spaghetti Bowl Effect)가 언급될 정도로 복잡함을 넘어 난수표에 가깝다. 이 효과는 국가별로 원산지 규정이나 통관절차를 실타래처럼 난해하게 얽히게 만들어 실질적으로 외국산 수입을 억제하는 것을 말한다. 극단적으로 협업을 한다면서 매우 까다로운 원산지 규정을 내걸어 그 의도에 의문이 제기되는 경우도 있다.

한·미간에 초미의 관심사로 떠오른 인플레이션 감축법(Inflation Reduction Act)은 이중으로 악마의 디테일을 품고 있다. 이 법안은 미국이 자국 내 친환경 에너지 공급망을 탄탄하게 하기 위해 약 480조 원을 쏟아붓겠다는 내용으로 2022년 8월 7일에 법안이 미국 상원을 통과했고 얼마 지나지 않아 조 바이든 대통령이 서명함으로써 발효되었다. 비밀작전처럼 진행된 이 법안은 목적과 제목을 보면 외국인에게 전혀 거부감이 없다. 친환경으로 기후변화에 대응하고 중산층 복원을 위해 돈을 쓰겠다는 데 누가 비난하겠는가? 특히 친환경 차량에 대해 최대 7,500달러의 세액공제 혜택을 부여한다는 조항은 찬사를 받기에 충분하였다. 그러나 법안의 세부 실행 계획인 원산지규정을 살펴보면 법안의 제목과 전혀 어울리지 않는다. 아니 심하게 이야기하면 포커페이스 제목이다. 미국산 제품으로 인정받아야 혜택이 돌아가는데 자국에서 생산된 원재료 및 부품 비중(원산지 기준)이 2022년 10월 말부터 60%로 상향되며, 2024년에는 65%로 더 높아진다. 2029년에는 75%로 한층 강화하여 많은 세제 및 자금 혜택을 준다고 발표했지만 외국산 부품을 사용한 제품에는 그림의 떡으로 만들었다. 또 동 법안은 미국산이면서 미국 내 노조가 있는 기업이 생산한 전기차에는 대당 4,500달러의 추가 세액공제를 제공한다는 최고 수준의 디테일을 숨겨 놓았다.

해당국가 내 원자재 조달비율 충족요구

일반인이 원산지 규정을 보고 미국에서 일부 부품을 조달하면 되겠네라고 쉽게 생각할 수 있다. 그러나 통상 원산지 역내 비중이 40%를 넘으면 기업이 이를 충족하는 것은 쉽지 않다. 이 비중은 전체 제품구성에 필요한 부품의 가격을 기준으로 미국에서 조달된 부품의 비중이 40%가 넘어야 한다는 의미다. 글로벌 공급망을 통해 최적의 조달 구조를 짜고 있는 상황에서 갑자기 60%로 높인다는 것은 도달하기 힘든 고난이도 작업이다. 기계부품을 예로 들면 미국내 부품을 새로 쓰려면 현지 업체와 새로 연구개발을 하고 시제품을 만든 후에 성능검사를 통과해야 한다. 이어 제품양산 설비(공장)를 갖추는 절차가 필요하며 물량을 감안할 때 손익분기점을 넘기기 힘든 경우도 비일비재하다. 이런 상황에서 자국산 원산지 비중이 최대 75%에 도달해야 한다는 것은 겉으로는 '기준의 상향'이지만 사실상 수입금지에 해당된다는 판단에 이의를 제기하기 힘들다. 인플레이션 감축법이 실제로는 외국산 부품이나 제품을 배제하여 원가를 높이는데 작용(비싼 미국산 부품을 사용해야 하기 때문에)하여 인플레이션을 촉진(?)하는 법이라고 해도 과언이 아니다. 특히 FTA를 체결한 한국과는 누적적 기준(FTA를 체결한 국가에 대해서는 상대국에서 생산된 부품을 자국산으로 인정하는 제도)이라는 원산지제도와 내국민 대우라는 아주 일반적이고 정당한 원산지제도 탈출구가 있지만 미국은 이마저도 인정하지 않고 있다.

사실 미국이 원산지제도를 통해 초강경 조치를 취하는 것은 이번이 처음은 아니다. 2000년 7월에 발효된 미국-멕시코-캐나다 협정(US-Mexico-Canada Agreement, USMCA)의 원산지 기준을 보면 세 나라가 합법적으로 담합(?)한 것으로 밖에 해석되지 않는다. 협정 이름은 자유무역이라고 포장했지만 실제로 여타국에는 무역제한으로 작용한다. 승용차 및 경형 트럭은 전체 부가가치(가격) 기준으로 75% 이상을 USMCA 역내에서 발생(조달)해야 관세를 면제하겠다고 못 박고 있다. 전기차에 탑재되는 배터리는 USMCA 원산지 규정상 핵심부품으로 분류되어 역내 생산 부품 비율 75~85%라는 허들을 넘어서야 한다. 친환경차에 대한 세액 혜택 기준을 북미 내 최종 조립 요건, 핵심 광물 및 배터리 부품 조달 등으로 매우 엄격하게 규정하여 원가나 효율성 면에서 경쟁력이 없는 부품 사용을 강제하여 환경 지킴이에 역행하는 조치를 취했다는 비난을 해도 반박하는 것이 쉽지 않은 실정이다. 그래서 점잖게 표현하면 '역내 부품 조달 강화'이지만 실제 무역현장에서는 '자국 생산주의법'이라고 해석하고 있다.

원산지 기준을 통해 상대국을 곤경에 빠뜨리는 제도는 이제 EU(유럽연합)에도 상륙할 태세다. EU는 최근 기업의 공급망 내 인권과 환경에 미치는 영향에 대한 실사의무와 위반시 제재 내용을 담은 'EU 공급망실사지침(안)'을 발표하였다. 그 목적은 그린딜, 탄소 감축, 지속가능성 등이라고 분명히 하고 있어 대외명분을 얻기에 충분하다. 인권과 환경보호라는 데 누가 반대 입장을 취하겠는가? 그러나 그 내용을 보면 외국기업을 합법적으로 홀대하려는 것 아닌가라는 의심을 갖게 한다. EU 의회와 이사회가 본 지침을 채택하게 되면, EU 각 회원국은 2년이라는 국내법 전환기간 후 동 법안을 시행하게 되는데 의무 위반 기업에 특정행위 중단 명령, 임시 조치 명령, 금전적 제재 등을 가할 수 있고 민사책임까지 부과할 정도로 강력하다. 주로 배터리, 태양광, 연료전지, 드론 등을 생산하거나 수출하는 기업이 주타깃으로 EU발 또 다른 인플레이션 감축법이라고 전문가들은 평가한다. 공급망실사법을 이미 시행 중인 프랑스에서는 인권·환경·지역사회 단체가 개발도상국에서 사업을 영위하는 대기업의 인권침해, 불공정 거래, 생태계 파괴 등에 대한 소송을 제기하는 사례가 증가하고 있다. 특히 광물의 채굴 및 제련과정에서 인권과 환경침해가 있는 국가로부터 원자재 조달을 금하는 내용이 공급망 지침에 포함될 가능성이 높아 제품을 만들고도 수출을 못하는 경우가 발생할 수 있다. EU는 공급망 실사를 위한 핵심 원자재로 30개 물질을 지정하고 있는데 이중 마그네슘, 희토류를 포함하여 19개 물질의 주요 공급국가가 중국이라는 점이 논란거리다. 한국 내에서도 전기차 배터리 생산시 중국산 원료에 절대적으로 의존하고 있어 대EU 수출에 빨간불이 들어올 수 있다. 이럴 경우 원산지 기준을 맞추는 데 인권이나 환경이 영향을 미치게 된다. EU 집행위원장인 폰 데어라이엔은 2022년 9월에 시행한 정책연설에서 핵심 금속인 희토류와 리튬 등의 중국 의존도에 대해 경고한 바 있어 기업들을 긴장시키고 있다. EU는 배터리 필수광물인 리튬에 대해 2030년 경에는 최소 30% 정도를 역내에서 조달해야 한다는 규정이 수면으로 떠오르고 있다. 더불어 재활용을 통해 희토류는 최소 20% 회수해야 한다는 새로운 장벽도 거론되고 있다.

통상로비와 전문가 양성을 통한 사전 대응

핵심 원자재가 원산지를 결정하게 만드는 경우도 있다. 미국은 일반 승용차와 트럭을 제조하는 과정에서 철강과 알루미늄을 70% 이상 역내산(미국 등 북미산)을 사용하라고 강제하고 있다. 또한 핵심 기술을 특정국가가 독점하는 상황에서 원산지가 수출금지의 지렛대로 사용되기도 한다. 미국은 2022년 8월에 3나노미터 이하의 반도체 설계 소프트웨어에 대한 수출 규제를 시행한다고 밝혔다. 사실상 중국을 겨냥한 것으로 해당 소프트웨어를 사용해 생산한 제품을 미국산으로 간주하면서 중국으로 흘러가는 것을 막은 것이다. 반도체나 장비의 수출을 규제하면 합리성을 의심받기 때문에 안보를 이유로 전세계 물량의 3분의 2를 미국이 공급하고 있는 소프트웨어에 빨간 딱지를 붙여 대중국 무역을 틀어 막을 심산이다. 소프트웨어를 원산지 기준으로 삼으면 일반 부품과 달리 제3국 조달을 통한 우회수출도 매우 어렵게 만드는 효과도 가져온다. 비슷한 메커니즘이 작동하는 것이 섬유류 원산지 규정이다. 임금이 저렴한 곳에서 생산한 후 원산지를 세탁하는 것을 방지하기 위해 해당국 내 원자재 비중을 40% 이상으로 할 뿐만 아니라 재단과 봉제 작업도 특별요건으로 부과하고 있다. 반대로 원산지 기준을 쉽게 충족하도록 기준을 완화해 무역을 촉진하기도 한다. 중국이 주도하는 RCEP(역내포괄적경제동반자협정)는 섬유제품에 대해 일정한 가공만으로 원산지 요건을 완화하여 외국산 원사(原絲)를 거의 유일하게 허용하고 있다. 해외에서 날로 인기가 높아지는 믹스커피를 중국으로 수출하는 업체는 일반 농산물과 같이 원재료(원두)가 원산지를 결정할 것으로 생각할 수 있으나 사실은 다르다. 한국에서 일정한 가공(HS4단위 변경)만 있으면 대중국 수출시 한국산으로 인정받아 관세혜택이 있어 한국업체에게 이득이다. 기계와 차량에 사용되는 부속품에 대해 하나 하나 원산지를 따지는 것이 불가능하기 때문에 부속품의 원산지는 해당 제품의 원산지와 동일한 것으로 보며, 포장용품은 내용품 원산지와 동일한 것으로 본다는 특례도 있다. 영화필름은 촬영지와 배우, 그리고 감독과 관계없이 영화제작사의 국적이 원산지를 결정하는 기준도 이례적이다.

사람에게 국적이 있다면 물건에는 원산지가 있다. 국적에 따라 비자 기준이 다르듯 물건의 경우 국경을 유리한 조건(낮은 관세 등)으로 통과하기 위해 원산지를 밝혀야 한다. 잘못 표기하면 엄청난 페널티가 부과된다. 미국에 수출하면서 원산지를 속이면 고의여부를 떠나 회사가 망할 정도로 엄청난 벌금을 물린다. 서류를 제대로 갖추지 못한 것도 제재 대상이 된다. 제품 개발시부터 원산지 제도를 감안하여 원산지 장벽을 뛰어 넘을 비책을 강구해야 국제비즈니스에서 강자로 우뚝 설 수 있다. 갈수록 제품 기술력 못지 않게 국가간 원산지 허들을 무력화할 기술이나 부품개발이 기업 경쟁력에 핵심이 되고 있다.

금리인상의 부작용과
폰지사기

높은 금리, 낮은 수익구조 우려

폰지사기(Ponzi Scheme)라는 단어가 가끔 뉴스에 오르내린다. 실제로는 비즈니스를 통해 이윤을 거의 창출하지 않으면서도 투자자를 모으기 위해 열을 올리는 데서 이 사기가 출발한다. 겉으로는 그럴싸한 수익모델로 포장하지만 실제로는 신규 참여자의 자금으로 기존 투자자에게 배당(수익금 반환)하는 방식으로 사실상 다단계 금융수법이다. 현실적으로 시장금리가 1~2%에 불과한 상황에서도 연 20%의 수익률을 보장한다고 말하면서 유혹한 후에 100만 원을 투자 받았다면 1년 후에 20만 원을 돌려준다. 그런데 투자금에 대한 실제 수익률이 제로에 가깝기 때문에 후속 투자자의 자금으로 돌려막기를 하는 셈이다. 이런 이유로 투자가 아니라 폭탄 돌리기 게임이자 사기라고 단언한다. 일정 기간 후에 사기 기획자는 남은 돈을 갖고 튀어 대규모 피해자가 양산된다. 폰지라는 단어는 1920년대 이탈리아 출신의 금융인 찰스 폰지(Charles Ponzi)가 캐나다에서 은행원으로 일하면서 파격적인 금리를 내걸어 돈을 모아 멕시코로 도망가는 사기극을 연출한 데서 기원하였다. 2009년에 발각된 버나드 메이도프 사기는 피해액이 역사상 최대 규모(650억 달러)의 폰지 사기로 기록되어 해당분야 최고치를 갈아 치웠다. 이 사건에서 피해금액이 컸던 것은 개인을 상대한 것이 아니라 펀드나 금융사 등 기관투자자를 꼬드긴 것에 기인한다. 이것은 욕심이 지나치면 개인은 물론 전문가도 당한다는 교훈을 남겨준다. 최근 영국은 물론 한국에서 정권의 명운을 걸고 추진 중인 연금개혁이 제때 이뤄지지 않으면 폰지사기와 유사한 상황에 빠질 수 있다. 일반 국민이나 공무원들이 일정한 금액을 매월 납부하고 있는데 앞 사람들이 모두 받아가고 재원이 고갈된다면 나중에 연금을 받아야 하는 젊은 세대는 극단적으로 깡통을 차게 된다. 현실을 크게 뛰어넘어 고금리를 받는 것이나 적게 내고 많이 받는 연금은 현재의 달콤함이 남다르고 문제가 불거질 때까지 심각성을 알지 못하기 때문에 쉽게 헤어나오지 못한다.

미국이 금리인상을 가파르게 진행하고 있다. 2022년 3월에 0.25%에 불과하던 중앙은행 기준금리를 같은 해 12월에 4.5%로 높였다. 2021년에는 매월 금리를 동결했으나 지난해에는 점프를 거듭하여 10개월 사이에 18배나 높인 것이다. 덩달아 한국도 비슷한 기간에 기준금리를 0.5%에서 3.5%로 밀어 올렸다. 물가를 안정시켜야 한다는 데 모두가 동의하지만 너무 가파르고 높게 올리는 것 아니냐는 불만이 비등하다. 그런데 이제는 이런 인상행진이 언제까지 계속 되어야 하느냐가 초미의 관심사가 되고 있다. 코로나19로 급격하게 풀린 현금 유동성을 고려하면 앞으로도 상당기간 금리인상이 이어질 것으로 점쳐진다. 미국의 경우 2008년 금융위기에 시중의 유동성(미국 연방준비은행의 총 자산)이 1조 달러에 불과했으나 2022년 말에는 8조 달러를 훌쩍 뛰어 넘었다. 그동안 미국이 자신 있게 금리를 올린 디딤돌은 견고한 고용구조였다. 글로벌 차원에서 경제성장률은 둔화되기 시작했으나 미국만은 고용인원을 꾸준히 늘려간 것이다. 그러나 2022년 8월부터 12월까지 미국 기업이 해고한 임시고용 노동자 수는 11만 8천 명에 달할 정도이다. 이제는 정반대로 고용한파라는 경고등이 켜지기 시작한 것이다. 특히 지난해 12월에는 미국내 임시 근로자 중 3만 5천 명이 해고되면서 최근 2년여 동안에 최고치를 기록했다. 이런 상황에서도 미국 연방준비제도 이사회가 추가 금리인상 가능성을 계속 흘리면서 폰지사기를 연상시킨다는 의견이 여러 곳에서 나오고 있다. 금융기관들이 자금을 유치하기 위해 예금 금리를 계속 올리고 있는 반면 경기침체로 기대한 투자수익을 거두지 못할 가능성이 농후하여 당장은 신규로 유입된 자금으로 이자를 돌려주겠지만 이런 상황이 지속된다면 돌려막기가 불가피해지고 결국에는 금융기관 내 현금이 바닥을 드러내면서 전혀 의도하지 않았지만 폰지사기와 같은 구조에 말려들 수 있기 때문이다.

금리인상 파티는 갑자기 멈춘다

2008년 글로벌 금융위기를 되돌아 볼 때 한순간에 금리 환상이 없어진다고 전문가들은 경고한다. 경제안정을 위해 금리를 올려야 한다고 말할 때 금리인상을 반대하는 목소리가 거의 힘을 받지 못한다. 파티에서 빠른 템포의 음악이 계속 될 때 멈추지 않고 춤을 춰야 하는 것처럼 주변 상황에 눈을 돌릴 겨를도 없이 분위기에 심취되었다는 의미로 유포리아(Euphoria)라는 단어가 활용된다. 행복감이나 희열, 또는 자아도취로 해석된다. 한번 유포리아에 빠져들면 춤을 언제 멈춰야 좋을지 생각하지 못해 모두가 계속 춤을 춘다는 점이다. 최근의 금리인상도 멈추지 못하는 춤처럼 상승 템포가 계속되는 부작용이 있을 수 있다는 점이다. 이 춤(금리인상)이 위험한 것은 적당한 시기를 잡지 못하면 곧바로 낭떠러지로 떨어져 쉽게 헤어나지 못하는 침체기로 안내한다는 데 있다. L자나 V자형 경기침체가 대표적인 사례다. 또 다른 전문가들은 고금리속 경기침체 진입은 열심히 물속에서 놀고 있는 상황에서 갑자기 물이 빠져 벌거벗은 하체가 드러나 망신을 당하는 상황으로 비유한다. 2006년부터 고금리의 주택담보대출이 급속히 확대되면서 모두가 자산을 모으고 은행은 수익을 높였으나 갑자기 고금리를 부담하지 못하는 대출자들이 대거 나타나면서 금융기관들이 유동성경색에 빠져드는 반전상황이 나타났다. 은행들은 자금회수에 나서고 보유자산을 매각하면서 적지 않은 금융기관의 파산을 몰고 왔다. 고금리 국면에서 어느 순간 투자한 수익이 이자를 충당하지 못할 때 돈을 빌려 사 모은 자산을 투매하게 된다. 자전거가 평형을 유지하려면 앞으로 계속 내달려야 하고, 그렇지 않으면 자전거는 금방 넘어져 버린다. 비슷한 이치로 자산가격이 상승을 멈추면 곧바로 폭락이 시작된다. 평평한 고지나 중간지대는 존재하지 않는다는 점이 특징이다.

이에 따라 빠른 시일 내에 고금리 이후에 곧바로 나타날 낭떠러지 국면을 이제 준비해야 한다는 지적이 나오고 있다. 더욱이 세계은행은 2022년 3%에 근접했던 경제성장률이 2023년에 1%대로 폭락한다는 전망을 내놓아 이미 낭떠러지 국면에 진입한 것은 아닌지 우려가 나오는 상황이다. 물가 상승률에 취해 금리인상을 계속 고집하기보다는 갑자기 냉각되기 시작한 성장에 지금이라도 눈을 돌려 음악(물가 상승)이 계속되더라도 용기있게 선제적으로 금리의 하방조절을 통해 경기가 급냉할 것을 미리 대비해야 한다는 논리다. 금리인상은 물가와 싸우는 선으로 인식되면서 더 큰 부작용이 종종 간과된다. 일반적으로 크게 세가지로 고금리의 부작용이 언급된다. 우선, 고금리는 경기침체를 더욱 가파르게 만든다. 금리상승은 신규 투자를 어렵게 하기 때문이다. 고금리는 코로나19 앤데믹이 현실화되는 순간에도 기업들이 혁신 투자에 주저하게 만들 우려가 있다. 둘째, 자금조달 코스트가 상승하면서 원가를 높여 물가를 자극하는 악순환 궤도를 만들어 낸다. 더불어 기업의 자금난을 유도하여 보다 많은 기업들을 몰락으로 유도한다. 마지막으로 고금리는 자산가와 서민 간 부의 불평등을 심화시킨다. 돈을 갖고 있는 사람들이 앉아서 더 많이 버는 구조를 고착화시키기 때문이다.

한국, 압도적으로 높은 민간부채 주시해야

1600년대에 네덜란드산 튤립에 대한 광기는 유명한 스토리를 갖고 있다. 당시 튤립 한 뿌리의 가격이 수도인 암스테르담의 풍광 좋은 곳에 자리 잡은 집 한 채와 비슷할 정도로 치솟은 적이 있다. 도저히 경제적으로 설명이 되지 않았지만 리얼 스토리다. 조금 오르기 시작하더니 금새 더 오를 것이라는 욕심과 심리가 한꺼번에 작용한 결과다. 때론 주식가격도 도저히 이해할 수 없는 수준으로 뛰어 오른다. 현재의 금리도 이런 상황이 아닌지 짚어봐야 한다. 왜냐하면 경기침체가 이미 시작되었는 데도 고금리를 통한 물가잡기에만 올인하는 모양새이기 때문이다. 금융위기에 나타나는 현상에도 주의해야 한다. 신용의 공급은 서서히 증가하며 모두가 대비하게 만들지만 신용경색은 급반전(Revulsion)으로 설명할 만큼 드라마틱하다. 한국에서는 이미 시작된 자산가격의 상승중단은 곧바로 하락을 넘어 추락으로 연결되는 모양새다. 한국인의 대표자산인 아파트가 이미 그런 행진 속으로 들어간 느낌이다. 특히 미국의 금리인상은 단순히 미국만의 문제가 아니다. 금리를 높여 자국의 물가안정을 도모했을지 모르겠으나 전세계가 투자위축에 내몰려 경기 활성화에 악영향을 주고 더 나아가 환율불안으로 외환위기 우려를 높이기도 한다. 글로벌 경제가 거미줄처럼 얽혀진 상황에서 한쪽이 무너지면 다른 쪽도 안전하지 않다.

어쩌면 코로나19 시기의 양적완화와 초저금리가 이미 경제위기의 싹을 틔우고 있었는지 모른다. 기술주를 중심으로 주가가 천장을 뚫었고 암호 화폐 붐으로 완전히 전혀 다른 성질의 새로운 재산이 출현하였다. 부동산 투자에도 너도나도 나서면서 엄청난 인플레이션으로 연결되었다. 그래서 모두가 금리인상을 통한 물가안정에 박수를 보냈지만 이제는 냉철하게 주변을 돌아봐야 한다. 전세계 중앙은행들이 한결 같이 2%라는 물가수준에만 매몰되는 사이에 미국의 2024년도 경제성장률이 0.5%로 꼬꾸라질 것으로 세계은행은 내다봤다. 유로존과 일본은 각각 0%와 1%가 점쳐지고 있다. 더욱이 한국은 GDP(국내 총생산) 대비 민간(기업 및 가계) 부채비율이 압도적으로 높은 국가다. 2022년 9월 기준으로 한국은 221%에 달해 전체적인 부채비율 선두권인 일본(184%)보다도 크게 높다. 독일의 민간부채비율(129%)보다 2배정도 높다는 점을 감안할 때 한국의 고금리 경고등은 노란색을 넘어 빨간색인지 눈여겨 봐야 한다.

경제안보시대, 글로벌 무역의 새로운 길

입사 면접 및 논술 필독서이자 기업인의 경영전략 인사이트 창고

2장 | 미국과 중국의 통상대결, 누가 이기나?

미·중간 자기편
만들기 전쟁

철강을 너무나 사랑한 중국

오늘날 중국을 있게 한 근현대사의 중요한 출발점은 두 가지로 정리된다. 1921년에 출범하여 100년을 맞이한 공산당이 중국인의 사상적 기틀을 마련했다면 현재의 국가형태를 제대로 갖춘 신중국은 1949년에 첫발을 내딛게 된다. 신중국 탄생 후에 여러가지 어려움 속에서도 중국인들은 세계 최고를 향한 꿈을 실현하기 위해 당시로선 불가능해 보이는 도전에 나선다. 1950년대에 모든 인민이 대약진운동(大躍進運動)이라는 깃발 아래 모여 집에 있는 거의 모든 쇠붙이를 나라에 헌납한 것이 그 줄거리다.

이 운동으로 가난한 인민들의 숟가락과 밥그릇, 그리고 밥통은 물론 농촌의 필수품인 농기구조차도 정부의 철강생산량 증대를 위한 희생제물이 될 수밖에 없었다. 철강 생산량이 최대가 되어야 당시 전세계를 좌지우지한 영국과 미국을 뛰어 넘어 세계 최고의 강국이 될 수 있다는 지도층의 신념에 모든 국민이 힘을 모아 원대한 꿈에 도전한 것이다. 1949년 기준으로 중국의 철강생산량은 약 16만 톤으로 미국의 그것과 비교할 때 448분의 1에 불과하여 그야말로 힘겨운(?) 싸움이었다. 당시 철은 국가 간 산업경쟁력의 상징으로 오늘날 반도체와 유사한 측면이 강했다.

최근 그리스 역사학자 이름을 딴 투키디데스(Thukydides) 함정이 자주 회자된다. 기원전 5세기에 그리스 지중해 지역의 지배권을 두고 싸운 아테네와 스파르타 구도에 최근 미국과 중국 간 힘겨루기가 투영되고 있는 것이다. 전세계를 호령하는 무대에서 최고의 자리인 G1(글로벌 넘버원)을 차지하기 위해 '전쟁도 불사하지 않을 정도로 격하게 싸운다'는 역사적 교훈이 거론된다. 그러나 글로벌 무역과 통상전쟁 측면에서 미국과 중국은 한 치의 양보도 없는 '총성 없는 전쟁'을 이미 시작했다고 전문가들은 진단한다.

관세폭탄에 이어 미래산업 기술전쟁
매년 6% 전후의 높은 경제성장률에 힘입어 교역액 1위를 넘어 경제규모 1위를 향해 숨 가쁘게 달리고 있는 중국에 미국이 먼저 포문을 열었다. 반덤핑과 지적재산권 등을 협상 테이블 위에 두고 밀고 당기기를 일삼던 상황에서 2018년에 미국이 대규모 관세폭탄을 투하하면서 경제전쟁의 시작을 알렸다. 트럼프 행정부는 2018년 7월 6일부터 340억 달러 규모의 중국산 수입품에 최고 25%의 관세를 부과하는 초유의 조치를 실행에 옮겼다. 전문가들조차 '전략적인(?) 엄포로 끝나겠지 설마 행동에 나설까?'라며 대수롭지 않게 생각했지만 그 예상은 빗나갔다. 이어 추가로 3차례의 조치가 뒤 따라 시행되면서 총 3,351억 달러어치의 중국산 상품이 미국의 높은 관세장벽에 노출되었다.

이것은 수출로 성장하고 일자리를 만들어온 중국 지도부를 당황하게 만들기에 충분하였다. 그 여파로 2019년에 미국에서 중국산 제품의 수입액은 16%가 줄어드는 초유의 사태가 발생하였다. 2020년 1월에 미국과 중국 간에 가까스로 합의가 이뤄지면서 서로 한발 물러나는 모양새를 취했지만 포성은 멈추지 않았다. 합의에 대한 잉크가 마르기도 전에 양국 간 약속이 제대로 이행되지 않고 있다면서 미국은 견제구를 계속 날렸다.

미국의 중국산에 대한 관세부과는 2라운드를 위한 전초전에 불과하였다. 2020년 9월 중국의 대표선수이자 미래 산업을 상징하는 화웨이는 사실상 반도체를 수입할 수 없게 되었다. 반도체 납품시 미국의 허락을 받으라는 화웨이에 대한 조치가 글로벌 무역업계를 강타한 것이다. 산업의 쌀이자 디지털시대의 핵심부품을 차단하여 제2의 대약진운동을 무산시키려는 포석으로 풀이되었다. 여기에다 디지털시대의 상징인 위챗과 틱톡에 대한 견제조치까지 거론되면서 일부 중국기업의 숨통을 옥죄는 양상이 나타났다.

2021년 초에 바이든 행정부가 출범했지만 양국간 무역충돌은 점입가경으로 흘러갈 공산이 커지고 있다. 최근 중국 정부가 그 어느 때보다 단호한 조치를 통해 반격을 시작했기 때문이다. 특히 외교부 대변인의 입을 빌려 엄포를 놓는 수준이 아니라 법적 조치를 통해 미국은 물론 제3국 기업도 당황스럽게 만드는 정책을 잇따라 내놓아 중국을 최대 무역파트너로 삼고 있는 한국 기업들을 긴장시키고 있다. 2021년 1월 초에 발표된 '외국법률 및 조치의 부당한 역외적용 저지방법'에 따라 중국 정부는 외국의 법률 및 조치가 중국 영토 내에 부당하게 적용될 경우 해당 법률 준수 금지명령을 내릴 수 있도록 하는 상무부 명령 실행에 들어갔다. 한마디로 미국의 조치를 따른다는 이유로 중국 기업에 피해를 준다면 가만두지 않겠다고 선언한 셈이다. 이 명령에 근거하여 중국은 외국법의 부당한 적용에 대해 국가 대 국가 차원의 보복조치를 할 수 있고, 또한 해당 외국법의 이행으로 손해를 입은 중국 기업도 이를 이행한 주체에게 중국 내에서 손해배상을 청구할 수 있게 했다. 사실상 트럼프 행정부 4년 동안 중국산 제품에 대해 부과한 추가관세, 수출통제, 중국의 대미투자 견제 등 미국이 자국법을 근거로 취한 견제조치에 대한 대응 성격으로 해석된다.

이런 중국의 반격은 사실 2000년 9월부터 시작되었다. 중국은 상무부 차원의 '신뢰할 수 없는 주체 명단에 대한 규정'을 통해 국가이익에 피해를 끼치는 외국기업에 중국과의 수출입 제한 등 보복을 가할 수 있게 한데 이어 같은 해 12월에는 '수출통제법'을 시행하며 중국의 국가안보와 이익에 해를 끼치는 국가에 대해 수출통제와 보복조치를 취할 수 있는 근거를 마련했다.

내 편이 아니면 모두가 적이다

또한 2021년 1월 18일부터는 '외국인투자안전심사방법'을 통해 외국인 투자가 중국의 안보와 이익에 미치는 영향을 건별로 심사해 부정적 영향이 있을 것으로 판단되는 경우 이를 사전에 해소토록 조치할 예정이라고 밝혔다. 만약 이를 이행하지 않으면 투자허가를 내주지 않을 것이라고 엄포를 놓았다. 중국에 주재하는 외국투자기업 입장에서는 소위 '준법 리스크'가 될 만한 조치 4건이 최근 잇따라 시행되고 있는 것이다. 특히 바이든 행정부 출범 이후에도 미국의 대중국 강경책이 유지될 가능성이 높아 중국의 역공도 날카로워지는 것은 아닌지 우려된다. 그 어느 경우에도 세계 최고를 지향하는 중국몽(中國夢)이 흔들리는 것을 중국은 원치 않기 때문이다. 중국에 진출한 우리 기업들은 기존에는 미국의 조치를 유의하면서 중국에서 거래해야 했다면 그 반대의 경우도 상정하고 비즈니스를 진행해야 한다. 15년 내에 세계 최고가 되겠다는 1950년대 중국의 대약진운동은 미국에 대한 반격으로 보다 거칠어진 현재 진행형이기 때문이다.

〈표〉 최근 중국의 무역투자 관련 법률·규정 발표내용

시행시기	명칭(담당부처)	주요내용
'20.9.19~	신뢰할 수 없는 주체 명단에 대한 규정 (상무부)	○ 중국의 안전과 국가이익, 중국기업에 대해 차별적 조치를 한 외국주체(기업)에 대해 보복조치 가능 - 중국기업과의 수출입 등 경제활동 제한/금지, 중국 내 투자의 제한/금지, 중국 입국 및 체류 제한/금지 등
'20.12.1~	수출통제법 (상무부)	○ 중국의 국가안보와 이익에 해를 끼치는 국가 및 주체에 대한 수출통제 및 보복조치 가능 - 중국의 국가안보와 이익에 해가 되는 물품 및 서비스의 해외수출 금지 - 위반시 벌금, 수출자격 취소, 형사처벌 가능
'21.1.18~	외국인투자안전심사방법 (상무부, 발전개혁위원회)	○ 중국정부는 외국인 투자건이 중국 국가안보/이익에 미치는 영향을 심사하여 투자허가, 조건부허가, 반려결정을 내림 - 외국투자의 중요도에 따라 일반심사/특별심사 시행 - 외국인 투자자의 투자가 중국의 이익에 해가 될 경우 투자불허 혹은 기투자한 자산의 처분을 명령
'21.1.9~	외국법률·조치의 부당한 역외적용 저지방법 (상무부)	○ 외국의 법률·조치가 중국 영토 내에 부당하게 적용될 경우 해당 법률의 준수금지명령 및 보복조치 가능 - 부당한 외국법의 이행으로 손해를 본 중국기업은 이를 이행한 주체(예 : 외국기업)에 손해배상 청구 가능 - 중국정부는 필요에 따라 상대국에 보복조치를 취하고 손해를 본 중국기업에 필요한 지원을 할 수 있음

자료: 한국무역협회 국제무역통상연구원에서 정리(순서는 발표시기 순)

첨단산업의 씨앗
희토류 무역전쟁

전세계로 번진 희토류 확보전

"중동에 석유가 있다면 중국에는 희토류가 있다." 지난 1992년 중국의 덩샤오핑 주석이 중동 국가들이 산업발전에 필수적인 석유를 기반으로 국부를 쌓고 대외 영향력을 확대하는 것에 빗대어 개혁개방을 통해 빈국 탈출을 도모하고 있는 중국이 희소금속을 통해 경제대국으로 나아가야 한다면서 강조한 말이다. 좀 더 노골적으로 해석하면 희소금속을 무기화하여 대외협상력을 제고하고 강국의 반열에 들어가겠다는 복안을 중국의 최고 지도자가 일찌감치 선언했다고 하겠다.

희토류(Rare Earth Elements)는 란타늄(La), 세륨(Ce) 등 문자 그대로

존재량이 적은 자원을 의미하는데 구체적인 분류는 국가별로 다소 상이하다. 학술적인 분류는 원자번호 57번부터 71번까지의 금속을 의미한다. 이들 품목이 주목을 받는 이유는 다른 금속에서는 나타나지 않는 특이한 성질 때문에 여타 물질로 대체가 힘들다는 점이다. 특히 첨단산업에 필수적인 각종 액정표시장치(LED)의 형광체와 반도체 및 디스플레이에 쓰이는 연마재의 원료이며, 친환경 산업생태계의 대표선수인 전기차와 풍력발전기 터빈에 들어가는 영구자석의 원료로도 사용된다. 또한 란타늄의 경우 조명장치, 연마제, 비철금속 첨가제 등에 투입되어 반도체, TV, 휴대폰, 정밀기기 등의 품질 경쟁력을 좌우한다. 지난달에 미국의 한 신문사가 '최근 고성능 전투기 F-35 등을 비롯하여 미국의 무기생산에 필수적인 희토류에 대해 수출을 통제하는 방안을 중국이 검토하고 있다'고 보도하면서 산업간 경쟁에 머물던 미·중간 희토류 신경전이 첨단무기로 확산되는 양상이다. 이 신문은 미국의 최첨단 주력전투기인 F-35 생산에 약 417Kg의 희토류가 필요하다고 예민한 부분을 가감 없이 드러내었다. 결국 중국이 희토류 수출규제를 가하면 미국 내 상당수 일반 공장뿐만 아니라 첨단무기 생산라인도 가동을 멈출 수 있음을 내비친 것이다.

중국, 세계 희소금속 매장량 중 40% 보유

전세계에 매장량이 많지 않고 대체하기 힘들다는 이유보다 더 이

목을 끄는 것은 다른 데 있다. 최근 미국의 싱크탱크(CATO)는 중국이 전세계 희소금속 매장량 중 가장 많은 40% 이상을 보유하고 있으며, 호주, 미국, 미얀마 등이 그 뒤를 잇고 있지만 그 물량에서는 중국과 비교되지 않는다고 분석하였다. 생산량 비중으로 잣대를 바꾸면 수치는 더 올라간다. 중국은 오랜 경험을 바탕으로 고도의 처리기술을 확보하여 전체 희소금속 생산의 90% 이상을 담당하고 있다. 한 마디로 중국이 마음만 먹으면 전 세계 첨단무기 생산도 중단시킬 수 있고 첨단공장도 멈추게 할 수 있는 공급구조를 갖고 있는 셈이다.

최근 중국이 희토류를 무기화하여 힘을 과시하겠다는 뜻을 언론 플레이를 통해 공공연하게 내비치고 있지만 이런 모양새는 처음이 아니다. 중국은 내몽고 지역을 중심으로 60년 전부터 희토류 광산을 개발했으며, 1990년 전후로 산업계 수요가 급증하면서 관련 업체들을 꾸준히 정비해 왔다. 이전에는 소규모 난개발로 업체들이 영세했으나 최근에는 글로벌 수요의 고속성장에 힘입어 업체의 통폐합을 통한 대형화를 도모한 것이다. 또한 업체간 과당경쟁에 따른 수출단가 하락을 막고 외화벌이 유망품목으로서 대외협상력을 제고하기 위해 수출 통제라는 카드도 이미 꺼내든 경험을 갖고 있다. 1998년부터 중국은 수출물량 제한에 나섰는데 2010년에는 쿼터량을 5만 톤에서 다음해에 3만 톤대로 40%나 감축하여 수요처의 비난을 감수하였다. 2007년에 희토류 수출액이 8.3억 달러에 달할 정도로 최고의 유망품목으로 떠오르자 중국은 더 욕심을 내기 시작하였다. 당시로서는 매우 드물게 수출관세라는 조치를 통해 수출가격의 15%를 관세로 징수한 데 이어 2011년에는 다시 세율을 25%로 인상하였다. 이와는 별도로 수출기업에게 수출허가증도 요구하는 3중 규제책을 시행하였다. 당시에 중국의 희토류 수출가격이 매년 들쑥날쑥 할 정도로 널뛰기 양상을 보인 것도 수입이 아닌 수출에 관세를 부과한 것이 간접적인 원인으로 작용하였다.

업계의 불만이 고조되자 이를 가만히 두고 볼 미국이 아니었다. 미국은 EU(유럽연합) 및 멕시코와 힘을 합해 2009년 6월에 중국을 WTO(세계무역기구)에 제소하게 된다. 희토류 수출에 관세를 매긴 것은 원재료에 수출세를 부과하지 못하게 되어 있는 중국의 WTO 가입의정서 규정(11.3조)을 위반한 것이며, 수량제한을 금지한 국제교역의 일반원칙(GATT 11조)에도 위반된다고 주장하였다. 2000년에 중국이 WTO에 가입하면서 서명한 의정서 5조도 위반하였다고 소리를 높였다. 이 조항은 중국내 영업 중인 모든 국내외 기업과 개인들에게 수출할 권리를 부여토록 규정하고 있는데 희토류의 경우 소수의 기업만 수출하도록 제한했기 때문이다. 중국은 GATT에서 예외적으로 허용하는 조항(보존필요성, 환경보호, 공급부족 등)

을 근거로 WTO 위반이 아니라는 주장을 펼쳤지만 패널은 이를 인정하지 않아 중국이 패소하게 된다. 이로써 중국은 2015년 5월부터 네오디뮴, 세륨 등 희토류는 물론 텅스텐, 몰리브덴 등 80여 개 제품의 수출관세를 폐지하면서 양국 간 대결은 미국의 승리로 일단락되었다.

그러나 중국이 국제무대에서 희토류를 내세워 전혀 다른 결과를 낳은 사례도 있다. 중국과 일본 간 희토류 충돌은 우리에게 여전히 선명한 기억으로 남아 있다. 중국은 희토류를 산업적인 이해관계가 아닌 외교적 분쟁해결 수단으로 사용하였다. 2010년에 센카쿠열도(댜오위다오) 영토 분쟁을 두고 중국인 선장이 일본에 체포되자 중국과 일본의 대립은 극에 달하는 듯하였다. 그러나 중국이 일본에 희토류 수출을 중단하자 일본은 17일만에 굴복하면서 선장을 풀어주어 체면을 구겼다. 이는 중국이 자원을 무기화하여 성공한 대표적 사례로 남아 있다.

희토류 무역통제 강화가 전세계 조류

2021년들어 중국은 희토류 통제를 위한 새로운 카드를 꺼내 들었다. '희토류 관리조례 초안'을 발표하면서 공급통제 의도를 노골적으로 드러내었다. 생산은 물론 유통과 무역에 대한 엄격한 관리를 강조하면서 처벌 조항도 마련하였다. 비슷한 시기에 시진핑 주석은 희토류 업체를 방문하여 희토류는 중요한 전략적 자원이니 산업 고도화에 힘쓰라고 주문하면서 관리조례에 힘을 실어 주었다. 이에 맞서 바이든 대통령은 배터리 및 반도체와 함께 희토류에 대한 공급망 강화계획에 행정명령을 발동하였다. 희토류가 미국내 19개 주에도 매장되어 있어 공급량을 강화하라는 메시지로도 읽힐 수 있으나 채굴 및 정제과정이 매우 복잡한 희토류의 특성상 동맹연대를 통해 중국이 수출을 규제하면 이를 무력화할 방안도 검토하라는 의미로 해석되고 있다. 결국 희토류 싸움이 세계를 호령하는 미국과 중국 간 최고 지도자의 자존심 싸움으로 번지고 있다.

얼핏 보기에 중국이 유리해 보인다. 일단 공급을 중단하고 시간을 끌면서 여론전을 한다면 미국의 대응책 마련이 쉽지 않다. 그러나 중국의 고민도 적지 않다. 트럼프 행정부가 중국에 대해 무더기로 제재조치를 취하자 공정한 룰에 의해 무역이 활성화되어야 한다고 여러 차례 강조하였다. WTO 하의 다자주의도 자주 언급한 전력을 감안할 때 희토류 규제가 실행에 옮겨질 경우 말과 행위가 다른 자기 모순이 발생할 수 있다. 2015년에 희토류 수출규제에서 패배한 전력도 있어 새로운 명분을 찾기도 쉽지 않다. 여기에서 한국은 희토류 직수입이 많지 않다고 마음을 놓아서는 안 된다. 유탄을 맞을 가능성이 높기 때문이다. 희토류는 미국과 일본 등으로 수출된 후 가공을 거쳐 우리 산업계가 제공받고 있기 때문에 중국의 희토류 수출제한은 미국과 일본으로부터의 원자재 조달선에 타격을 가한다. 중국과 미국의 자존심을 건 희토류 싸움의 전개양상은 향후 미·중 간 경제충돌은 물론 안보대립의 향방을 가늠할 시금석이 될 것이다.

〈표〉 중국의 희토류 관련 정책 일지

발표 시기	부처 및 정책	내용
2011. 7.	국무원, 희토산업 지속 건강발전에 관한 의견	- 대기업 주도형 산업구도 형성 - 전략적 비축제도 구축 계획 최초 언급
2011. 8.	공업정보화부, 전국 희토생산 점검에 관한 통지	- 희토산업 정비 및 개발·생산 단속
2012. 7.	공업정보화부, 희토류 지시형 생산계획관리 잠행방법	- 희토류 개발·생산·수출에 대한 총량지표관리제도(계획관리)강화 - 정부로부터 할당량 배분받은 기업만 관련 업무 종사
2015. 4.	국무원 관세세칙위, 일부 상품 수출관세 조정에 관한 통지	- 5월 1일부 희토류, 텅스텐, 몰리브덴, 알루미늄 등에 대한 수출관세 철폐 - 6대 국유 희토기업 통폐합
2018. 6.	희토산업에 대한 환경단속 실시	- 산업 정비 및 친환경 생산 현황 점검
2019. 6.	공업정보화부, 희토상품 포장·표식·운송·저장 표준	- 희토시장 정비
2020. 1.	자연자원부, 광산자원관리개혁에 대한 의견	- 희토류 자원개발 엄격 통제
2020. 12.	수출통제법	- 전략적 자원인 희토류 제품에 대한 수출통제 강화
2021.1.15	희토류 관리조례 초안	- 희토류 산업 전반 공급체인에 대한 통제 강화

자료: 중국 정부의 발표자료를 베이징 무역관이 정리

흥미로운 경제지표로 보는
글로벌 경제전망

숫자로 움직이는 흥미로운 지표 관심을

흔히 글로벌 경제는 숫자로 움직인다고 말한다. 각국 정부나 IMF(국제통화기금)와 OECD(경제협력개발기구) 등 굵직한 국제기구가 수시로 내놓는 수치는 뉴스를 타면 전문가들에 의해 의미가 부여되고, 이를 바탕으로 국가의 경제정책이 만들어지며, 기업은 투자 방향을 결정한다. 소비를 주도하는 개인들은 소비와 저축의 비율을 조정하여 다가올 미래에 대응한다. 글로벌 시장이 촘촘하게 연결되면서 그 어떤 나라도 세계경제를 완벽하게 좌지우지 못하기 때문에 보다 섬세하게 경제흐름을 짚어보고 그 상황에 가장 적합할 뿐만 아니라 스스로에게 유리하도록 행동하고자 노력한다. 이런 과정에서 세간에서는 공식적인 경제지표보다 현장 경기를 더 잘 반영하고 이해하기 쉬운 지표들이 더 많이 회자되고, 흥미로운 포장으로 인해 일반인의 뇌리에 오랫동안 여운을 남긴다. 또한 현장 경기가 변화무쌍함을 반영하여 지표들의 인기는 부침이 심하고 종종 새로운 지표들이 출몰하기도 한다.

　최근 경제전문가라면 예외 없이 미국의 지표에 집중한다. 특별히 현재 미국의 경제가 침체를 보이고 있는지, 아니면 코로나19 이후에 연착륙을 하는 과정에서 일시적으로 혼돈의 과도기를 겪는지 헷갈린다면서 논쟁하기에 바쁘다. 한쪽은 40년 만에 가장 높다는 물가와 낮은 경제성장률을 지렛대로 우려의 목소리를 높이지만 그 반대편에 있는 전문가들은 완전고용에 가까운 실업률(2022년 6월 3.6%, 미국은 통상 4% 이하를 경제에 문제 없는 수준으로 봄)을 내세우고 2/4분기에만 100만 개 이상의 일자리가 창출되었다는 지표를 언급하며 맞선다. 최근 후자의 전문가들이 그들의 주장에 힘을 싣기 위해 다소 생소한 지표를 하나 꺼내 들었다. 남성 속옷 매출지표(Men's Underwear Index)가 그 주인공이다. 지난 8월에 의류 판매액이 전월보다 0.3% 늘었을 뿐만 아니라 2021년 같은 월보다 3.7%가 증가하였다면서 의류 판매액 증가는 남성용 속옷에 의해 주도되었다고 외신은 친절한 설명을 덧붙였다. 오랫동안 미국 중앙은행장을 지낸 앨런 그린스펀은 수년 전 과장소비와 무관한 속옷 매출액은 경

기침체 여부를 아주 사실적으로 나타내는 현장지표라면서 2008
년 금융위기 때에 증명되었다고 강조하였다. 실제로 2021년 미국
의 속옷 매출액은 55억 달러에 달해 미국 경제에 큰 문제가 없었
던 2016년 54억 달러를 넘어섰다. 코로나19가 시작되었을 때인
2019년의 그것(48억 달러)을 크게 넘어섰다는 수치로도 심각한 불황
이 아님을 확인시키고 있는 셈이다.

심리효과 알아야 시장흐름 파악

심리적 반응을 통해 경기를 진단하는 대표선수로 언급되는 것이
립스틱 효과다. 코로나19와 함께 몰아치고 있는 글로벌 인플레이
션으로 모두가 허리띠를 졸라매야 하지만, 그럴수록 소비자는 기
분 전환이 필요하다. 약간의 투자로 심리 전환을 꾀할 수 있는 '저
렴한 사치품(Affordable Luxury)' 중 대표적인 아이템이 립스틱이다.
여성들은 주머니 사정이 좋을 때에는 드레스와 신발과 같이 더 비
싼 상품에 대한 구매를 통해 만족감을 느끼지만 경제난에 빠지면
저렴한 립스틱으로 그 만족감을 대체하기 때문이다. 미국의 마케
팅전문 조사기관인 NPD가 조사한 바에 따르면 미국 뷰티시장의
2022년 상반기 판매 추이를 살펴보면 2021년 같은 기간에 비해
립스틱을 포함한 메이크업류가 20% 증가하고, 스킨케어류도 12%
나 늘었다. 결국 립스틱의 매출증대는 경기가 여전히 바닥을 헤매
고 있음을 보여준다. 코로나19라는 특수한 상황으로 마스크 착용

이 일반화되면서 립스틱보다 향수 소비량이 경기와 더 밀접하다는 주장도 있다. 미국에서 2022년 상반기에 향수 매출액이 15% 증가했다고 한다. 또한 2010년 언저리부터는 일본과 필리핀 등을 중심으로 네일아트가 유행하면서 그것이 통상 인플레이션 블루(높은 물가상승으로 우울해지는 증상)를 치유하는 가방과 신발의 대체재로 등장하였다. 코로나19로 마스크를 사용하는 여성들은 심리적 행복과 과시를 쫓아 겉으로 보이지 않는 립스틱보다 노출되는 손과 발의 네일아트로 소비를 늘리고 있다는 주장이 설득력을 더하고 있다.

경기침체를 설명하면서 언급되지만 갈수록 그 설득력이 바닥으로 곤두박질 치는 지표도 있다. 미국의 워튼스쿨 교수였던 조지 테일러(George Taylor)가 1925년에 처음 제안한 헴라인 지수(Hemline Index)는 우리나라에선 미니스커트 지수로 유명한데 여성 스커트 길이가 짧으면 경기가 호황기임을 나타내고 그 반대면 경기의 불황임을 보여주는 것으로 유명했었다. 여성들이 주머니 사정이 좋으면 실크 스타킹을 보여주려고 스커트를 짧게 입지만 경기가 나쁘면 스타킹을 살 돈이 부족해 긴 치마로 스타킹을 가린다는 논리다. 특히 이 지수는 주식시장의 호·불황과 밀접하게 연관된다고 설파되어 일반인의 관심은 물론 학술논문 주제로도 자주 등장하였다. 그러나 최근에는 용어에 대한 페미니스트들의 이의 제기와 의류의 다양화로 인용 회수가 크게 줄어든 상황이다. 이발지수

(Haircut Index)는 아주 서민적이다. 소비자들이 경제 호황기에는 6주마다 미용실을 방문하지만 소비자 신뢰가 떨어지면 8주마다 방문할 것이라면서 경기를 진단한다. 그러나 이것은 코로나19로 여러 나라에서 상당수 이발소가 문을 닫고 집에서 스스로 이발하는 문화도 나타나면서 지표로써 명을 다했다는 평가다. 앨런 그린스펀 의장이 가장 애용했다는 드라이클리닝 지수는 소비자 신뢰가 낮을 때, 즉 경기가 침체기일 때 드라이클리닝 매출이 떨어졌다가 경기가 좋아지면 다시 회복된다고 하지만 이 지표 역시 대부분 스스로 세탁하는 흐름에 밀려 빛이 바래고 있다.

심플한 지수가 미래 경제를 반영한다

자산을 늘리는 투자에도 전문가의 심오한 견해와 진단보다 심플하면서도 정형화된 지수가 일반 투자자들을 안내하는 경우가 적지 않다. 영국의 경제학자가 고안한 마샬케이(Marshallian K)는 한 나라의 통화 공급의 적정수준을 측정하는 지표(M2통화량/GDP)로 수치가 높으면 채권시장의 거품이 존재하는 것으로 해석하여 향후 주가의 하락을 점치게 된다. 중장기적으로 특정 국가의 GDP 성장률과 국채수익률이 엇비슷하다는 점을 감안하여 1을 바람직한 수준으로 여긴다. 미국의 이 지수는 1990년 이후 2010년까지는 1~2수준에 맴돌았으나 코로나19 이후에는 7~8수준에 도달해 거품이 상당 수준임을 보여주고 있다. 또 최근 미국의 버핏 지수가 사상 최고치라는 점도 자산가격 거품을 뒷받침하는 지수로 인용된다. 이 지수는 GDP 대비 시가총액(주식시장 시가총액/GDP)을 나타내는 숫자로 100을 기준으로 높을수록 증시 과열로 해석한다. 2000년부터 2021년까지 이 지수는 186%이었으나 2021년 4/4분기에는 334%까지 치솟기도 하였다. 이들 지수를 바탕으로 판단한다면 코로나19로 시중에 현금이 너무 많이 풀렸으니 당장 주식시장에서 발을 빼라는 의미로 해석된다. 장·단기 금리가 역전되는 경우에도 쉽게 경기침체의 징조라고 해석한다. 1년 후에 돈을 못받을 가능성보다 10년 후에 돈을 못받을 가능성이 높기 때문에 일반적으로는 장기 금리가 더 높아야 한다. 당장 경기가 안 좋으면 곧바로 20년 만기 고정금리 채권을 사는 것보다 1년 단위로 금리상승을 향유하는 것이 좋을 것이다. 지속적으로 1년짜리 채권의 금리가 올라갈 가능성이 높기 때문이다. 2022년 4월에 미국의 2년 만기 국채금리는 2.44인 반면 10년 물은 2.38로 역전되었다. 2021년 4월만 해도 10년 물이 1.5%포인트 더 높았다는 점을 감안하면 상황이 역전된 것이다. 1945년 제2차 세계대전 종료 후에 '장단기 금리역전 후에 경기침체가 왔다'는 여러 번의 경험칙이 다시 재현되는 것 아니냐는 의견이 힘을 얻고 있다.

실물 움직임을 보다 더 잘 반영한다는 의미에서 국가별로 특정한 통계들이 언급되기도 한다. 예를 들어 영토가 넓은 중국에서 공식적인 GDP를 점검하기 위해 철도 운송량과 전기 사용량을 같이 봐야 한다는 전문가들의 지적이 있다. 화물운송이나 전기소비에 대한 수치는 그 자체가 경기의 높고 낮음을 그대로 반영해 복잡한 과정을 통해 산출되는 GDP보다 신뢰도가 높다는 의견도 있다. 최근 수출의존도가 높은 한국에서는 1일 수출액과 주가가 같이 간다는 전문가 지적이 화제가 되고 있다. 전세계적으로는 유가의 향방에 관심이 매우 높다. 단순히 원유가격 변동으로 석유를 생산하지 못하는 국가들의 지출에 영향을 준다는 1차적인 충격보다 그 자체가 경기에 대한 가늠자이기 때문이다. 예를 들어 석유 공급이 수요에 미치지 못한 상황임에도 갑자기 유가가 하락하면 글로벌 경기의 침체국면을 확인해 주는 전조로 여긴다.

경제위기는 반복된다. 그러기에 그 과정에서 겪었던 어려움을 최소화하기 위해 징후를 미리 아는 것이 필요하다. 전문가들조차 공식적인 지표를 두고 엇갈리게 해석하는 상황이 적지 않음을 감안할 때 일반인도 쉽게 경기를 해석할 수 있는 친근한 지수의 등장은 매우 흥미롭다. 그러나 하나에만 너무 의존하기 보단 여러 지표를 두루 살피는 현명함을 잊지 말아야 한다.

글로벌 리더의 필수품
반도체

산업의 쌀에서 전략무기로 진화

1983년에 국내 한 기업이 반도체 개발에 나서겠다고 선언했다. 얼마 전까지 원조에 의존하던 허약한 나라의 기업이 내뱉은 말은 큰 관심을 끌지 못했다. 당시에도 반도체는 세계 최고의 기술이 아니면 생산할 수 없는 상품이었기 때문이다. 그러나 6개월 만에 세계에서 3번째로 64k D램을 개발하여 세계를 깜짝 놀라게 하였다. 이후 선발기업과의 격차를 좁히면서 D램 분야에서 미국과 일본을 제치는 신화를 만들었다. 한국에서 반도체 신화가 탄생한 후 단일 품목으로 연간 1천억 달러의 수출고를 넘나들면서 당당히 한국을 대표하는 상품이 되었다.

반도체가 디지털 시대의 핵심부품이자 '산업의 쌀'로 호칭되고 있음을 감안할 때 한국경제에 있어 '반도체 신화가 없었다면'이라는 가정은 생각만 해도 끔찍하다. 최근에는 반도체 소유여부가 산업의 경쟁력을 넘어 각국의 안보를 좌우하는 핵심자산이 되고 있다. 특히 미·중간 갈등 국면에서 첨단제품의 핵심부품이자 전략무기로 여겨질 정도다. 반도체가 부족해 일반 자동차의 생산에 브레이크가 걸리고 자율주행차와 5G통신, 그리고 인공지능(AI), 양자컴퓨팅, 클라우드 등과 관련된 기술도 반도체 없이는 한 발짝도 앞으로 나갈 수 없는 실정이다. 글로벌 유통공룡인 알리바바와 아마존도 반도체가 없었다면 오더를 제 때에 처리할 수 없어 여전히 로컬기업의 테두리를 벗어나지 못했을 것이다. 최근의 반도체 부족현상을 오일쇼크(Oil Shock)에 빗대면서 향후 불어닥칠 가격상승과 산업에 미칠 충격을 설명하기도 한다. 1970년대와 1980년대에 오일쇼크는 석유가격을 단숨에 서너 배나 밀어 올려 많은 공장을 멈추게 만들었다. 그래서 반도체 리더(국가)가 세계의 산업 강국이자 외교적 리더가 될 것이라는 주장은 과장이 아니다.

글로벌 차원에서 반도체의 가치사슬(Value Chain)은 복잡하다. 그 어느 나라도 완전하게 반도체를 둘러싼 모든 분야에서 독자 생산 체제를 구축한 나라는 없다고 전문가들은 진단한다. 반도체 생산에 필요한 원재료 종류가 300여 개에 달하고 이들을 이용하여 생산하고 검사하는 과정에서 다양한 장비가 필요하다. 복잡하고 난이도가 높아 하루아침에 기술을 습득할 수 없다. 설사 공장을 갖고 있더라도 생산량을 늘리려면 26주가 걸릴 정도로 까다로운 공정을 자랑한다.

중국, 아직 갈 길 먼 반도체 기술자립

중국은 지난 30년간 반도체 독립을 위해 사활을 건 노력을 경주해 왔다고 해도 과언이 아니다. 수백억 달러를 투입하고 우수인력을 스카우트했지만 아직 큰 성과를 내지 못하고 있다. 반도체 설계를 전문으로 하는 팹리스(Fabless)에서 중국의 시장점유율은 20% 수준에 머물고 있고, 팹리스 기업과 계약을 맺어 반도체의 위탁생산을 맡는 파운드리(Foundry)에서는 그 비율이 10%에 불과한 것으로 추정된다. 반도체 설계부터 생산까지 모든 공정을 수행하는 종합반도체 시장의 점유율은 1%로 걸음마 수준이라는 평가다. 인터넷의 두뇌 역할을 하는 로직 칩(Logic Chip)과 사진, 말, 영상처리 등 클라우드 서비스에 필수적인 첨단칩에서도 존재감이 극히 미미한 실정이다.

중국의 반도체 관련 기업수는 5만 개에 달하는 것으로 집계되고 있다. 이들은 그동안의 성과에 실망하지 않고 사모펀드 등을 동원한 머니게임과 인수합병(M&A)을 통해 인재와 기술 확보에 적극 나서고 있다. 궁극적으로 중국 기업들은 미국의 공급망에서 벗어나는 '반도체 토착화(독립) 전략'을 추진하고 있다. 반도체 굴기로 표현될 정도로 중국에서 민관이 힘을 합치고 있지만, 반대로 미국의 견제는 더욱 심해지는 모양새다. 대표적인 사례가 화웨이에 대한 반도체 공급 중단이다. 미국 스스로 공급을 중단했을 뿐만 아니라 미국 장비나 소프트웨어를 사용하여 생산된 반도체가 중국으로 흘러 들어가는 것도 막아 사실상 봉쇄령을 내린 것과 마찬가지다.

최근 들어 미국 정부와 반도체 업계도 위기감에 휩싸여 있다. 미국이 설계를 중심으로 반도체 분야에서 우월적 지위를 유지하고 있으나, 세계시장 점유율은 가파른 내리막길을 걷고 있기 때문이다. 글로벌 반도체 생산량에서 미국의 점유율은 1990년 37%에 달했으나 최근 12%까지 추락한 상황이다. 더구나 2030년에는 10%까지 더 뒷걸음질 할 것으로 전망되고 있다. 이런 분석을 바탕으로 미국 정부도 반도체에 대한 지원에 팔을 걷어붙이고 있다. 반도체 장비 및 시설에 대한 강력한 지원을 담은 법안이 발의되었다. 반도체에 대한 세액공제(2026년까지 20-40%)를 실행에 옮기고 공장건설에 100억 달러를 투입한다는 통 큰 보따리도 법안에 담았다. 반도체 연구개발자금과 연구단지 조성 등에 대한 패키지도 추가하고 있다. 또한 바이든 대통령은 행정명령을 통해 공급망 안정화 방안도 검토하도록 했다. 그 대상으로 반도체, 배터리, 전략물자 등을 지목했지만 통신, 국방, 에너지, 운송 등과의 연관성을 감안할 때 사실상 반도체 공급망 강화를 위한 행정명령이라는 주장도 있다.

반도체 분야의 강자인 대만과 유럽연합(EU)도 반도체 전쟁에서 뒤처지지 않기 위해 긴장을 늦추지 않고 있다. 세계 반도체 생산에서 22%라는 높은 점유율을 갖고 있는 대만은 미·중간 반도체 갈등을 주시하고 있다. 특히 대만이 생산하는 반도체의 절반 정도는 최첨단으로 차별화된 품질을 소유하고 있어 중국과 대만 간의 관계설정에 따라 글로벌 반도체 수급 불안이 가중될 수 있다는 분석이 나온다. 미국의 한 칼럼니스트는 "냉전시대에 서베를린에서 최첨단 제트엔진이 생산되었는데 그 당시 동베를린에 주재한 소련의 붉은 군대에 의해 포위된 것과 지금의 대만 반도체 공장이 중국의 군사위협에 노출된 것이 비슷한 구도"라고 기술하였다. 한마디로 대만의 반도체를 누가 지배하느냐가 글로벌 패권의 게임 체인저가 될 것이라는 주장이다. 유럽은 디지털전환의 비전과 실행방안을 담은 '2030 디지털 컴퍼스(Compass)'라는 로드맵을 내놓았다. 이 자료의 핵심은 EU 기업들의 반도체 시장점유율이 현재 10% 대에 불과하여 이를 2030년까지 2배로 높이겠다는 것이다.

반도체 산업을 두고 정부 간 지원경쟁 가열

최근 각국이 반도체에 대한 직간접적인 지원을 놓고 공정성 논쟁을 가열시키고 있다. 미국의 반도체산업협회는 향후 10년 내 미국 내 반도체 생산량이 56% 증가하여 글로벌 점유율(생산량 기준)이 14%로 높아질 것으로 전망하였다. 그 근거로 미국내 반도체 산업에 지원금(공장 건설비용)이 500억 달러에 달할 것이라는 수치를 내세웠다. 이 협회는 막대한 지원에도 불구하고 미국은 독일과 함께 반도체 공장건설에 대한 지원금이 전체 비용의 10%로 낮은 편이라고 분석하였다. 공장 건축비에서 정부 인센티브 비중이 가장 높은 나라는 중국과 이스라엘로 30%이며, 그 다음은 한국, 대만, 싱가포르로 각각 25%라는 수치가 나돌고 있다. 일본은 15%로 미국과 한국 사이이다. 이런 지원은 불공정 보조금으로 WTO(세계무역기구) 테이블에 올라갈 수 있으나 입증이 쉽지 않은 실정이다. 결국 시장 만능주의를 주창한 미국 정부도 시장에 맡겨서는 반도체 헤게모니 문제를 해결할 수 없다는 결론에 도달하여 '반도체에 한해서는 시장에 의한 경쟁과 조절'을 포기한 느낌이다.

글로벌 강국들이 반도체에 사활을 거는 이유를 되짚어 볼 필요가 있다. 반도체가 일반 상품이면서 상품 이상의 가치를 갖고 있기 때문이다. 자동차와 TV 등은 경쟁력이 없으면 해당 상품만 수입하면 되지만 반도체는 수천 개 상품의 경쟁력과 기술의 구현에 영향을 미쳐 대체가 힘들다. 반도체가 건물로 치면 벽돌에 해당되는데 벽돌 없이 건물을 지을 수 없는 것과 같은 논리다. 더구나 반도체가 하나의 품목을 넘어 디지털 사회의 경쟁력을 좌우하게 된다. 또한 각국이 반도체에 막대한 지원을 아끼지 않고 있지만 그 누구도 모든 반도체의 자급자족이 힘들어 반도체 전쟁은 어쩌면 이제 시작에 불과한 지 모른다. 더불어 반도체 생산기업의 유치전쟁이 일면서 그 몸값은 뜀박질하고 있지만 국가 대항전으로 싸움이 격상되면서 반도체 산업의 앞길은 안갯속이다.

〈표〉 수요처별 세계 반도체 시장규모 현황 (백만 달러, %)

구분		2015	2016	2017	2018	2019	'16~'19 연평균 증가율
전체 애플리케이션		346,394	354,786	432,019	485,069	428,674	5.5
데이터 처리용		111,492	114,772	148,842	176,001	147,371	7.2
통신용	무선	105,920	106,855	131,112	145,235	125,567	4.3
	유선	20,167	22,057	24,887	27,338	27,446	8.0
산업용		41,841	43,606	48,270	51,692	49,014	4.0
차량용		29,177	32,294	37,869	41,855	41,243	9.0
소비자용		37,797	35,202	41,039	42,948	38,033	0.2

자료: 중국 정부의 발표자료를 베이징 무역관이 정리

미국의 철강 이기주의와
국내 업계의 불만

한국의 1인당 철강 사용량 세계 1위

흔히 철강은 산업의 쌀로 지칭된다. 최근 4차 산업혁명 시대를 맞이하여 반도체가 스포트라이트를 받고 있지만 산업의 기초체력은 철강에서 출발한다. 우리나라 수출을 선도하는 자동차, 조선, 기계 등에 철강소재가 제대로 공급되지 않는다면 그 경쟁력이 사상누각에 불과하고 인류의 미래에 대한 개척을 상징하는 인공위성도 철이 없으면 꿈이 아니라 상상에만 머물 것이다. 현재도 그 중요도기 반도체에 뒤지지 않는다 다행히 우리나라는 각고의 노력 끝에 철강류 글로벌 시장에서 선두주자를 유지하고 있다. 2020년 현재 세계 생산 6위, 소비 5위, 수출 3위로 남부럽지 않을 성적표를 자랑하고 있다. 특히 우리나라의 1인당 철강소비는 1,130kg으로 세계 1위를 기록하고 있다. 제조강국인 독일(500kg), 일본(493kg) 등에 비해 월등히 높은 수준이다. 결국 우리산업 구조가 철강 집약적이고 철강의 경쟁력에 따라 전체 산업의 대외경쟁력이 좌우됨을 의미한다.

　최근 선진국을 중심으로 경기회복이 본격화되자 철근과 H형강 등에 대한 국내 공급부족이 심각한 수준에 달해 철강의 중요성이 더욱 부각되고 있다. 2022년 3월에 톤당 70만원이던 철근 가격이 최근에는 100만 원에 육박하여 40%나 뛰어 올랐다. 더 큰 문제는 가격을 불문하고 제 때에 조달을 못해 건설 공기를 맞추기 힘들고 일부 공장은 멈춰서 반도체 수급불안이 철강 조달난으로 옮겨가는 것 아니냐는 비관론까지 나돌고 있다. 설상가상으로 5월부터 중국이 내수시장을 위해 20여 개 철강품목에 대해 수입관세를 철폐하고 수출세를 인상(5%포인트)함과 동시에 증치세(增値稅) 환급을 폐지하였다. 증치세는 우리의 부가가치세에 해당하는 것으로 환급을 폐지하면 수출에 따른 혜택이 줄어들어 중국의 글로벌 공급이 줄어든다. 최근 철광석 가격도 급등하고 있다. 2022년 5월 들어 싱가포르 선물시장의 철광석 가격은 톤당 226달러를 기록하는 등 급등하는 추세. 원료가격 상승에다 경기회복과 중국의 수출축소가 겹치면서 현재의 철강재 조달난은 당분간 이어질 가능성이 높다.

철강은 무역분쟁 1순위 타깃

이런 고민보다 철강업계를 더 힘들게 하는 고질적인 문제는 미국의 자국 우선주의다. 철강이 반덤핑, 상계관세, 세이프가드 등 무역구제조치의 주요 타깃이기 때문이다. 그래서 작은 무역전쟁의 주인공이자 희생양으로 그 역사가 점철되고 있다. 2021년 4월 현재 우리나라는 26개국으로부터 212건(조사 중 포함)의 수입규제를 받고 있는데 이 중 철강금속 분야가 절반에 육박하는 103건이다. 특히 미국이 철강에서만 34건의 규제조치를 취해 거의 '남발' 수준이다.

국내 철강업계의 불만은 단순히 건수의 많음에 있지 않다. 2018년에 미국의 트럼프 행정부는 철강과 알루미늄에 대해 232조 조치(안보를 이유로 수입을 규제)를 취해 국내 업계를 당황하게 만들었다. 미국은 한국산 철강제품에 대해 25% 관세 부과를 면제하는 대신 수량제한인 쿼터제(2015~2017년 3년 평균 수출물량의 70% 수준)를 시행 중이고, 알루미늄에 대해 10% 관세를 부과하고 있다. 최근처럼 경기회복으로 철강수요가 늘어날 때에는 쿼터제가 더 심각한 족쇄가 되고 있다. 동맹을 강조하는 바이든 행정부에 기대를 걸고 있지만 아직 이렇다할 진전이 없는 상황이다. 더불어 중국과 같은 비시장 경제국가에나 적용하는 자의적인(?) 조치를 우리에게도 그대로 적용하여 불만이 고조되고 있다. 당초 중국에 고율의 반덤핑·상계관세를 이끌어내기 위해 도입한 AFA(Adverse Facts Available, 불리한 이용 가능한 자료)

및 PMS(Particular Market Situation, 특별시장상황) 조항이 한국에 대해서도 빈번히 적용되고 있다. 우리의 성실한 자료제공과 해명에도 불구하고 PMS는 유정용 강관, 송유관, 압연강판, 열연강판 등에, AFA는 단조강 부품, PET 시트 등에 각각 적용되어 관세율 고공행진에 일조하고 있다.

정부의 과잉보호와 업계의 탐욕이 결합

미국이 유독 철강류에 대해 이해하기 힘든 수준으로 무역장벽을 높이는 것은 미국 정부의 과잉보호와 해당 업계의 탐욕의 산물이라는 지적이 일고 있다. 특히 미국의 철강업계는 의회와 정부에 대해 강력하게 로비를 하는 것으로 알려져 있다. 미국 상하 양원에는 철강위원회가 있어서 보조금 및 구제금융 지급, 환경규제 면제, 미국산 우선 구매법 적용 등에서 혜택을 받는 것으로 알려져 있다. 2021년 4월 말 현재 미국이 발동한 총 599건(누계)의 대세계 반덤핑 및 상계관세 중 철강관련이 절반에 가까운 292건에 달하고 있다. 또한 2017년에 미국내 철강 수입품 중 61%가 무역구제조치 대상이었는데 232조 조치를 추가하여 보호막을 더욱 두텁게 하였다. 또한 232조 조치가 원천적으로 문제라는 주장도 만만치 않다. 동 조치가 시행되기 전에 미국의 철강생산량은 연 8천만 톤에 달하고 생산능력도 1.2억 톤을 유지하고 있어 붕괴상황을 염두에 둔 232조와는 거리가 있다고 전문가들은 말한다. 자국내 시장점유율도 70%를 기록 중이어서 탄탄한 재무구조를 자랑하고 있었다. 더구나 2017년에 중국으로부터의 철강 수입량은 2011년 대비 30%나 줄어든 상황이었다.

미국 철강업계의 투자계획 철회도 여론의 비난을 사고 있다. 미국의 최대 철강업체인 US스틸은 피츠버그공장에 13억 달러를 투자키로 약속하면서 232조에 따른 관세인상 조치의 긍정효과를 부각시켰다. 그러나 올 4월에 이 회사는 투자계획을 철회하면서 허가지연과 공장설비의 저탄소 기술의 미비를 손꼽았다. 일각에서는 이윤극대화를 위해 아칸소주 미니밀(고철을 활용한 철강재생) 지분 100%를 인수하면서 신기술투자와 고용확대 카드를 접었다고 해석하기도 한다. 진정한 동맹은 산업협력에서 출발한다는 점을 감안할 때 하루 빨리 미국의 규제에서 우리 철강산업을 벗어나게 해야 한다.

〈표〉 미국의 對세계 무역구제조치 조사개시 추이(1990~2020년)　　(단위: 건)

자료: WTO, USITC(1993~2018년 WTO 기준, 2019~2020년 USITC 기준)

G1(中國夢) 부활의 핵심은
국가자본주의

공산당이 실용적 자본주의 선도

2021년 100살을 자랑하는 중국공산당은 자국에서 단순히 하나의 정당이 아니다. '당이 모든 것을 지도한다(党是领导一切的)'는 슬로건이 보여주 듯 중국에서 공산당은 국가의 핵심이자 심장이다. 이런 중국의 경제시스템을 가장 잘 압축한 말은 국가자본주의(State Capitalism)가 아닐까 생각한다. 현지에서 '중국 특색을 지닌 사회주의'라는 말로도 해석된다. 공산당이 지도하는 사회주의가 갖는 원래의 의미는 국가가 특정한 기업들을 직접 관리하여 경제발전을 도모하는 시스템을 말한다. 그러나 실제로 중국에서 자본주의보다 더 규제가 없는 듯 보이고 기업이나 개인의 사적인 이익추구가 어느 자본주의 국가보다 더 자유로운 것 같다며 놀라는 외국인이 적지 않다. 이런 모습은 1979년부터 개혁개방을 통해 이윤추구를 허용하는 실용주의를 채택한 결과다. 그래서 경제적 측면에서 중국이 왜 사회주의 국가인지 모르겠다고 반문할 정도다.

그러나 현재가 아닌 미래적 관점으로 초점을 옮기면 정부 역할론이 급격히 부상한다. 여전히 정부 주도로 중장기 경제계획과 비전을 선포하는 데 그치지 않고 미래기술 확보를 위한 기관차 노릇까지 주저하지 않는다. '자본주의에도 계획은 있다'는 논리로 글로벌 톱 규모로 올라선 현재도 정부가 끊임없이 계획을 쏟아내고 있다. 대표적인 사례가 매년 3월 초에 진행되는 양회(兩會)라는 독특한 행사다. 양회는 우리의 국회격인 전국인민대표대회와 자문기구인 인민정치협상회의를 통해 당해 연도의 경제골격을 확정하는 행사다. 재정계획은 물론 경제성장률, 그리고 물가와 실업률 등 중요한 경제목표를 최종적으로 마무리한다.

세계 언론은 중국의 경제위상이 치솟으면서 이런 지표를 빠짐없이 전한다. 이런 기사는 각국이 경제정책을 펼 때 중요한 참조사항이며, 기업차원에서는 중국은 물론 글로벌 시장에서 어떻게 마케팅을 할지 결정할 때 고려하는 핵심요소다. 특히 최근 중국은 코로나19로 가장 먼저 피해를 입었지만 회복 속도에서는 타의 추종을 불허할 정도로 V자를 그리면서 더욱 주목받고 있다. 2020년 수출

액이 여타 국가와 달리 플러스로 돌아선 데 이어 2021년은 60%
대 증가율을 찍기도 하였다.

일자리 중심의 안정 속 성장이 목표

정부가 주도하는 중국 경제정책의 근간은 5년짜리 중기 계획
에서 나온다. 1953년부터 발표된 플랜으로 2021년 버전(14차)은
2025년까지의 목표를 담아야 하는데 특이한 점이 발견된다. 과거
처럼 5년 단위의 경제성장목표는 찾기 힘들고 2035년까지의 장기
비전과 목표를 제시했다는 점이다. 안정적 성장(穩中求進)을 기조로
매년 4~5%대 성장세를 유지하여 2035년에 1인당 국민소득 2만
달러 대에 올라서면서 중진국에 진입하겠다는 복안이다. 실제로는
목표를 앞당겨 달성하면서 정부의 치적으로 선전될 것으로 보인
다. 신중국 설립 100년이 되는 2049년에 세계 최강국이 되겠다는
비전에 대한 중간 목표로 해석된다. 이런 장기적인 목표는 국민들
에게 안정감과 희망을 갖게 한다는 장점이 있지만 내년도 잘 모르
는 판에 지나치게 무지개 빛 전망이라는 혹평도 있다.

이런 목표치 설정은 단순한 구호에 머물지 않는다는 점에서 중
국의 저력을 느낀다. 중국은 경제 외형으로 이미 세계 최고 수준
에 올라서 있다는 점을 수치로 증명하고 있다. 2001년 WTO(세계
무역기구)에 가입한 중국은 수출주도 경제를 내세우면서 2009년에

연간 수출액이 독일을 제치고 세계 1위에 올라섰고, 그 다음해에 수출에 수입을 더한 무역액에서 미국을 넘어 맨 앞자리를 차지했다. 코로나19라는 폭풍 속에서 중국은 2020년 의미 있는 또 다른 세계 1위를 달성하였다. 외국인 투자 유치액에서 부동의 1위였던 미국은 크게 감소했지만 중국은 1,630억 달러로 4%가 늘어 미국을 추월하였다. G1(세계 1위)이라는 표현은 '세상의 중심'이라는 중화사상을 시현하는 상징적인 측면이 강하고 중국 내부를 결속시켜 안정을 도모하는 데도 큰 힘이 될 것이라고 전문가들은 평가한다. G1과 관련하여 경제부분에서 남은 과제는 2개다. GDP(국내총생산) 총량에서 미국을 뛰어 넘는 것이 하나이고, 그 다음은 1인당 국민소득에서 세계 최고에 올라서는 것이다. GDP는 당초 예견된 2030년 정도보다 앞당겨질 것이 확실시되고 국민소득은 2050년으로 애드벌룬을 띄운 상황이다. 신중국 설립 100주년이 되는 시기와 맞물린다.

세계 1위를 향한 중국몽이 무리수 자초

중국은 질적 측면에서도 세계 1위라는 것을 강조하기 위해 최근 들어 디지털 성과와 해당 산업에 대한 육성전략을 자주 언급하고 있다. 타의 추종을 불허하는 인터넷 사용자 1위(9.9억 명, 2020년 말 기준)를 기반으로 온라인 전자상거래 규모와 빅데이터, 그리고 AI(인공지능)에서 압도적인 물량공세를 펼치고 있다. 막대한 자금을 투입하는 것은 기본이고 정부가 중점 육성할 산업목록이 구체적으로 계속 업데이트된다. 그 시초로 2010년에 발표된 7대 산업육성전략이 지목된다. 차세대 IT가 핵심이고 친환경, 신소재, 신에너지 등을 담고 있어 향후 질적인 측면에서 세계 1위로 나가기 위해 필요한 것을 망라하고 있다. 업그레이드 버전은 2015년 얼굴을 내민 '중국제조 2025'이다. 최고의 제조 강국이자 기술 강국으로 독자적인 기틀을 다진다는 것이 비전의 핵심이다. 2021년 양회에서 언급된 8대 산업(회토류, 로봇, 신에너지 등)과 7대 과학기술(AI, 바이오 등)과도 연결된다.

중국이 세계 1위에 집착하는 것은 중국인의 꿈(中國夢)을 시현하는 데 궁극적인 지향점이 있다. 그런데 이상한 점은 중국몽의 부활이라는 수식어다. 처음이 아니라 이전에 있었던 위상을 회복하겠다는 점이다. 가난한 나라에서 최근 급부상한 중국만 기억하는 일반인에게는 생소하지만 중국은 이미 오래전에 세계경제를 호령한 바 있다. 10세기경 송나라 경제규모는 당시 구매력으로 265억 달러에 달해 전세계에서 차지하는 비중이 22.7%였다. 같은 시기 일본의 비중은 2.7%였고 미국은 흔적도 찾기 힘들다. 청나라로 넘어 오면 중국의 GDP 비중은 30%를 넘나들지만 당시 많은 식민지로 '해가 지지 않는 나라'였던 영국은 5% 대였고 미국은 2%에도 미치지 못했다.

정부 주도의 경제운용과 디지털 기술을 활용하여 코로나19를 적극 헤쳐 나가고 있는 중국은 당분간 효율성(일사분란) 측면에서 높은 점수를 받고 있다. 특히 디지털과 첨단 분야에서 중국이 내건 다양한 목표가 여타 국가에게 중요한 지표로 활용될 전망이다. 내연기관 자동차를 2035년까지 퇴출한다는 것이 그 대표적인 사례다. 이런 움직임은 관련 원자재의 수급에 곧바로 충격을 줄 정도로 영향력이 지대하고 중국은 물론 미국 등 제3국 시장에서 상품의 경쟁구도의 변화를 야기한다. 이런 이유로 중국이 내건 목표는 여타 국가와 기업들을 긴장시키기에 충분하다.

〈표〉 2035년 중국의 장기 목표 요약

NO.	키워드	주요내용
1	질적성장	· 성장은 중국의 모든 문제 해결의 기초이자 관건 · 실업률 5.5% 이하로 통제
2	혁신견지	· 전체 사회 R&D 투입 비용 연평균 7% 이상씩 증가
3	내수확대	· 효과적인 내수확대, 소비 전면 촉진
4	농촌진흥	· 신형 도시화 전략 개선 및 추진, 도시 상주인구 비중 65%로 확대
5	지역발전	· 징진지(京津冀, 베이징·톈진·허베이성) 협동발전, 웨강아오 대만구(粤港澳 大灣區, 광동성·홍콩·마카오), 창강삼각주(상하이 등) 일체화 작업 추진 · 높은 수준 및 품질로 슝안인구 건설
6	개혁심화	· 지식재산권 제도 전면 개선, 정부 서비스 향상 · 일대일로를 높은 수준으로 건설하여 글로벌 자유무역 네트워크 구축
7	녹색발전	· 산림피복률 24.1% 달성 · GDP단위당 에너지소모 및 이산화탄소 배출량 각각 13.5%, 18% 감축
8	민생증진	· 노동인구의 평균 교육 이수 시간 11.3년 달성 · 평균 수명을 1년 높이고, 기본 양로보험 가입 비중을 95%로 향상
9	평안중국	· 식량 생산능력 6,500만kg 이상 확보 · 사회 안정 및 안전 유지

출처: 한국무역협회 북경지부

코로나19, 중국과 미국의
양극화에 기름을 붓다

중국, 공산주의 이념에도 양극화 심화

공산주의의 이념적인 출발점은 중국 속담과 맥을 같이 한다. "배고픈 것은 참지만 배 아픈 것은 참지 못한다(不患貧 患不均)." 이것은 기본적으로 공동소유를 통해 같이 잘살아야 한다는 논리다. 사실 자본주의도 다르지 않다. 사유재산을 인정하면서 효율을 극대화하되 복지정책을 통해 모두가 잘 사는 모델을 꿈꾸고 있다. 그러나 최근 코로나19와 디지털화로 대표되는 글로벌 경제는 '같이 잘사는 것'과 반대 방향으로 가고 있다는 진단이 나오고 있다. 국가가 재정(돈)을 풀어 어려운 사람에게 흘러가도록 적극적으로 나서고 있지만 실상은 양극화가 더욱 가팔라지는 것을 다소 완화하는 데 그치고 있다는 주장이 설득력을 얻는다. 사회주의와 자본주의를 대표하는 중국과 미국을 통해 코로나19에 따른 양극화의 현 주소를 짚어본다.

중국은 1978년 개혁 개방과 함께 선부론(先富論)을 주창하였다. 그 유명한 '흑묘백묘론(검은 고양이나 흰 고양이나 쥐만 잘 잡으면 된다)'으로 철 밥통을 깨기 시작하였다. 소위 타파삼철(打破三鐵)로 철 밥그릇(평생직장), 철 임금(고정 임금), 철 의자(직위 보장) 등을 부수기 시작하였다. 중국 전역에 개혁의 칼바람이 몰아치면서 안정적인 공무원을 그만두고 창업이나 주식투자에 나서는 붐이 일었다. 외자유치를 통해 수출과 일자리를 늘리는 대외개방 정책에도 박차를 가하였다. 이를 통해 세계에서 가장 높은 경제성장률을 시현하여 '저임금을 상징하는 세계공장'을 넘어 '풍요(소비)를 상징하는 세계시장'으로 발돋움하고 있다.

그러나 중국은 눈부신 성장에 비례해 짙은 그림자를 낳고 있다. 불평등을 상징하는 지니계수는 사회적 불안수준을 의미하는 0.4를 이미 오래전에 넘어 상승하는 추세이고 상위 1%가 전체 자산의 3분의 1을 소유하고 있다는 통계도 있다. 조금만 참으면 확대된 국가 전체의 부를 모든 국민이 나눠 갖게 된다는 선부론에 대한 회의론이 비등한지 오래다. 더구나 대부분의 부(富)가 부동산에 몰리면서 집을 못가진 자를 피폐하게 만들고 가진 자는 앉아서 손쉽게 부를 늘리는 양극화는 세계 최고 수준이라는 평가다.

공동부유는 성장과 혁신보다 평등으로의 회귀를 의미

2021년 8월에 시진핑 정부는 코로나 민심을 달래기 위해 '공동부유(Common Prosperity)'라는 새로운 간판을 내걸었다. 기존의 개혁개방 노선에 큰 변화를 가한 것으로 해석된다. 효율을 통해 성장을 강조하던 방식에서 속도가 좀 더디더라도 같이 잘 살아 안정과 평등을 도모하자는 쪽으로 변화한 것이다. 이를 위해 △민간기업 규제 △사교육 억제 △연예계 통제 △도박산업 규제 등을 정책목표로 내걸고 칼을 빼 들었다. 세금감면 등 외국 기업에 파격적인 투자유치책을 내걸던 모습에서 중국 민간기업마저도 당국의 눈치를 보면서 수익추구보다 기부같은 사회에 기여하려고 앞장서는 모습이 확연하다.

중국은 넓은 영토와 많은 인구로 인해 오래전부터 디지털 마케팅에 대한 잠재력이 높은데 플렛폼 기업들이 시장을 싹쓸이하는 구도가 고착화되고 있다. 코로나로 인해 아주 사소한 물건도 온라인에서 구매하여 작은 가게들이 설 땅이 없어졌고, 음식 배달은 한국의 그것을 앞서 과점을 부채질하고 있다. 운송과 제조에도 디지털이라는 디딤돌에 올라탄 대기업이 전체 시장을 좌지우지하고 있다.

일부 부동산 기업이 난관을 만났지만 중국에서 부동산은 여전히 양극화를 양산하는 태풍의 눈이 되고 있다. 대도시 집값은 한국의 강남 집값과 차이가 없을 정도로 천정부지로 뛰어 오른 데다 여전히 상속세와 증여세가 없다. 보유세도 일부 지역에만 부과되고 있다. 부동산 세제 개편을 수년 동안 논의해 왔지만 기득권층의 저항이라는 산을 넘지 못하고 있다. 공산주의 국가에서 개인은 건물만 소유하고 땅은 국가로부터 빌린 자산인데 양극화를 주도하는 주범이라는 아이러니를 외국인은 쉽게 이해하지 못한다.

중국은 부동산, 미국은 주식이 양극화 촉매역할

미국의 양극화 논란은 1980년대에 불거져 이슈화된 적이 있다. 당시 레이건 행정부는 자국 경제를 지킨다는 명목하에 보호무역주의를 주창하였다. 일본에 압력을 가해 미국에 대한 자동차 수출물량(수출자율규제)을 1981년부터 4년간 169만 대로 한정하였다. 여기에다 '플라자 합의'로 유명한 약달러 정책을 받아들이도록 압박하였다. 이는 한마디로 친기업정책이자 반소비자 정책이었다. 자동차 수입이 줄어드니 소비자는 더 비싼 가격을 지불하고 자국산 자동차를 사야 했고 약달러는 수입품의 가격을 떠받치는 역할을 수행하여 소비자 지갑을 얇게 만들었다. 이후로도 이민, 투자, 무역통상에서 반세계화 정책이 잇따라 얼굴을 내밀면서 없는 자를 더 힘들게 만들었다는 평가다.

최근 코로나19로 물류비가 천정부지로 치솟으면서 물건값이 뜀박질을 계속하고, 대중국 관세부과(최대 25%) 등 다양한 보호무역주의로 수입품에 부과되는 관세는 고공행진을 계속하고 있다. 이는 고스란히 소비자에게 전가되어 삶의 질을 끌어내리는 역할을 하고 있다. 또한 빅테크 기업을 중심으로 주가가 연일 최고치를 경신하면서 주식을 가진 자들이 부를 쉽게 재창출하여 양극화를 고착화시키고 있다. 일자리 창출이라는 이유로 기업의 환경파괴나 비정규직 창출에는 눈감으면서 코로나19로 서비스직 일자리 질이 저하되는 것은 외면한다는 비판을 받고 있다.

최근 미국 정부가 코로나19 재확산 여부와 관계없이 기업 지원 일색에서 국민의 양극화 해소에 보다 적극적으로 나서야 한다는 주장이 힘을 얻고 있다. 보다 높은 세율을 기업에 적용하여 무더기 세금 감면을 막고 탄소세에 대한 부과기준을 명확히 하여 사회복지 재원으로 활용해야 한다는 논리다. 또 기존 무역협정을 강화하여 관세를 없애 물가도 잡고 소비자 잉여 확대를 통한 서민경제 활성화도 주문하고 있다.

미국과 중국은 상위 소득자의 편중이 심한 것으로 유명하다. 미국에서 상위 1%가 전체 소득에서 차지하는 비중은 35%로 글로벌 차원에서 선두권이다. 그 앞에 러시아, 브라질, 인도가 있을 뿐이다. 중국은 그 다음으로 31%다. 자본주의냐, 사회주의냐를 떠나 코로나19 하의 최고 정책은 양극화 해소로 모아진다. 경제가 어려우면 자산이 없는 사람들의 소득이 급전직하하고 질 낮은 일자리가 먼저 없어진다. 다만, 중국은 선부론이 내세우는 효율과 혁신의 성장동력도 식지 않도록 해야 한다. 미국은 디지털 혁신과 경제활력 제고라는 포장지에 감춰진 반소비자 정책을 제대로 꿰뚫어 보는 혜안이 필요하다.

〈그림〉 소득 상위 1%가 국가별 전체 소득에서의 비중

Russia	58%
Brazil	50%
India	41%
U.S.	35%
China	31%
Germany	29%
U.K	23%
Italy	22%
France	22%
Japan	18%

출처: 한국무역협회 북경지부

글로벌 경제정책, 타이밍을 잃어
수렁에 빠지다

기존 관성에 얽매인 정책은 실기 일쑤

정책은 타이밍이다. 수요와 공급을 골자로 한 경제학을 배우고 소비자의 심리학까지 섭렵한 엘리트 관료들은 종종 '정책이 실기 (失機)했다'고 말한다. 코로나19를 겪으면서 글로벌 차원에서 이런 실기의 전형이 나타난 느낌이어서 국제기구나 경제전문가들이 할 말이 없는 지경이다. 선진국 모임인 OECD(경제협력개발기구)는 최근에 2022년 세계경제성장률이 3.0%로 낮아질 것이라고 말했다. 이는 2021년 12월의 2022년에 대한 예측치에 비해 1.5% 포인트나 추락한 것이다. WTO(세계무역기구)는 2021년 10월에 2022년 전세계 교역 증가률이 4.7%라고 점쳤다가 2022년 4월에는 3%로 수정하였다. 최고의 엘리트들이 버티고 있는 전문기관들이 장기전망을 수정한 것이 아니다. 수개월 사이에 같은 해 경제성장률이나 무역규모를 3분의 1 이상 싹둑 잘라낸 것으로 거의 전망 무용론이 나올 정도다. 러시아와 우크라이나 간 전쟁이 그 중간에 있었지만 대폭적인 수정을 정당화하기에는 부족하다. 결국 코로나19라는 충격에 몰두한 나머지 제대로 경기 흐름을 짚어내지 못한 것이다. 전세계가 코로나 극복을 위해 돈을 풀어 경기를 살리는 데 전력을 다했다. 그러다 보니 엄청난 유동성을 언제부터 회수해야 할지 제대로 고민하지 않았다. 넘쳐나는 돈은 기록적인 인플레이션을 유발했고 이를 치유하기 위해 금리를 초고속으로 올리는 지경에 내몰렸다. 점프하는 금리는 투자를 막아 경제성장을 짓누르는 상황이다. 2021년 하반기부터 유동성을 조절하는 조치를 앞당겨 단계적으로 시행했다면 인플레이션을 적당한 선에서 막고 급격한 금리인상이라는 대가도 지불할 필요가 없어 2022년에는 완만하지만 확실한 성장 기조를 이어갔을 것이라는 지적에 아쉬움이 크다.

잠시 코로나19 초입으로 돌아가 보자. 세계 최강국 미국은 돈을 푸는 데만 너무 열중했다. 미국은 2020년 3월 코로나가 터지자 위기에 빠진 경제를 살리기 위해 1조 2,000억 달러(약 1,505조 원)를 투입한다고 발표하였다. 전 국민에게 1인당 최소 1천 달러를 무상으로 지급하는 재난 지원금도 포함되어 세계를 놀라게 했다. 이런 발표는 경기성장에 필요한 지렛대를 마련해야 한다는 명분 하에 수차례 반복되었다. '흥청망청'이라는 수식어가 동원될 정도로 현금 뿌리기가 극에 달했다는 증거가 2022년 5월에 공개되었다. 미국의 중앙은행(FED)이 보유한 자산이 9조 달러에 달해 과거 두 번의 글로벌 금융위기 당시 0.9조 달러(2007년 1월)와 2.3조 달러(2009년 1월) 수준을 엄청나게 웃돌았다. 중앙은행에 자산이 많다는 것은 시장에 그 만큼에 해당하는 현금이 풀려 물가를 자극하는 마중물이 되었다는 반증이다. 당시 트럼프 대통령은 '자금 투입이 시급하다면서 거대하고 담대한 지원에 나설 것'이라고 말하며 기자들 앞에 섰다. 코로나 초기에 영국은 재정 지출을 200억 파운드(약 30조 원) 확대하고, 국내 총생산(GDP)의 15%에 달하는 330억 파운드 규모의 대출 보증도 병행하기로 하여, 현금으로 경제성장률을 사는 듯한 인상을 주었다. 이웃 국가인 프랑스는 450억 유로(약 62조 원)를 재난 지원금으로 투입하면서 국민에 대한 지원은 물론 경영이 어려운 기업을 정부가 직접 사들이는 전대미문의 대책도 내놓았다. 재정적자로 선두를 달리는 일본도 2009년 금융위기 당시 지원했던 1인당 1만 2,000엔(총 2조엔, 약 23조원)이라는 카드를 다시 꺼내 들었다.

창의적인 접근으로 지표 앞서는 정책을

경제강국들의 돈을 푸는 코로나 위기 탈출기는 얼마 전까지 계속

되었다. 경기진작을 넘어 경제에 발목을 잡을 수십 년 만의 인플레이션이 곧 닥쳐올 것을 모르고 있었다. 대표적으로 미국만 살펴보자. 2019년 6월에 2.5%에 달했던 미국 중앙은행 금리는 코로나로 인해 급전직하하기 시작하여 코로나가 글로벌 위기로 부상한 2020년 3월에 0.25%로 바닥 수준으로 내려 앉았다. 이런 초저금리 추세는 2022년 3월에 0.5%로 다시 올릴 때까지 지속되었다. 같은 달에 미국의 물가상승률이 8.5%를 기록하여 41년 만에 최고치라는 신기록을 세웠는데 세계 최고의 브레인들이 선제적인 조치는 못하고 사후약방문만 내건 것이다. 예상치를 뛰어넘는 물가행진에 이번에는 '빅스텝(0.5%)'이나 '자이언트 스텝(0.75%)'을 반복하면서 한국의 금리수준(2022년 7월 기준)을 넘어섰다. 석학들에게 경제정책을 맡겼는데 선제적인 조치를 통해 경기를 잘 조절하기는커녕 결과적으로 냉온탕식 정책으로 경제성장률을 깎아 먹은 것이다. 만약 미국이 2021년 말부터 물가 상승세를 예측하고 돈 풀기를 어느 정도 자제하면서 느슨한 수준의 금리인상 조치를 취했다면 물가상승과 고금리라는 부작용을 최소하여 글로벌 성장세를 상당히 높였을 것이라는 결론에 어렵지 않게 도달한다.

정책실기는 세계경제 성장률의 하향세 반전으로 연결되고 있다. 코로나 여파로 2020년 세계경제 성장률은 마이너스 3%를 기록하였다. 1930년대 대공황 이후 최악의 성장세라는 설명이 따라 붙었다. 그러나 2021년에 곧바로 6.1%로 뛰어올라 스프링 같은 회복세를 보였다. 이런 좋은 흐름도 계속될 것 같지 않다. 2022년과 2023년의 성장세는 3%로 내려앉을 것이 확실시되는 상황이다. IMF(국제통화기금)와 OECD는 새로운 예측치를 내놓을 때마다 수치를 하향하기에 바쁘기 때문이다. 더욱이 돈을 풀어 경기를 끌어 올리는 정책수단이 없는 상황이다. 정부와 민간이 빌려 쓰고 있는 세계부채는 2007년 146조 달러에서 2020년 말에는 306조 달러로 2배 이상 늘어났다. GDP를 기준으로 환산하면 같은 기간 정부의 부채비율은 274%에서 400%로 뛰어 올라 막다른 골목에 내몰린 상황이다. 재정을 흥청망청 쓴 데는 선진국이 앞장섰다. 선진국의 경우 정부 부채는 2008년 76%에서 2020년 136%로 급증하는 모습을 보여주었다. 개도국은 기업의 부채가 58%에서 121%로 높아져 선진국과 비슷한 모습을 보여주었다.

잠재 성장률 높이는 중장기 비전 필요

한국의 부채 수준을 돌아보면 더 암담하다. 윤석열 정부 경제책임자는 빚이 늘어날 대로 늘어나 곳간이 텅 비었다는 표현까지 동원하였다. 한국에게 1997년은 외환위기로 경제주권을 넘긴 시기로 기억된다. 그 때에 금융위기의 주요 원인으로 기업의 높은 부채비율(107%)이 거론되었다. 그러나 2021년에 기업의 부채 비율은 115%로 더 높아졌다. 이는 G20 국가와 선진국은 물론 신흥국

(111%)보다도 높은 수준이다. 더 심각한 것은 가계와 정부의 부채 비율이다. 외환위기가 비등할 때 가계부채는 50%(1997년)로 비교적 양호했으나 2021년에는 107%로 2배 이상 높아졌다. 한국의 가계 부채비율은 개도국의 수준(51%)을 2배나 웃돌아 금리 상승기에 적지 않은 부담이 될 전망이다. 외국에서 한국경제를 볼 때 가장 큰 강점 중 하나로 간주하였던 재정건전도에도 큰 손상이 발생하여 같은 기간 정부의 부채비율이 6%에서 46%로 8배 정도 높아졌다. 결국 정부는 물론 민간도 경제위기를 극복하는 데 필요한 실탄 없이 전쟁터에 내몰리는 상황이다. 그 결과로 한국의 잠재성장률이 1%대로 추락했다는 진단도 나온 상황이다.

글로벌 차원에서 코로나19 극복에 너무 매몰된 나머지 물가안정정책이 실기했다는 데 이의를 제기하기 힘들다. 물가지수와 금리가 동시에 올라가는 그래프를 보면 더욱 그러하다. 그 대가는 너무 혹독하게 수업료를 요구하고 있다. 전례를 찾기 힘든 물가상승률로 실질 소득의 뒷걸음질을 기정사실화하고 민간과 정부가 경제성장을 위해 빼들어야 할 비장의 수단을 빼앗긴 실정이다. 통상 금리와 재정은 정부가 경제성장을 위해 사용하는 두 장의 든든한 카드다. 시장에 돈을 공급하여 금융비용을 낮추어 투자와 소비를 촉진하게 만드는 디딤돌이기 때문이다. 그래서 후행적인 정책시행은 코로나19 대응에서 가장 뼈아픈 실책으로 다가온다. 후대 경제학자들은 많은 연구를 통해 그 원인을 밝혀내고 물가상승도 막으면서 성장에도 도움이 되는 타이밍을 찾는 예측모델도 만들어 낼 것으로 기대한다. 역사에서 교훈을 찾지 않으면 같은 실패가 반복된다. 모든 나라가 상품과 돈으로 연결된 글로벌 경제에서 미국의 실기는 모두의 책임과 희생으로 돌아온다. 또 하나의 숙제가 다가오고 있다. 현재의 금리인상 기조를 언제쯤 끝내야 적절한지를 두고 갑론을박 중이다. 현재의 위기를 단기로 보느냐, 아니면 구조적인 경기침체로 보느냐에 따라 금리와 재정정책에 대한 새로운 전환점은 언제인지 지금부터 분석해야 한다.

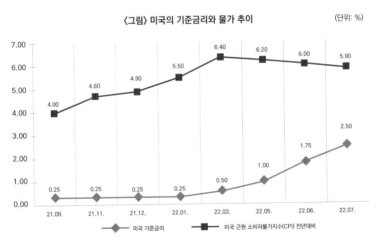

〈그림〉 미국의 기준금리와 물가 추이 (단위: %)

자료: 미국 정부의 발표치를 토대로 저자 작성

중국 시장 vs EU 시장,
어디를 선택해야 하나

중국은 어떤 것으로도 대체할 수 없는 시장

해외 주력 시장을 잘 선택하는 것은 미래의 생존을 좌우할 정도로 중요하다. 더욱이 제조와 유통에 대한 해외시장의 지배력은 국가의 인프라이자 경쟁력을 상징하기 때문에 쉽게 추월을 허용하거나 단숨에 점프할 수도 없고 다른 것으로 대체할 수도 없다. 따라서 시장관리에 신중에 신중을 기하고 한번 쌓아 올린 '공든 탑'은 소중하게 여겨야 한다. 그럼, 세계에서 가장 큰 시장은 어디일까? 시장의 크기는 단순히 영토의 크기와 다르다. 글로벌 관점에서 특정 시장(국가)에 대한 크기 기준으로 수입액이 우선 거론된다. 소득수준에 따른 소비의 크기와 대외의존도를 반영하기 때문에 외국기업 입장에서 수입액이 클수록 대체로 매력적이다. 2021년 기준으로 글로벌 차원에서 최대 수입시장은 2.8조 달러인 미국이다. 그 다음으로 중국(2.7조 달러)이 미국을 바짝 뒤쫓고 있다. 그러나 개별 국가가 아닌 경제블록을 기준으로 하면 유럽연합(EU) 앞에 다른 국가들은 얼굴을 내밀기 힘들다. EU의 2021년 기준 수입액은 5.3조 달러에 달해 세계 최고이자 최대 시장이라는 데 이의가 없어 세계에서 가장 빠르게 성장한다는 중국을 압도적인 차이로 따돌린다.

시장의 크기는 단순히 수입액으로 재단하면 안 된다는 주장도 만만치 않다. 특히 시장의 미래가치는 앞으로의 경제 성장률에 의해 결정되기 때문이다. 이런 기준에서 단연 중국이 중요한 시장으로 떠오른다. 매력적인 시장이라는 평가가 이미 오래전부터 나왔다. GDP(국내 총생산)로 보면 중국의 뜀박질은 단순히 수입액 평가 이상이다. 지난 2011년에 GDP가 7조 달러를 돌파했는데 2020년에는 2배로 늘면서 14.7조 달러를 기록하였다. 같은 기간 미국은 15.5조 달러에서 20.9조 달러로 밋밋한 성장세를 보인 것과 확연히 차이난다. 27개 회원국(영국 제외)으로 구성된 EU는 2021년 5%대의 성장세를 보이면서 GDP가 15.7조 달러를 기록하여 같은 해에 근소하게 중국(17.7조 달러)에 추월을 허용하였다. 성장세가 가파르다는 것은 외국기업 입장에서 투자 대비 성과가 그만큼 클 가능성이 높다는 것으로 이해된다. 1인당 소비규모를 보면 선진국 중심인 유럽연합과 미국이 중국을 월등한 수치로 따돌린다. 1인당 GDP를 기준 (2020년)으로 EU가 중국보다 3.6배나 많았고, 미국은 6배가 많다. 중장기적으로 수출을 늘릴 여건은 미국과 EU가 더 앞선다는 의미다.

최근 유럽시장에 대한 긍정 평가가 국내에서 급격히 부상하고 있다. 역내 국가들이 대부분 선진국으로 개인들의 소비수준이 높고 경제규모도 크기 때문이다. 여기에는 사드배치를 둘러싸고 냉랭해진 한·중간 정치적 역학관계도 작용하고 있다고 보인다. 심지어 중국 시장보다 EU 시장을 선택해야 한다는 '중국시장 대체론'도 나온 상황이다. 한국은 세계 6위 수출국가로서 중국 비중은 낮아지고 유럽연합은 커지고 있다면서 전문가들조차 EU로의 주력시장 전환에 힘을 실어주고 있다. 그러나 현실을 보면 다소 위험한 주장이라는 생각이 든다. 2021년 기준으로 중국은 우리의 최대 수출시장으로 그 비중이 25.3%에 달했지만 미국은 14.9%이고 EU(13.8%)도 미국과 비슷한 수준이다. EU를 선진국 시장으로 평가한다고 해도 중국을 대체한다거나 중국보다 더 좋은 시장이라는 용어를 동원하는데 무리가 따른다는 근거다. 정치적 관점에서 언어적 수사로는 시원할 수 있지만 경제적 프리즘으로 뜯어보면 해서는 안 되는 말이다.

중국 탈출보단 여타 시장확대 초점

주력 시장의 전환(일부 전문가는 중국 탈출이라고 표현함)은 쉬운 문제가 아니다. 일반적으로 시장을 제대로 이해하기 위해 다양한 지표로 내밀한 모습까지 들여다 봐야 한다. 특정 시장이 매력적이라는 점은 단순히 수출보다 투자액을 보면 더욱 확연해진다. 수출입은 시장에 대한 현재 시점의 단기지표인 반면, 투자는 중장기 이후를 내다보면서 행동한 것을 반영하기 때문이다. 2020년 기준으로 중국에 대한 전세계 직접 투자액은 1,493억 달러로 미국에 이어 2위를 달리면서 코로나 충격에도 크게 영향을 받지 않고 있다. 그러나 EU에 대한 투자액은 725억 달러로 전년의 3,626억 달러보다 크게 줄었다. 코로나19에 직격탄을 맞은 형국이다. 한국기업의 2021년 EU 투자액은 123.3억 달러로 전년보다 20% 이상 늘었다. 약간의 굴곡은 있지만 지속적으로 상승하는 추세여서 전세계 흐름과 다름을 보여주었다. 미국에 대한 투자액도 2021년 276억 달러로 80%나 늘어났다. 선진국에 대한 투자급증과 함께 중국에 대한 투자액도 50% 가깝게 늘었지만 절대액은 60억 달러 대에 머물렀다. 투자액에 큰 차이를 보이는 것은 대기업은 대규모 투자로 선진국에 진출한 반면 중국에는 중소기업을 중심으로 투자를 늘리고 있기 때문이다. 1건당 투자액은 EU가 4천만 달러인 반면 중국에 대한 건당 투자액은 2,600만 달러로 큰 차이를 보인다.

수출 내용을 보면 중국과 EU시장은 특징이 매우 다른 별개의 시장이다. 저렴한 인건비를 활용한 생산기지형 진출이 두드러진 중국으로는 수출 중 소비재(1차 산품 포함) 비중이 6%(2021년 기준)에 불과한 반면 EU에서의 비중은 19.3%에 달해 3배나 높은 수준이다. 이는 중국에 대한 수출은 현지 시장은 물론 현지에서 임가공을 통해 제3국 시장으로 내보내는 가공무역형 수출이 상당수 차지한다는 점을 보여주기 때문이다. 유럽은 전기차 등 친환경 제품 수출이 주를 이루는 반면 중국으로는 가격경쟁력에 우위가 있는 제품이 주로 수출된다는 점도 큰 차이를 보인다. 더불어 중국과 EU 시장에 대한 마케팅 차이도 뚜렷하다고 전문가들은 입을 모은다. 중국에서 선전하기 위해서는 가격 위주의 마케팅 강화가 필요하고, EU로는 브랜드 파워를 바탕으로 품질을 중시하는 노력이 요구된다. 이에 따라 부가가치 면에서는 유럽이 한 수 위인 것으로 평가되고 있다. 공장을 돌리는 것이 중국은 규모의 경제를 추구하는 데 도움이 되고 EU는 수익성을 제고하는 데 보탬이 된다는 평가와도 맥을 같이 한다. 무역흑자를 두고도 말이 많다. 중국은 견고한 흑자 기조를 유지하여 한국의 외환보유고를 늘리는 데 1등 공신 역할을 하고 있다. 직접적으로 수출이 수입보다 많기도 하지만 중국 현지에서 가공한 후에 곧바로 미국이나 EU로 보내지는 가공무역구조가 수입액을 줄여 흑자가 부풀려지는 측면도 있다. 반면 유럽에 대한 수지는 2012년부터 한 해도 빼놓지 않고 최저 30억 달러에서 최고 137억 달러까지 적자행진을 이어오고 있다.

전세계 4분의 1의 국가에게 중국이 1위 시장

중국은 한국의 1위 수출시장이지만 이는 한국만의 지표가 아니다.

경제 대국 중 상당수의 나라가 중국을 최대 시장으로 움켜잡고 있다. UN(국제연합)이 집계한 수출입 통계자료(209개국)에 의하면 2021년 기준으로 일본, 홍콩, 호주 등 38개국이 중국을 최대 수출시장으로 두고 있다. 특히 최대 수출시장이면서 연간 수입규모가 100억 달러를 넘는 국가만도 15개국에 달한다. 절대 수출금액으로는 홍콩이 4,019억 달러로 단연 1위이고, 그 다음은 일본(1,636억 달러), 한국(1,629억 달러), 호주(1,298억 달러), 브라질(884억 달러) 순이었다. 화교 경제권이라고 할 수 있는 싱가포르(678억 달러), 말레이시아(463억 달러), 인도네시아(449억 달러) 등도 상위권에 랭크되었다. 중동 국가 중 사우디아라비아(539억 달러), 이라크(251억 달러), 오만(184억 달러) 등도 중국 시장에 심혈을 기울인 국가다. 중국시장 의존도(수출 비중, 대중국 수출액 100억 달러 이상)는 앙골라와 홍콩이 60% 대를 기록하여 단연 앞섰으며 30% 대는 호주, 오만, 이라크, 브라질, 뉴질랜드 등으로 집계되었다. 이어서 한국, 일본, 페루가 전체 수출에서 중국 비중이 20%를 웃돌았다. 중국 시장에 대한 의존도가 높다는 것은 중국의 성장성에 기회가 열려 있다는 긍정평가와 '소위 중국이 기침을 하면 감기에 걸린다'는 부정평가가 공존함을 의미한다.

중국은 '세계공장'이라는 칭호를 버리고 '세계시장'으로 나아가고 있다. 국민소득이 가파르게 올라가면서 소비가 급속히 늘고 있고, 조만간 최대 시장인 미국을 추월하는 것도 당연시 된다. 따라서 중국을 다른 시장으로 대체한다는 것은 당장은 물론 미래를 놓고 볼 때도 결코 국익에 부합하지 않는다. 아니, 기업관점에서 본다면 불가능한 일이라고 입을 모은다. 우리의 중국 의존도가 너무 높기 때문이 아니라 중국 시장에서의 기회를 놓쳐서는 안 되기 때문이다. 최근 이슈가 되고 있는 공급망 관리를 고려하면 더욱 그러하다. 다만, EU 등 다른 시장에 대한 파이를 늘리는 것은 찬성할 일이다. 그러나 반중정서를 등에 업고 중국 시장을 경솔하게 언급하는 것은 국익에 반한다. 우리에게 중국은 지리적 이웃이자 잠재력이 가장 높은 경제 파트너다. 손쉬운 말로 중국을 자극하는 발언은 실질적인 이익은 없으면서 우리 기업을 힘들게 할 뿐이다. 여론 추이에 예민하게 반응하는 중국 시장을 감안할 때 경제에 대한 정치적 프리즘은 중단되어야 한다.

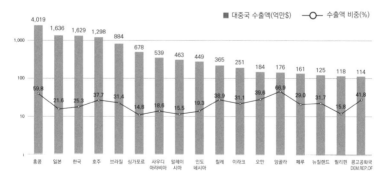

〈그림〉 전세계 대중국 수출액과 그 비중(2021년 기준)

자료: UN자료를 저자가 가공, 중국을 1위 수출시장으로 두면서 수출액이 100억 달러 이상인 국가와 그 비중

보호무역주의로
무역 빙하기 도래하나

애국소비와 제조로 역성장 우려도

모든 나라가 자국 기업을 대놓고 밀어주는 가운데 코로나19 후유증으로 경기침체까지 심화되면서 글로벌 무역이 전례를 찾기 힘든 침체기에 빠져드는 것이 아니냐는 우려가 높아지고 있다. 미국과 중국의 충돌이 보여주듯이 관세를 통해 상대국 상품에 대해 공개적으로 견제하는 것은 이제 점잖은 충돌로 분류된다. 이해득실을 따지는 일종의 숫자 싸움이어서 상대국과의 적당한 타협을 통해 쉽게 해결책이 모색되었기 때문이다. 그러나 경제안보를 이슈로 무력충돌에 다가설 정도로 기술 및 제품 수출을 아예 틀어막는 상황은 결이 다르다. 또한 지나치게 많이 풀린 통화는 40년 만에 가장 높은 물가 상승을 초래하고, 전례를 찾기 힘든 가파른 금리 상승세는 원가 폭발로 이어져 기업의 글로벌 비즈니스 의지를 꺾고 있다. 더구나 각국의 무역분쟁을 해결해야 할 심판인 WTO(세계무역기구)는 제 기능을 사실상 상실하여 신보호무역주의가 언제 어떻게 종말을 고할지 짐작하기도 쉽지 않은 상황이다. 기존 보호무역주의는 자국 산업이 경쟁력을 갖추기까지 일정 기간 관세 부과와 물량제한(쿼터제)으로 수입을 제한했지만 이제는 아예 원천기술이나 핵심 부품(자원)을 차단하여 상대국의 숨통을 위협하겠다는 극단을 향해 달리고 있다.

2021년 세계무역은 20% 안팎의 신장세를 보이면서 코로나19라는 터널에서 완전히 빠져 나오는 모양새를 보였다. 같은 해 상반기에는 글로벌 비즈니스를 덜컹거리게 만들던 물류난도 완화되면서 무역강국을 중심으로 높은 수출증가세를 기록하였다. 제조업 선두주자인 독일은 2022년 2월에 수출증가율이 7%에 달해 견고한 흐름을 시현했다. 그러나 4월에는 마이너스 증가세(-1.4%)로 반전되더니 이후로는 증가세와 감소세를 오르내리며 좀처럼 기지개를 켜지 못하고 있다. 무역강국인 프랑스도 같은 해 초에는 두 자릿수의 수출증가율을 찍어 장밋빛 전망을 가능하게 하였으나 하반기에는 마이너스(7월 -1.1%)로 급락하는 그래프를 그렸다. 일본은 더욱 심각한 흐름을 보여줘 무역 침체기가 아니라 빙하기라는 표현이 어울릴 정도다. 2022년 2월과 3월을 제외하고는 수출이 지속적으로 마이너스 흐름을 보이면서 반등의 실마리를 찾지 못하고 있다. 특히 14개월 연속으로 무역적자를 경험 중인데 높은 에너지 수입 증가세로 2022년 9월 말 현재 1,100억 달러라는 기록적인 무역적자를 기록 중이다.

세계무역의 성장엔진인 중국의 수입추세는 전세계 무역의 가늠자 역할을 할 정도로 상징성이 매우 높다. 2022년 1~2월 중국의 수입 증가율은 두자리 숫자를 기록하면서 경기회복에 청신호가 들어왔다는 평가를 하기에 충분하였다. 그러나 3월부터 7월까지는 증가세가 멈추어 제자리 걸음을 하더니 최근에는 아예 마이너스로 돌아섰다. 11월의 수출증가율이 -8.7%로 급전직하하는 롤러코스터를 타고 있다. 특히 한국을 포함한 10대 교역 파트너에 대한 수입액은 2022년 9월 말 누계로 두 자릿수 감소세를 기록하여 코로나 봉쇄 장기화에 따른 중국의 경기가 심각한 수준으로 냉각되고 있음을 보여주고 있다. 2022년 2분기 중국 경제는 전기 대비 0.4% 성장에 머물렀으며 제조업과 소매판매 모두 부진이 극심한 상황이다. 국제통화기금(IMF)은 2022년 중국 경제성장률을 연달아 큰 폭으로 하향 조정하여 연초 6%에 육박하던 수치에서 이제는 3% 성장도 낙관하지 못할 정도로 후퇴에 후퇴를 거듭하고 있다. 세계무역 성장엔진이 급속히 식는 가운데 중국에서는 대외 견제용으로 자국품을 우선 소비하는 바람이 불고 있다. 애국 마케팅으로 해석되는 궈차오(國潮)는 돈을 쓸 때 품질과 가격보다 자국산이냐를 먼저 따지는 것으로 미·중 분쟁이 격화되면서 뚜렷한 트렌드를 보이고 있다. 특히 중국판 신세대인 '지우링허우(90년대 생)'와 '링링허우(2000년대 생)'로부터 큰 호응을 얻고 있다는 점에서 향후에도 상당 기간 계속될 전망이다. 궈차오는 단순히 1회성 소비재인 화장품 등에만 국한된 것이 아니라 고가인 자동차에도 광풍이 불고 있다. 토종기업인 장성자동차(长城汽车)가 중국에서 84개월째 스포츠 유틸리티 차량(SUV) 판매 1위를 차지할 정도이고 BYD는 2022년 3분기에 테슬라를 따돌리고 전기차 판매량에서 1위로 올라섰다.

미국은 애국제조로 국경봉쇄

중국에 무역을 가로막는 애국소비가 있다면 미국에는 애국제조(?)가 있어 글로벌 무역의 위축을 조장하고 있다. 미국혁신경쟁법(USICA)이 대표적인 사례로 일명 '아메리카 제조법'으로 통한다. 이 법안은 과학기술 및 통신 부문에서 미국의 경쟁력을 강화하는 것이 골자로 자동차, 전자제품 등 핵심산업의 미국내 생산을 늘리는 것이 핵심이다. 이런 내용만 보면 특이하게 보일 게 없지만 내심은 중국과 연관 있는 인력과 장비를 배제하여 미국 내 일관 생산체제를 갖추도록 반강제하고 있다. 또한 미국경쟁법(ACA)은 보다 공격적으로 미국 내 제조를 뒷받침하고 있다. 이 법안은 USICA와 비숫하게 약 500억 달러의 연방예산을 투입하여 미국내 반도체 산업을 육성하고 서방국가 중 처음으로 국가안보를 근거로 해외투자를 규제하는 제도를 채택하였다. 또한 중국과 같은 비시장경제 국가로부터 수입을 제한하는 조항도 테이블 위에 올려 놓았다. 전기차 세제차별을 골자로 한 미국의 인플레이션 감축법(IRA)도 미국내 생산유인에만 지나치게 초점을 맞춘 역차별 법안이라는 주장이 한국과 EU(유럽연합) 등 동맹국에서도 제기되고 있다. IRA가 북미지역에서 생산된 전기차에 대해서만 세액공제를 적용하고, 일정 비율 이상의 북미산 배터리 부품을 사용토록 규정하고 있어 국제무역 규범과 한·미FTA(자유무역협정) 규정을 위배할 가능성이 높다는 지적을 받고 있다. 또한 IRA는 2030년까지 온실가스 배출을 2005년 대비 40% 줄이겠다는 목표를 달성하기 위해 전기차와 재생에너지 등 기후변화 대응 사업에 3,750억 달러를 투입하도록 명시했는데 세액 공제와 보조금 등 혜택을 미국이나 인근지역(캐나다와 멕시코) 제품으로 한정해 무역 회복에 냉기를 불어 넣고 있다.

상품수출 한계 노출, 대안 마련을

우크라이나와 러시아 간 전쟁으로 촉발된 에너지 위기도 무역을 위축시키는 방해물로 작용하고 있다. 원유와 LNG 등 에너지는 모든 제조업체나 농업의 기본적인 원가요소인데 이들 가격이 높아지면서 생산이 위축되고 있다. 또 비행기와 배의 운송비도 눈덩이처럼 불어나 사실상 국가간 운송거리가 멀어지는 부작용이 발생한 다. 특히 독일과 일본 등 무역강국들은 에너지 대외의존도가 높다 는 특징을 갖고 있다. 2022년 1~9월 중 일본의 원유와 LNG, 그 리고 석탄 수입 증가율은 모두가 100%대이며 프랑스와 독일은 에 너지 공급원인 러시아와의 관계가 원만하지 않아 타격이 더 크다. 독일은 같은 해 1~7월 중 가스와 석탄 수입 증가율이 300%에 육 박할 정도로 높아 역대 최대 무역적자라는 기록을 만들었다. 프랑 스도 원유 수입이 2배, 가스가 4배나 각각 증가하였고 석탄도 3배 이상 늘어 역대 최대 무역적자에 빠져들었다. 경기침체로 반도체 가격이 떨어지고 IT제품 소비도 하향추세를 기록 중이다.

애국소비와 애국제조는 공통점을 갖고 있다. 기업에게 효율을 무 시하고 자국내 생산과 소비를 강요하고 있다는 점이다. 기업 입장 에선 대가를 더 치러야 하고 소비자 입장에서 선택의 폭이 줄어 들거나 같은 제품이라도 비용을 더 지불해야 한다. 최근 WTO는 2022년 세계교역량이 전년비 3.5% 증가하는 데 그치고 2023년 교역량은 1% 증가에 머물 것이라고 비관적인 전망을 내놓았다. 더 구나 고유가, 고물가, 러·우 사태 장기화 등 경기 하락 리스크가 누 적될 경우, 2023년도 글로벌 교역액이 최대 2.8% 역성장할 가능 성*도 있다고 강조했다. WTO는 에너지 가격의 추가 상승으로 인 한 기업의 제조비용 부담이 확대되고, 고강도 긴축정책으로 가계

지출이 위축될 경우라는 단서를 달면서 무역량의 마이너스 성장 가능성을 배제하지 않았다. 코로나19를 극복하며 9.7%가 늘어났던 2022년과는 완전히 다른 국면이 2023년에는 전개될 가능성이 높다. 특히 최근 글로벌 위축을 불러온 대부분의 요인들이 경기적 요인보다 구조적인 측면이 강해 단기간에 회복세를 보이기 쉽지 않다는 점을 눈여겨 봐야 한다. 그동안 상품수출 주도형 성장을 견지한 대한민국의 성장전략에 수정이 불가피하기 때문이다.

<표> 세계 상품무역 전망

(단위: 전년 대비 %, %p)

구 분	2020년	2021년	2022년			2023년		
			'22.4월 ᴾ(A)	'22.10월 ᴾ(B)	증감 (B-A)	'22.4월 ᴾ(C)	'22.10월 ᴾ(D)	증감 (D-C)
전세계	-5.2	9.7	3.0	3.5	0.5	3.4	1.0	-2.4
수출								
북미	-8.9	6.5	3.4	3.4	-	5.3	1.4	-3.9
중남미	-4.9	5.6	-0.3	1.6	1.9	1.8	0.3	-1.5
유럽	-7.8	7.9	2.9	1.8	-1.1	2.7	0.8	-1.9
아시아	0.5	13.3	2.0	2.9	0.9	3.5	1.1	-2.4
수입								
북미	-5.9	12.3	3.9	8.5	4.6	2.5	0.8	-1.7
중남미	-10.7	25.4	4.8	5.9	1.1	3.1	-1.0	-4.1
유럽	-7.3	8.3	3.7	5.4	1.7	3.3	-0.7	-4.0
아시아	-1.0	11.1	2.0	0.9	-1.1	4.5	2.2	-2.3

자료: WTO Trade statistics and outlook('22.10월 발표)

경제안보시대, 글로벌 무역의 새로운 길

입사 면접 및 논술 필독서이자 기업인의 경영전략 인사이트 창고

3장 | 디지털과 혁신으로 거듭난다

미래 100년을 좌우할
디지털 무역의 룰 전쟁

콘텐츠 강국의 최우선 해결과제는 국제룰 셋팅

오징어 게임이 글로벌 콘텐츠 시장에서 자랑스러운 대기록을 남겼다. 83개국에서 시청률 1위를 기록하며 넷플릭스 사상 최대 히트작이 되었다. 수백억 원의 상금이 걸린 서바이벌 게임을 통해 인간의 욕망과 그에 따른 배신을 다룬 드라마에 전세계가 열광한 것이다. 탄탄한 구성 못지않게 한국의 전통적인 놀이문화를 접목한 것이 '신의 한수'로 평가받는다. 그러나 씁쓸한 부분은 배우와 시나리오 작가, 그리고 감독이 모두 한국 사람이었지만 그 결실은 한국으로 돌아오지 않았다는 점이다. 모든 촬영이 한국에서 진행되었음을 감안할 때 너무한 것이 아니냐는 비판이 비등했지만 글로벌 무역 룰에 따르면 문제가 되지 않는다. 어떤 이유로 그럴까? 오징어 게임에는 한국의 배우와 감독이 등장하지만 해당 작품의 원산지(국적)는 외국산으로 판정되어 정반대로 한국 배우와 감독이 수혜를 받은 것으로 볼 수도 있기 때문이다.

통상적으로 관객은 영화의 국적을 촬영지, 배우, 감독 등으로 판단하지만 글로벌 무역시장에서 콘텐츠(영화) 국적에 대한 룰은 따로 있다. 제작자가 누구냐가 국적을 가르는 기준이다. 제작자는 시나리오와 감독 등을 선정하고, 제작비 투자 및 사용, 상영극장 섭외 등 제작 및 상영에 관한 업무 전반을 총괄하는 자(회사)로 포괄적인 의미로 사용된다. 이중에서 자본이 매우 중요한 역할을 한다는 점을 무시할 수 없다. 외국자본인 넷플릭스가 투자한 것을 감안하면 오징어 게임이 한국산이라는 단도직입적 결론에는 문제가 있다. 오래전에도 흥미로운 논란이 있었다. 일본 배우가 주연한 사무라이 영화 '쇼군 마에다'가 지난 1993년에 수입이 확정되면서 많은 반발을 낳았다. 당시에는 국내에서 일본의 영화상영이 금지되고 있던 시기이고 작품의 배경이 일본 전국시대로 사무라이 정신을 미화하고 있다는 점이 거부감을 부추겼다. 그러나 제작자(유니버설)로 미국 기업(자본)이 참가했다는 이유로 한국의 수입장벽을 넘어섰다.

자유무역 기조 관철로 규제 제거

글로벌 무역전쟁에서 국적은 규제를 가하는 기준이기 때문에 매우 중요하다. 국내 시장을 지키는 데 국적이 방패(수입규제)와 창(단속)으로 동시에 사용된다. 일반 공산품이나 동물은 국적에 따라 수입여부가 결정되고 수입되더라도 관세율이 다르다. 공산품은 원부자재 투입비율과 제조공정을 갖고 국적을 따진다. 그럼, 동물은 어떻게 국적을 따질까? 미국에서 사육된 후 현지에서 소비되었다면 문제가 없지만 미국에서 송아지를 수입하여 한국에서 사육하면 원산지가 변경될 수 있을까? 수입한 동물은 비교적 쉽게 국적이 변경된다. 해외에서 태어나고 국내에서 일정기간(6개월 이상) 길러진 소는 국내산이라고 표기가 가능하다. 수입된 수산물도 같은 원리로 국내산이라고 이름을 바꿀 수 있다. 국내에서 양식되는 기간으로 미꾸라지는 3개월, 새우나 가리비는 4개월, 기타 어패류는 6개월이 최저 기준이다.

영화와 함께 디지털 콘텐츠시장을 주도하는 노래로 화제를 옮겨보자. 글로벌 시장에서 톱을 달리고 있는 BTS의 노래는 한류를 대표하는 상품으로 일반 공산품과 달리 국경장벽이 거의 없다고 할 수 있다. 관세를 부과받지 않고 있는 데다 수입규제도 없기 때문이다. 그렇지만 계속해서 이런 혜택을 누릴 것이라고 단정할 수 없다. 인도네시아는 노래와 같은 온라인 콘텐츠에 대해 HS코드(상품분류 기호)를 부여하여 관세부과를 위한 기초작업을 마무리하였다. 관세라는 규제가 글로벌하게 디지털(콘텐츠) 제품에 부과된다면 한류 붐은 급속히 다운될 수 있다. 이와 함께 콘텐츠 제품은 유통체계가 투명하지 않다는 특징을 갖고 있다. 오징어 게임이 중국에서 불법적으로 독자를 만나 적지 않은 논란을 낳았다. 쉽게 개인대 개인간 유통이 되고 저작권을 무시하고 의류 등 관련 제품들이 시장에 출시되었다. 특히 영화 등 콘텐츠는 필름이나 디스켓으로 거래되면 관세부과 대상이어서 국경을 넘는 데 장벽이 존재하지만 온라인에서 다운을 받으면 합법여부를 떠나 무체물로 분류되어 관세부과 대상에서 제외된다. 같은 제품이 어떤 형태로 수출입을 하느냐에 따라 가격이 다르고 탈법여부도 논란 거리다.

모든 나라가 콘텐츠 산업을 육성하기 위해 많은 돈을 투입하고 있다. 자국 문화의 자존심을 두고 한판 전쟁 중이다. 한국은 영화 '기생충'에 이어 '오징어 게임'으로 대박을 터트리고 가수 BTS가 꾸준히 세계 톱 수준을 지키면서 소프트파워 강국으로 위상을 단단히 하고 있다. 2020년에 한국의 게임, 영화, 음악 등 콘텐츠 수출액이 108억 달러를 기록하면서 가전제품과 화장품 수출액을 앞선 것으로 집계되었다. 일자리와 관광 등 간접적인 이익을 감안하면 그 효과는 상상을 초월한다. 그런데 일반 제조상품과 달리 세계시장은 정비되지 않은 룰로 인해 혼란이 야기되고 있다. 디지털 시대의 주역으로 콘텐츠가 향후 미래산업을 좌우할 새로운 동력으로 떠오르면서 자국에게 유리한 룰 세팅(제정)을 위해 파워게임이 전개되고 있다. 자유로운 유통을 주장하는 쪽과 문화상품은 각국의 특수성을 감안하여 '다양한 장벽'을 허용해야 한다는 논리가 충돌하고 있다.

디지털 하이웨이가 일자리 확충의 핵심

디지털시대 또 다른 축인 데이터 거래시장을 두고도 경제강국들이 충돌하고 있다. AI(인공지능)와 빅데이터 산업에 밑거름이 되는 데이터에 대해 중국은 높은 장벽(만리방화벽, Great Firewall of China)을 쌓고 있는 반면 미국은 자유로운 이동을 주창하면서 긴장관계를 유지하고 있다. 전세계 데이터 사용량은 최근 5년(2017~2022년) 사이에 3배 증가할 것으로 추정되는 가운데 중국은 페이스북과 유튜브는 물론 자국내 IT 기업들의 해외진출에 제동을 걸고 있다. 국내 플랫폼인 네이버와 카카오톡에 대해 직접경로는 물론 VPN(가상사설망)을 차단하는 것은 이제 흔한 일이 되고 있다. 데이터가 해외로 유출될 수 있다고 우려하기 때문이다. 또한 중국이 주도한 RCEP(역내포괄적경제동반자협정)은 전자적 전송에 대해 관세를 부과하지 않는 현행 제도를 유지하되 조정될 수 있다고 단서를 달아 악용(?) 여지를 두었다. 반면 미국은 데이터의 국경 간 자유로운 이동이 가능토록 해야 한다고 목소리를 높이고 있다. 미국은 USMCA(개정된 북미자유무역협정)를 통해 제3자가 생성한 콘텐츠에 대해 플랫폼 기업의 책임을 면제했으며 미국의 기술기업을 사실상 차별하는 디지털세(Digital Services Taxes)를 반대하고 있다. 유럽 연합은 개인 정보에 역점을 두면서 대외교류에 소극적이다. 이와 함께 대부분의 디지털 협정들은 공공질서 유지, 윤리 보호, 국가안보 확보 등 포괄적인 개념을 통해 데이터의 국경 간 이동을 제한하고 있어 초고속 디지털화(Digital Highways)와는 아직 거리가 멀다.

디지털 국제규범은 단순히 글로벌 무역에 국한되지 않는다. 동전의 앞뒷면처럼 국내 관련 산업의 흥망성쇄에도 바로 연결된다. 혁신의 마중물로도 지칭되면서 각국이 룰 세팅을 두고 이해득실을 따지는 데 몰두하고 있다. '잠깐이라도 졸면 향후 100년의 산업패권 전쟁에서 낙오한다'는 각오로 혼미한 디지털 무역질서를 바로 세워야 한다. 그 핵심은 개방성과 혁신성이어야 한다.

〈표〉 디지털 통상규범 관련 주요 협정 및 협상 요약

구분		형태	주요 내용	비고
양자·복수간(지역)	CPTPP('18.3월 서명)	전자상거래 챕터	• 디지털 비즈니스 자유화를 위한 의무조항 도입	규범 중심(美 주도)
	USMCA('18.11월 서명)	디지털무역 챕터	• CPTPP와 내용상 유사하나 자유화 수준이 다소 높음	
	미·일 디지털무역 협정('19.10월서명)	단일 협정	• 규범 자체로는 자유화 수준이 가장 높으나, 서비스 협정 등이 부재하여 전반적인 자유화 수준은 불분명	
	싱·뉴·칠 DEPA('20.6월 서명)	단일 독립 협정	• 의무 규범은 CPTPP와 자유화 수준 동일 • 디지털ID, 전자송장, AI 등 디지털 분야 다양한 협력 조항 추가	규범 + 협력
	싱·호 DFA('20.8월 서명)	전자상거래 챕터 개정 방식	• DEPA와 유사하나 금융 분야에도 적용 • 양국 기관 긴 7개 분야 MOU 체결로 실질적 협력 강주	
다자	WTO 전자상거래 협상	논의 중	• WTO 회원국 중 86개국 참여 중 • 일반적 규범들 외 시장개방, 개도국 역량 강화 등 광범위한 논의 진행 중	규범 중심

자료: WTO Trade statistics and outlook('22.10월 발표)

글로벌로 통하는
AI윤리 확립해야

AI의 기능보다 더 중요한 것은 윤리

최근 국내에서 인공지능(AI) 챗봇을 두고 논란이 뜨겁다. 새로운 형태의 서비스라는 점에서 관심이 높았지만 예상치 못했던 부적절한 표현 등의 문제가 불거지면서 곧바로 고객의 시야에서 사라졌다. 개발사는 부족한 부분을 보완하여 조만간 서비스를 재개하겠다고 약속했지만 앞으로 AI와 관련된 논란은 쉽게 가라 앉지 않을 것으로 보인다. 단순히 번역상의 문제, 그리고 적법한 정보의 활용 여부를 뛰어 넘어 AI관련 윤리규범과 그에 따른 부작용을 줄이려는 노력을 소홀히 하면서 기술개발에만 시선을 고정한 최근의 세태와 무관하지 않기 때문이다.

특히 AI가 우리의 일상을 깊숙이 파고들고 기업의 업무를 빠르게 대체하고 있지만 상당수 개발자는 물론 대다수의 이용자들은 구체적인 위험도나 활용상 문제점을 잘 모르고 있다. 시야를 글로벌 차원으로 넓히면 가이드라인도 다수 발견되지만 실제 적용측면에서 미흡한 점이 적지 않다. 그래서 AI관련 기술개발과 활용에 대한 긍정적인 측면에만 박수를 치면서 그 효과를 부풀리고 부작용은 눈 감은 것 아니냐는 자성론이 부상하고 있다.

최근 국내에서 불거진 AI 윤리논란은 초보적인 내용으로 어쩌면 시작에 불과하다. 도덕적인 문제에 그치지 않고 실생활에서 경제적인 피해도 입을 수 있다. 나도 모르게 내 정보가 쉽게 활용되고 통제받지 않은 부정확한 정보로 둔갑한다면 막심한 손해를 볼 수 있기 때문이다. 글로벌 시각에서 볼 때 AI와 관련되어 인류의 인권과 안전이 위협받을 수 있다는 예측에도 쉽게 도달한다.

신용등급 강등과 인종차별로 연결

2020년에 미국의 싱크탱크가 워싱턴에서 개최한 웹세미나에서 한 연사는 스스로 당한 어처구니 없는 사례를 공개하였다. 자신과 이름이 같은 뉴저지 거주자가 미납한 통신료로 인해 전혀 무관한 자신의 신용등급이 강등되었으나 통신사는 이를 수정할 법적 의무가 없다는 이유로 힘든 시간을 보냈다고 토로하였다. 금융사가 빅데이터를 토대로 개인 신용점수제를 시행하는데, AI는 이들 자료에 의존하여 신용카드 수수료율과 대출이자율을 등락시키면서 쉽게 오류에 빠질 수 있다고 어이없어 했다. 이 발표자는 빅데이터를 통한 신용조정이 법적으로도 타당한지도 의문이라고 덧붙였다. 또한 그는 전통적인 미국식 이름이 개인 이메일과 이력서 등에 사용되면 그렇지 않은 경우보다 신용등급에서 가점을 받는다는 다소 황당한 AI 오류도 전했다. 예컨대 이민자를 추정할 수 있는 이름이나 민족(국가) 색이 짙은 문자가 들어간 경우 인종차별과 마주할 가능성이 충분히 존재한다고 강조하였다. 일부 의료서비스가 AI의 안면인식시스템에 의존하면서 피부색이나 작은 외모 변화에도 오작동하는 문제를 해결해야 한다는 주장도 힘을 얻는다.

일부 권위주의 국가에서 AI를 국민에 대한 통제도구로 사용하는 것에 대한 우려는 이미 오래전부터 지적되고 있다. 코로나19 팬데믹 상황에서 효과적인 방역을 위해 안면인식 기술을 활용하기도 하지만 동일한 기술이 정치적 목적으로 특정인물에 대한 추적이나 통제에 사용될 수도 있기 때문이다. 특히 국가 안보를 이유로 안면인식 AI기술이 무분별하게 사용될 경우 개인의 사생활 침해로 자유가 억압될 수 있다. 통제장치 없이 군사적으로 남용된다면 보다 끔찍한 결론도 예상된다. 고도화된 AI기술이 무기에 응용되면서 인간의 직접적인 의사결정 없이 AI의 자율적 판단에 따라 인명살상이 행해질 수 있는 셈이다.

우리는 그동안 AI의 찬양에만 매몰되어 부작용에 제대로 눈을 돌리지 못했다. 국경이 없어지는 디지털 경제의 핵심이라는 측면에서 구체적인 대안을 국제적인 공조를 통해 찾아야 한다. 2019년 5월에 OECD는 AI에 대한 의미 있는 의견을 회원국의 만장일치를 통해 내놓았다. 브라질과 아르헨티나 등 12개 비회원국도 이 권고를 따르기로 하였다. 골자는 AI활용이 포괄적이고 호혜적인 협력을 기반으로 민주주의와 다양성의 가치를 제고하는 방향을 추구해야 하며 오남용에 대한 안전장치도 필요하다는 것이다.

책임, 투명성, 공정성, 보안이 핵심

세계적인 기업들의 가이드라인도 얼굴을 내밀고 있다. 선도적인 IT기업인 마이크로소프트(MS), 구글(Google), IBM 등이 그 주인공이다. 이들은 사용자에 대한 신뢰를 확보하기 위해 AI에 대한 정밀한 규제를 만들어야 한다는 데 대체로 동의하며 그 원칙은 책임, 투명성, 공정성, 보안이라고 강조하고 있다. IBM정책연구소는 이런 대원칙 하에 5가지 가이드라인을 공론화하였다. 우선 회사별로 윤리책임자를 지정하여 시스템 위험을 완화하고, 사업별로 맞춤형 규정을 수립하여 위험요소를 사전에 제거하며 기업 차원에서 영업비밀이나 지적재산권을 공개까지는 아니더라도 해당 서비스에서 AI가 어떤 목적을 갖고 시스템에 적용되었는지 밝혀야 한다. 또한 사용자가 납득할 수 있도록 AI의 의사결정 과정을 역으로 추적할 수 있어야 한다는 의견을 제시하였다. '결과가 이것이니 닥치고 수긍하라'는 식이 아니라 모든 AI 시스템은 결론에 도달한 방법과 이유를 상황에 맞게 설명할 수 있어야 한다는 것이다. 마지막으로 중요한 요소가 편향성에 대한 테스트다. 기업들이 서비스하는 시스템이 공정성(편향성)과 보안성 측면에서 문제가 없는지를 점검하는 프로세스가 필요한데 이는 기업 내부 관리자와 정부간 협업 모델을 통해 완성되어야 한다는 것이다.

최근 합의된 국가간 디지털 무역협정에서도 AI 윤리에 대한 언급이 등장하여 주목을 받고 있다. 칠레-뉴질랜드-싱가포르간에 체결된 디지털경제동반자협정(8-2항)은 AI 기술의 사용에 있어 윤리적 틀에서 신뢰, 안전, 책임을 다해야 한다고 명시하였다. 또한 동 협정은 국경 없는 디지털 경제의 특성을 감안하여 양측 모두 윤리적 프레임 구축에 노력할 것도 의무사항으로 덧붙였다. 2020년에 호주와 싱가포르는 AI만을 대상으로 MOU를 체결하였다. MOU는 경제적인 협력에 주안점을 두고 있지만 윤리적인 거버넌스도 논의함을 목적으로 한다고 명시하여 내용면에서 선도적이다. EU(유럽연합)도 AI에 대한 윤리강령 설정에 높은 관심을 보이고 있다. 데이터 통제와 프라이버시를 중요시하고 투명성과 비차별성도 간과해서는 안 된다고 주장한다. 인간의 자율성을 존중하되 피해방지에도 노력하라는 것이 골자이다. 그러나 이런 국제적인 논의도 구체적이고 실질절인 내용이라는 측면에서는 좋은 점수를 받기 힘들다.

 AI는 디지털 경제의 핵심이자 미래의 성장동력이다. 국내 기업들은 기술을 개발하고 필요시 국경을 넘나드는 협력에 나서고 있다. 그 과정에서 일부 부작용이 나타나더라도 브레이크를 걸기보다는 그것을 치유하면서 앞으로 나아가야 한다. 한국인공지능윤리협회가 2인3각 경기처럼 AI 기술과 윤리는 함께 가야 한다고 말하는 것과 맥을 같이 한다. AI 기술이 개별 기업의 경쟁력은 물론 향후 3~5년 내 우리나라의 산업판도와 국제경쟁력을 결정할 게임체인저(Game Changer)로 거론되는 절박함을 감안할 때 더욱 그러하다. 단순히 IT분야를 위시한 서비스업뿐만 아니라 전통 제조업도 이런 파고에서 무관하지 않다.

 민관학이 머리를 맞대고 글로벌 차원에서 AI 윤리규범이 쉽게 실행될 수 있도록 꾸준히 업그레이드하고 개발자와 이용자에 대한 경각심 제고에도 소홀해서는 안 된다. 특히 기업들이 AI를 통해 마음껏 미래산업의 꿈을 펼치도록 투명하고 안전한 플랫폼 위에서 연구개발(R&D)과 응용은 활성화되어야 한다. 더불어 정부도 2020

년 12월에 AI윤리를 제정한 데 만족하지 말고 통상차원에서 AI를 디지털무역의 핵심 어젠다로 선정하고 WTO(세계무역기구) 등 다자틀에서 보다 구체적인 윤리규범 논의를 주도해야 한다.

통화의 국제화와 디지털 화폐전쟁의 그림자

자국 통화 결제가 무역인의 꿈

세계 6위의 수출강국인 우리나라 무역업계에 꿈이 하나 있다. 우리 화폐인 원화를 국제화시켜 수출입 거래를 이것으로 결제하는 것이다. 매번 달러화나 유로화를 환전하면서 발생하는 수수료를 한 푼도 지불하지 않거나 대폭 낮출 수 있고 수시로 출렁이는 환리스크도 제거할 수 있다. 무역업체는 일반적으로 계약서에 서명하면서 거래금액을 확정하고 실제로 돈을 회수하는 데 3~6개월이 소요되어 태생적으로 환율변화에 따른 위험을 감수해야 한다. 원화로 결제하면 또 다른 이점이 부수적으로 따라온다. 외환관리 전담인력이나 환전을 위한 서류준비 등이 불필요하여 국내 거래업무와 통합되면서 특별한 사후관리가 필요 없어진다. 그러나 오래 전에 야심차게 시작했던 원화의 국제화는 제대로 시작도 못해보고 흐지부지 되었다. 상대가 있는 수출입 거래에서 결제통화가 되기 위해 필수적인 국제적인 신인도와 유통량, 그리고 그 거래(보관) 비용 등에 대한 문턱을 넘지 못했기 때문이다.

최근 자국 통화의 국제화에 혼신의 힘을 다하고 있는 나라가 있다. 상품무역 1위 국가로 올라선 중국이 그 주인공이다. 중국은 자국 통화인 위안화의 위상제고를 최고의 국가 아젠다로 밀어 붙이고 있다. 중국은 2004년부터 아시아 금융허브인 홍콩 내 금융기관을 통해 개인 예금 및 송금, 신용카드 등의 업무에 초점을 맞추어 위안화 국제화에 시동을 걸었다. 다음 해부터 홍콩에서 위안화 예금이 가능하도록 제도를 변경하였고 2007년에는 국가개발은행(China Development Bank)을 통해 홍콩에서 역외 위안화 채권(일명 딤섬본드)의 발행을 시작하였다. 중국은 이런 조치에 만족하지 않고 무역결제에 단계적으로 도전하기 시작하였다. 2010년에 베이징, 톈진 등 18개 지역(성급)을 시범도시로 선정하면서 거래 대상국도 전세계로 확대하였다. 그리고 2011년 7월에는 중국 전역에서 위안화 무역결제가 가능하도록 범위 제한을 폐지했다. 더불어 외국인직접투자에 대해서도 위안화 투자를 허용하는 제도를 도입하였다.

중국이 디지털 화폐도입에 선공

　최근 중국은 중앙은행에 의한 디지털 화폐도입에 선수를 치고 있다. 2021년 10월부터 주요 경제권 국가 중 처음으로 디지털 화폐의 시범사용에 들어갔다. 2021년에 20만 명에게 디지털 화폐(총 4천만 위안)를 뿌리면서 2022년 동계올림픽에서 본격적인 상용화를 위한 기반을 다지고 있다. 위안화 위상이 달러화에 버금가는 수준으로 높아진다면 기축통화국으로서 통화정책의 폭이 확대되고 무엇보다 미국이 전가의 보도처럼 휘두르는 금융제재에서 보다 자유롭게 되는 엄청난(?) 성과도 중장기적으로 기대할 수 있다. 사실 2008년 금융위기 이후 달러 패권에서 벗어나기 위한 중국의 위안화 굴기는 집요하면서도 치밀하게 준비되어 왔다고 전문가들은 진단한다. 다만, 중국 스스로 완전한 자본시장 개방에 올

〈표〉 중국의 위안화 국제화 관련 주요 조치 일지

일자	조치 내용	발표기관
2009년 4월	- 상하이 등 5개 도시를 위안화 무역결제 가능 시범도시로 선정	중국 국무원
2010년 6월	- 위안화 무역결제 시범지역을 기존 5개 도시에서 20개 성시로 범위 확대	중국인민은행
2011년 1월	- 위안화로 해외직접투자가 가능하도록 '경외 직접투자 위안화 정산 관리방법'을 발표	중국인민은행
2011년 7월	- 중국 전역에서 위안화 무역결제가 가능하도록 범위 확대	중국인민은행
2011년 10월	- 외국인직접투자에서 위안화를 사용할 수 있도록 정식 승인	상무부
2011년 10월	- 외국인직접투자에서 사용된 위안화에 대해 은행이 정산 처리할 수 있도록 법적 제도마련	중국인민은행
2014년 6월	- 개인이 진행한 상품무역 혹은 서비스무역에서 발생한 위안화 무역 결제 업무에 대해 은행이 정산처리 할 수 있도록 지침 하달	중국인민은행
2020년 10월	- 디지털 위안화 시범사업 베이징, 청두, 선전 등에서 7차례 실시	중국인민은행
2021년 2월	- 중국계 금융기관과 국제은행간통신협회(SWIFT) 합작법인 설립	-
2022년	- 베이징 동계올림픽에서 디지털 위안화 사용	-

출처: 저자 정리

라타지 않는 한 위안화의 진격은 한계에 머물 수밖에 없다는 비관론도 적지 않다.

특정 화폐로서 국제화 로드맵은 위안화보다 유로화가 먼저 깃발 을 높이 들었다. 2002년부터 유로화가 본격적으로 국제결제 시장에 얼굴을 내밀면서 국제통화 다원화에 크게 기여하였다. 특히 유로화를 사용하는 EU(유럽연합) 국가들이 연합하여 통화 장벽을 없애고 비용절감을 통한 대외경쟁력 제고 외에 달러 의존도 탈피라는 성과도 올렸다. 역내 국가들끼리 교역하는 경우 자국 통화를 이용하는 것과 같아 거래비용을 낮추어 교역을 촉진하고 환위험 감소라는 두 마리 토끼를 잡은 셈이다. 그러나 가치측면에서 유로화의 위상은 높아지지 않고 있다. 출범시 유로화 환율이 1달러당 0.8유로에서 0.9유로 수준에서 움직였는데 거의 20여 년이 흐른 최근에도 0.85유로로 큰 변동이 없는 상황이다. 그러나 유로화의 국제결제 비중이 40%에 육박하여 국제화에 대한 우려 단계는 완전히 벗어났다.

CBDC는 민간과도 경쟁하는 구도

이제 미국 달러화에 대한 도전자는 위안화나 유로화가 아니다. 얼마 전만 해도 변방에 머물던 디지털 화폐가 언론의 집중 조명을 받으면서 달러패권에 도전하는 구도로 그려지고 있다. 코로나19

로 비대면 상품 및 서비스의 국제거래가 폭발적인 증가세를 보이면서 디지털 화폐의 영토확장은 너무나 당연한 것으로 여겨지고 있다. 특히 디지털 화폐는 민간이 만든 것과 각국 중앙은행의 디지털 화폐인 CBDC(Central Bank Digital Currency) 간의 대결로 구도가 만들어지고 있다. 발권력을 쥐고 있는 중앙은행의 민간 디지털 화폐에 대한 공격에도 불구하고 최근 민간 디지털 화폐의 대명사인 비트코인 가격이 한 때 3천 달러 안팎이던 수준에서 벗어나 6만 달러를 넘나들면서 그 위상을 높이고 있다.

각국은 CBDC로 디지털 지불시대를 주도하겠다면서 크게 두 가지 이유로 민간화폐를 공격하고 있다. 첫째로 민간화폐는 신뢰성이 없고 가치를 보장하는 주체가 없어 가격이 널뛰기를 한다고 혹평한다. 실제로 미국 통화 당국자들의 입에 의해 비트코인 가격은 투기적 흐름을 보이고 있다. 공급량이 한정적이고 거래수수료도 무시할 수 없다고 전문가들은 덧붙인다. 그러나 반격도 만만치 않다. 디지털 시대에 민간의 디지털 화폐가 기존의 금 역할을 대신할 것이라는 주장이 힘을 얻고 있다. 특히 공급량이 제한되어 있어 시간이 흐를수록 가치가 올라가고 CBDC의 최대 약점인 특정국 통화라는 약점(국경을 넘어 사용되기 힘듦)을 극복할 수 있다고 강조한다. CBDC는 중앙은행의 지급보증을 받았다는 강점이 있지만 사용자 입장에선 민간의 결제시스템이나 카드와의 차별성을 체감하기 힘들다. 상당

기간 민간화폐와 CBDC 공존 가능성도 점쳐진다. 온라인 거래의 특성상 디지털 화폐의 수요가 급증하면서 신뢰성을 확보한 CBDC 와 효율성의 민간화폐가 시너지를 내면서 디지털 결제시장을 선도할 것이라는 낙관도 있다.

그러나 국적 개념이 없는 디지털 화폐를 마냥 반길 수도 없다. 특정 디지털 화폐가 전세계 시장을 석권하면 환율에 따른 국가 간 상품가격 조정기능이 없어져 국제수지(수출-수입) 양극화가 고착화될 수 있다. 현재는 특정국가의 무역적자(수출액〈수입액)가 지속되면 해당 국가의 통화가치가 하락하여 수출품의 가격이 낮아지면서 대외 경쟁력을 회복시키는 조정메커니즘이 자동으로 작동한다. 이를 통해 시간이 흐르면서 수출이 늘고 수입이 줄어드는 방식으로 무역수지를 개선시킨다. 수출증대를 통해 경기를 빠르게 회복시키기 위해 환율을 조작하는 유혹에 빠져드는 것도 같은 맥락이다. 그런데 디지털 화폐를 통한 단일 통화체제로 가면 경쟁력이 탄탄한 국가는 수출이 늘어도 환율조정 기능이 없어 계속 흑자만 보게 되고 반대인 국가는 계속 적자의 길로 갈 수밖에 없다.

실제로 독일이 유로화권으로 편입되면서 수출을 쉽게 늘리는 이익을 보고 있다. 2000년대에 독일은 높은 자체 기술력에다 임금이 상대적으로 낮은 동유럽의 생산기지를 적절하게 활용하여 경쟁력을 급격히 제고하였다. 이런 상황에서 단일통화체제로 무역수지 불균형 조정이 발생하지 않아 지속적인 흑자누적(상대적 수출 증가)을 향유하였다. 여타 국가는 적자누적(상대적 수입 증가)으로 재정위기 원인이 되기도 하였다. 2000년 당시 독일 수출은 5,435억 달러, 한국 수출은 1,723억 달러로 양국 간에 수출규모가 3배 이상 차이가 났음에도 '01~'08년 동안에 연평균 수출 증가율은 독일이 우리나라보다 오히려 높았다(독일 12.8%, 한국 11.9%)는 사실이 눈길을 끈다.

〈표〉 주요국의 시기별 수출 증가율 비교(%)

시기	세계	중국	미국	독일	프랑스	한국
'90년대 ('91~99년)	5.6	12.9	6.3	2.9	4.6	9.2
'00년대 ('01~08년)	12.2	24.4	6.4	12.8	8.2	11.9
'10년대 ('12~19년)	0.4	3.5	1.3	0.1	-0.5	-0.3

〈표〉 독일의 수출액과 경제성장률 추이

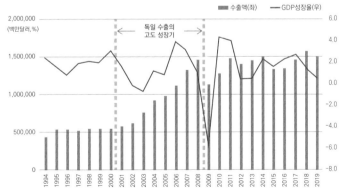

자료: 한국무역협회 국제무역통상연구원, Trademap, WTO

또한 디지털 통화의 팽창은 기존 화폐보다 유통속도가 더 빠르고 국경 제한이 없어 정부의 정책수단으로서 화폐의 효용성이 크게 줄어들 것이라는 점을 각오해야 한다. 요즘처럼 재난지원금을 마음대로 늘리는 데 한계가 있고 물가상승시 통화량 고삐를 죄는 것도 힘들 수 있다. 디지털 화폐시대의 도래는 혁신의 발판이기도 하지만 한 번도 경험하지 못한 새로운 어둠의 그림자를 초래하기도 한다. 부국과 빈국의 격차를 확대시킬 것이라는 부작용에 대한 대비가 절실하다.

경제위기 역사에서 배우는
위기극복의 지혜

한국, 압축성장 모델로 위기극복

"한국경제에 기적 가능성은 전혀 없다." 국제관계 전문지인 포린 어페어스(Foreign Affairs)가 1961년 10월호에서 한국경제를 진단하면서 내린 결론이다. 당시 한국의 실업자는 전체 노동인구의 25%에 달하고 국민 1인당 소득은 100달러 이하였다. 가발, 누에고치, 돼지털, 오징어 등 그야말로 팔 수 있었던 모든 것을 해외시장에 내보냈지만 국가 전체 수출액이 3천만 달러에 불과하였고, 수입은 3억 달러로 정상적인 국가 운영이 힘들었다. 한마디로 외국의 원조에 목을 매야 하는 상황이었다. 2020년 1인당 국민소득이 3만 달러를 웃돌았으니 눈부신 성장세를 탄 것이다. 인구 5천만 명

이상을 가진 나라 중 세계 7위에 해당하는 놀라운 소득수준이다.

'압축성장'으로 표현되는 한국의 현대 경제사를 뜯어볼수록 자부심이 넘치지만 아찔함이 가득했던 경제위기가 한두 번이 아니었다. 태생적으로 해외의존도가 높았던 우리 경제는 잊을 만하면 찾아오는 글로벌 경제위기로 절망했던 기억이 생생하지만 그때마다 불가능해 보이는 것에 대한 도전으로 연결되었고, 시간이 지나면서 도약의 디딤돌이 되었다. 코로나19 팬데믹(대유행)이라는 구름이 여전히 짙은 상황에서 과거의 글로벌 경제위기 극복사례를 조망하여 지혜를 찾는 것은 더 없이 값져 보인다. 반토막 국토와 비좁은 내수시장으로 해외시장에서 번영의 해법을 찾아야 하는 것이 숙명이기 때문이다.

2021년 7월에 전미경제연구소(NBER)는 보고서를 통해 1800년대 이후 최근까지 약 200년 동안 42건에 달하는 글로벌 차원의 경제위기가 있었다는 흥미로운 자료를 내놓았다. 1800년대에 27건이, 1900년대에는 15건이 사이클을 그리며 침체의 늪으로 세계경제를 내던졌다면서 경제위기 건수를 구체화했다. 경제위기와 불황의 차이는 무엇일까? NBER은 지속 기간이 1년 이상이면서 GDP의 감소율이나 실업률이 10% 이상인 경우로 경제위기를 정의하였다. 이런 위기는 우리에게 치솟는 유가와 급증한 실업자, 그리고 IMF(국제통화기금) 구제금융으로 경제주권을 넘겨주는 등 뼈아픈 상처로 남은 바 있다.

경제위기는 도전과 혁신을 잉태

글로벌 차원에서 가장 길고 심각했던 경제위기는 대공황(Great Depression)으로 1929년에 시작하여 1933년까지 계속되었다. 이 위기는 속칭 '검은 목요일'이라는 별칭(?)을 갖고 있는 주가폭락이 도화선이 되었다. 원인에 대한 진단은 다양하지만 과잉설비에 따른 상품의 공급 확대와 통화긴축에 따른 주식시장 위기가 겹친 것으로 해석하는 것이 일반적이다. 글로벌 차원에서 6천여 개의 은행이 파산하여 엄청난 예금이 사라졌으며, 미국의 GDP는 반토막이 날 정도로 충격이 지대하였다. 공공분야 지출의 확대에도 불구하고 1932년에는 미국의 실업률이 25%까지 치솟았다. 전체 통화량을 묶어두는 데 일조했던 미국에서 금본위제가 폐지되고 개신교 세력이 주도하여 1920년에 제정한 금주법도 소비를 진작하고 주세로 재정을 튼튼하게 할 수 있다는 논리가 힘을 얻으면서 역사의 뒤안길로 사라졌다.

경제 교과서에 잘 등장하지 않지만 1937년과 1945년의 불황도 그 파장이 적지 않았다. 대공황의 터널을 막 빠져나온 상황에서 미국 정부는 균형재정을 이유로 씀씀이를 줄여 GDP 감소율과 실업률이 각각 20% 전후를 넘나들었다. 인플레이션보다 경제성장에 무게를 둔 정책이 힘을 얻으면서 다행스럽게 위기 발생 다음 해인 1939년에 마무리되었다. 1차 대전 후에 전역한 군장병들이 대거 민간부분에 투입되면서 조직화(노동조합)를 통한 연대로 일자리 안정과 복지확대에 나서는 계기가 되었다. 노동자들이 단결권을 행사하여 최저임금을 급속히 올리면서도 완전고용 지향이라는 정책적 이슈를 주도하였다. 더불어 주택지원과 사회보장 등 복지 강화도 얻어내면서 노조를 위한 경제위기(Union Recession)였다는 닉네임도 획득하였다.

경기침체를 넘어 '오일쇼크'라는 자극적인 용어로 회자되는 석유파동은 1970년대 초반과 1980년대 초에 두 번에 걸쳐 글로벌 경제계를 강타하였다. 모든 산업의 동력원이었던 석유 가격이 중동전쟁으로 4배 이상 폭등하자 1970년대 초반 닉슨 행정부는 석유 절약에 전력을 기울였다. 원자재 가격의 상승으로 물가상승과 마이너스 성장이 공존하는 스태그플레이션(Stagflation)이라는 생소한 용어가 이 시기에 처음으로 등장하였다. 처방도 복잡하여 한편에서는 통화를 풀어 경기를 진작(소비증대)시키고 다른 한편에서는 소비억제(석유절약)에 나섰다. 미국은 고속도로의 자동차 제한속도를 시속 80Km로 낮추는 정책을 도입하여 에너지 절약을 유도하였다. 2차 오일쇼크 때에는 미국의 실업률이 두 자릿수에 진입하면서 물가상승이 극에 달했다. 이를 치료하기 위해 은행의 금리가 20%를 웃도는 현상이 일상화되었다. 당시 레이건 행정부는 실업률을 낮추기 위해 정부 재정을 푸는 정책에서 물가안정을 위해 돈을 조이는 방향으로 정책의 일대전환을 도모하였다. 특히 기업의 생산량 확대가 국가경쟁력 제고는 물론 경제체질 강화를 위해 절실하다고 보고 세금 감면정책을 골자로 한 '공급주도 경제학'이라는 새로운 조류를 만들어 내었다. 소위 레이거노믹스로 명명된 이 이론은 감세를 통해 민간(소비)의 활동을 진작시키면 기업도 살고 결국 선순환을 통해 세수도 늘어난다는 논리다.

2007년에 시작된 글로벌 금융위기는 자산의 버블론과 밀접하게 관련되어 있다. 금융 및 부동산 시장이 실물경기와 달리 호황을 구가하는 가운데 아프가니스탄과 이라크 전쟁에 따른 재정적자 감축을 위해 갑자기 금리를 올리자 부동산 가격이 폭락하면서 이를 담보로 돈을 빌려준 금융회사에 부메랑이 날아들었다. 주택을 담보로 신용상태가 좋지 않은 고객에게 대출이 몰린 상황에서 담보가치가 하락하자 금융회사의 손실은 눈덩이처럼 불어나고 그 태풍은 거의 모든 나라를 휩쓸고 지나갔다. 이에 따라 G20(주요 20개국) 정상회의가 발족되면서 국가 간에 서로 협력하는 분위기가 만들어지고 외환부족에 대비하기 위한 통화스왑이 보편화되는 전례 없는 글로벌 협력 분위기가 형성되었다.

코로나19의 위기, 디지털 혁신 박차

코로나19 팬데믹으로 초래된 글로벌 위기는 현재 진행 중이다. 거의 모든 나라가 돈 풀기 경주에 나선 것처럼 재정확대가 일상화되고 있다. 경제위기를 대하는 관점에서는 다시 1930년대의 대공황으로 돌아간 느낌이다. 정부가 만능 구원투수로 나서 일자리도 만들고 생활비도 주는 시대로 수정자본주의가 대세다. 또한 별칭인 락다운 위기(Great Lockdown)가 상징하듯 물건과 사람의 이동을 막는 전대미문의 현상이 전개되고 있다. 이런 위기 극복을 위한 대안으로 디지털이라는 새로운 처방전이 나돌고 있다. 디지털은 코로나19 때 처음 등장한 것은 아니지만 사람들의 이동 없이 경제를 돌아가게 만들고 산업간 융합을 통한 새로운 가치창출에 원동력이 되고 있다. 이 과정에서 국가 간에 물고 물리는 밀접한 거래로 협력과 포용이 필요하지만 대부분의 국가는 보호무역주의를 통해 각자도생에 몰두하고 있다. 금융위기에 일상화되었던 실질적인 협력을 위한 국제회의도 찾기 힘들어 경제위기 탈출법이 제대로 작용하지 않고 있다.

경제위기가 주는 분명한 교훈은 위기를 벗어났다고 과거 상태로 회귀하지 않는다는 점이다. 특히 새로운 기술과 상품이 출몰하고 회복 속도에서도 국가별로 경제주체별로 완전히 다른 'K자 회복'이 예외 없이 나타났다는 점이다. 코로나19 속에서 인도처럼 두

자리의 경제성장을 기대하거나 중국처럼 일찌감치 수출이 폭증하는 나라가 있는가 하면, 여전히 마이너스 수렁에서 빠져나오지 못한 나라가 있다. 기업 차원에서 디지털 흐름에 올라탄 스타 기업이 하루아침에 탄생하는 반면 기존 관행에 안주해 사라지는 기업이 적지 않다. 경제위기는 그 후에 큰 변혁이 온다는 것을 알리는 전령인 셈이다. 코로나19 해법은 겉으로는 재정투입을 통한 개인과 기업의 지원인 것처럼 보이지만 실제로는 새로운 조류인 디지털 전환과 친환경 요구, 그리고 글로벌 차원의 새로운 협력방안에 대한 시험지를 우리에게 내밀고 있는 셈이다. 답안에 따라 경제위기 충격을 딛고 새로운 성장엔진을 장착할 수 있느냐 없느냐가 결정될 것이다.

〈표〉 미국 관점에서 본 글로벌 경제위기 사례

구분	불황기간	지속 기간	GDP 감소율	최대 실업률
대공황	1929년 8월 ~ 1933년 3월	25개월	-26.7%	24.9%
1937년 불황	1937년 5월 ~ 1938년 6월	13개월	-18.2%	20.0%
1945년 불황	1945년 2월 ~ 1945년 10월	9개월	-10.9%	5.2%
제1차 석유 파동 불황	1973년 11월 ~ 1975년 3월	16개월	-3.0%	8.6%
제2차 석유 파동 불황	1981년 7월 ~ 1982년 11월	16개월	-2.7%	10.8%
세계 금융위기 불황	2007년 12월 ~ 2009년 6월	18개월	-5.1%	10.0%
코로나바이러스 불황	2020년 2월 ~ 현재	진행 중	-4.6%(추정)	14.7%

자료: NBER (2020.7월 발표), 무역협회 워싱턴지부

최저 법인세율 합의, 진짜 국가경쟁이 시작된다

법인세율 인하 전쟁의 종말

2021년 7월에 경제협력개발기구(OECD)는 130개국이 참가한 가운데 2023년부터 글로벌 최저 법인세율을 15%로 통일하기로 합의하였다. 외자(외국기업) 유치를 통한 일자리 창출과 기술력 제고에 절대적인 영향을 미치는 조세 룰을 획기적으로 변경하여 경쟁적으로 세율을 낮추는 '바닥으로의 경쟁(Race to the bottom)'을 종식할 것으로 기대하지만 이를 실제로 시행하는 데 적지 않은 난관이 예상된다는 지적과 함께 우호적인 경영환경을 두고 벌어지는 국가 간 진짜 경쟁은 지금부터라는 말이 전문가들 사이에 회자된다. 앞으로 기업이 투자할 곳을 결정하는 데 명목적인 법인세율보다 더 중요한 것이 실효세율이고, 세율을 제외한 규제완화 등 경영 여건이 더 중요한 이슈로 작용할 것이기 때문이다.

특정 국가가 다른 나라 기업을 유치하기 위해 전통적으로 강조하는 유인책은 낮은 인건비와 높은 기술이다. 더불어 여타 국가에서 확보할 수 없는 자원이 있다면 금상첨화다. 그런데 글로벌화가 진전되면서 선진국과 후진국 간에 인건비 격차가 줄어들고 인력 이동이 보다 자유롭게 되면서 인건비의 메리트는 빛이 바래고 있다. 특히 디지털화의 진전으로 거의 모든 공정에 자동화가 되면서 더욱 그러하다. 다국적 기업의 출현으로 기술 수준도 평준화에 가속도가 붙으면서 더 이상 기업을 빨아들이는 요건이 되지 못한다. 자유무역협정(FTA) 확산에 따른 관세인하와 초대형 선박 및 비행기의 등장으로 물류비에 대한 문턱도 크게 낮아졌다.

21세기에 들어서면서 기업의 질적 경쟁력을 결정하는 데 매출 규모보다 이익률이 더 중요시되면서 법인세율은 매우 중요한 요소로 부상하였다. 여러 나라에서 법인세율 인하가 앞다퉈 진행되었고 세금이 거의 없는 텍스헤븐(Tax Heaven)이 글로벌 기업들의 거점으로 부상하기도 하였다. 법인세율 인하에 기름을 부은 주인공은 2001년 WTO(세계무역기구)에 가입하여 전세계 자본을 빨아들이고 있는 중국이다. 중국은 2008년 이전에는 법인세율이 33%에 달했다. 중앙정부 22%에 지방세 11%가 합쳐진 것이다. 그러나 각종 우대혜택을 받는 외자기업에 비해 내자기업들이 홀대를 받고 있다는 여론이 비등하자 2008년에 25%로 내·외자 기업을 동일시하는 특단의 조치를 취하였다.

세율을 낮추면 일자리가 돌아온다

미국에서 조세혜택이 높은 곳으로 투자가 빠져나가 일자리를 빼앗기고 있다는 불만은 트럼프 행정부가 얼굴을 내밀면서 본격화되었다. 이에 36%인 법인세율을 21%로 낮추는 파격적인 조치를 취하였다. 엄청난 인하 폭에 전세계가 떨고 있다는 언론 헤드라인이 상징하듯 상상을 뛰어 넘는 수준이었다. 영국과 일본도 다양한 혜택을 주는 방식으로 체감 법인세율을 낮추어 외국기업에게 당근을 제공하였다. 이에 따라 마이크로소프트가 부담하는 '실질 법인세율'은 최근 15.0%까지 떨어져 10년 전에 비해 16% 포인트나 부담이 낮아졌다는 분석도 있다. 아마존닷컴과 도요타자동차도 세(稅) 테크를 적용하면서 글로벌 차원에서 법인세 절감혜택을 누렸다고 한다.

실제로는 기업 입장에서 명목상 법인세율이 아니라 실질적으로 부담하는 세율이 더 중요하다. 중국에서 개혁개방 이후 33%라는 높은 세율에도 불구하고 외자기업은 일정 기간 법인세가 완전히 없거나 50%만 부담하는 특혜가 적지 않았다. 심지어 '5면5감반(5免5減半)'으로 투자 후 최초 5년간 면제하고 그 후에 5년은 절반만 내도록 하는 특혜도 시행 중이다. 이런 우대정책이 외자기업에 몰리면서 25%로 통일된 이후에도 내자기업이 차별을 받고 있다는 불만이 비등하였다. 또한 중서부 진출기업과 첨단기업에게는 15%라는 보다 낮은 세율이 적용되기도 한다. 따라서 이번에 글로벌 차원에서 15%를 하한으로 정했지만 각종 인센티브를 어떻게 관리하느냐가 더 중요하다고 전문가들은 진단한다.

또한 법인세율이 비슷한 수준으로 수렴된다면 시장 크기가 외자 흡인력을 결정하는 중요 잣대로 작용할 전망이다. 실제로 중국이 법인세율이 상대적으로 낮은데 이번 조치로 메리트가 반감되면서 외자가 유출될 것이라는 주장이 제기되기도 했지만 절대 시장이 커서 오히려 외자는 더 몰려올 것이라는 반대 주장에 힘이 실리고 있다. 시장이 크면 자원을 효과적으로 재분배하여 기업활동의 효율성을 제고할 수 있고 규모의 경제가 작용하여 원가를 낮출 수 있기 때문이다. 미국도 비슷한 효과를 누릴 것으로 예상된다. 특히 첨단산업을 중심으로 연구개발(R&D) 자금을 지원하여 기술 경쟁력을 뒷받침하고 공장용지에 대한 파격적인 조치도 이미 기정 사실화되고 있다.

친기업 경영환경 구축경쟁 치열

최근 반도체와 전기차 등 미래산업을 중심으로 불고 있는 공급망 재구축도 일정수준 법인세율 균등화를 무력화하는 요소로 작용할 전망이다. 미국과 중국의 대립이 극단으로 치달으면서 안정적인 비즈니스 구도를 위해 생산조달 및 판매망을 시장별로 구분하여 '효율'보다 '안정'을 택하는 것이 새로운 공급망 구축전략이기 때문이다. 거의 모든 부품에 대해 2개 이상의 복수 채널이 당연시되면서 반도체의 경우 중국과 미국의 조달선 거리두기가 불가피하다. 또한 이차전지 등에 들어가는 핵심 원부자재를 조달하는 데 법인세율 자체보다는 다원화(대체선 발굴)가 더 중요할 것이기 때문이다.

최근 물류비가 엄청나게 급증하면서 법인세를 고려한 생산지 중심에서 소비지 위주의 투자패턴을 촉진할 것이라고 전문가들은 진단한다. 규모의 경제라는 기존 틀보다 생산지 인근에 보다 작은 규모의 공장을 여러 개 만들어 소비자의 패턴 변화에 즉각 반응토록 한다는 복안이다. 이 과정에서 원가가 높아지는 것은 디지털로 커버하면서 소비자에 대한 반응 속도를 높이고 있다. 모든 소비자에게 맞춤형 서비스(제품)를 거의 실시간으로 제공하기 위해 빅데이터와 AI(인공지능) 기술을 채용하는 것이 대표적인 솔루션이다.

그러나 법인세율 인하가 촉발할 새로운 투자지도는 특정한 전략이나 자원이 아닌 다른 것에 의해 결정될 것이라는 주장도 힘을 얻는다. 기업이 보다 자유롭게 경영전략을 펼칠 수 있도록 규제를 완화했느냐가 투자결정에 핵심이라는 것이다. 산업간 경계가 허물어지면서 기업의 경쟁력 제고는 기술간 융복합화를 뒷받침하는 정부의 유연한 정책에 좌우될 가능성이 높다. 보다 자유롭게 비즈니스를 할 수 있는 운동장이 단기적인 비용 유인책보다 더 강력하게 외자에 대한 흡인력을 높일 수 있기 때문이다.

코로나19는 근로자의 일자리를 어떻게 지킬 것이냐는 답을 국가에 요구하고 있다. 바이든 행정부의 법인세율 증세 논의에 브레이크가 걸리는 모양새도 같은 맥락이다. 글로벌하게 최저 법인세율을 맞춘다는 것은 역설적으로 법인세 이외 분야에서 국가 간 경쟁을 더 치열하게 촉발할 것이다. 그것이 코로나19 이후 경제회복의 속도를 넘어서 디지털 혁명의 국가별 성공여부도 결정할 것이다.

〈표〉 G20 국가들의 법인세율 현황

자료: DailySignal.com

통신(5G)과 AI는 산업기술을
넘어 안보의 핵심

전쟁의 성패도 정보통신 기술이 좌우

1890년을 전후하여 글로벌 리더였던 스페인은 신흥 강자로 부상하는 미국과 쿠바에서 사활을 건 전쟁을 벌이고 있었다. 당시 스페인이 쿠바를 식민지로 지배하면서 경제적 이득을 취하는 데 열중하고 있을 때 미국이 지리적 이점을 통해 투자도 늘리고 무역량도 확대하자 양국 간에 이해가 충돌한 것이다. 스페인은 미국을 견제하기 위해 쿠바에게 미국으로부터 수입을 중단토록 강요했으며, 이에 미국은 쿠바로부터 들여오던 설탕에 대해 관세를 부과하여 보복하였다. 무역전쟁은 곧바로 무기를 동원한 전쟁으로 비화되었다. 양국간 충돌은 글로벌 강자자리를 두고 치열하게 전개될 것으로 예상되었지만 미국의 일방적인 승리로 쉽게 마무리되었다. 그 이유로 군사전문가들은 군함의 성능이 아닌 통신기술을 꼽는 데 주저하지 않는다. 당시 미국은 거의 모든 군함에 전신(통신) 시설을 갖추어 상륙작전과 해안공격, 그리고 친미 성향의 쿠바내 독립군과 유기적으로 작전을 전개한 반면 스페인군은 산티아고 해안에만 머물면서 화력에만 의존해 수비하는 데 치중했기 때문이다. 특히 전문가들은 세계 최고의 항해력을 자랑하는 스페인 함대가 맥없이 무너진 것은 미국군이 보유한 통신기술의 우월성을 내세워 협공했기 때문이라고 분석하고 있다.

  일자리 창출과 경제적 부흥을 위해 기술전쟁이 일어나는 것처럼 모두가 말하고 있지만 그 기저는 다르다. 정보통신기술(ICT)이 국가안보와 군사작전의 성패를 좌우하는 핵심 중에 핵심이라는 사실을 역사가 증명하고 있기 때문이다. 더구나 미래전쟁은 첨단 통신장비를 통해 정보를 빼내고 내 정보가 유출되는 것을 막는 능력에 의해 승패가 결정된다고 해도 과언이 아니다. 19세기에서 시계추를 좀 더 현대로 돌리면 더욱 생생한 사례가 다가온다. 1차 세계대전에서 독일이 영국군에게 패한 것은 통신망이 마비되면서 자국 군대들 간에 유기적인 작전이 불가능 했기 때문이라는 사실은 잘 알려져 있다. 당시 영국은 첨단 통신기술을 확보하여 독일의 거의 모든 통신망을 차단하여 연합작전을 불가능하게 하였다. 이로 인해 독일군은 제 때에 진격과 철수를 하지 못해 많은 병력을 잃고 적진을 공격하는 효율적인 작전에 차질이 불가피했다. 냉전에 종말을 고하게 된 구소련의 붕괴도 통신과 관련되어 있다. 구소련은 해저에 매설된 통신망을 통해 정보를 전달했는데 암호화하는 기술이 없어 미국 정보당국에 그대로 노출된 것으로 알려져 있다.

반도체 산업전쟁은 안보전쟁의 핵심

최근 반도체와 관련 기술을 두고 미국과 중국 간에 날카로운 신경전이 전개되고 있다. 겉으로는 산업의 우위를 확보하기 위한 것으로 포장되고 있지만 반도체를 디딤돌 삼아 보다 앞선 5G 통신기술을 확보하려는 전략이 기저에 깔려 있다. 중국은 1980년 초 개혁개방과 더불어 ICT 기술의 확보를 위해 막대한 인력과 자금을 투입해 왔다. 이런 노력의 대표적인 결과물이 세계적인 통신기업 화웨이의 부상이다. 미국이 화웨이의 통신장비가 간첩 활동에 이용될 수 있다고 동맹국 등에 지속적으로 경고를 보내고 있다. 미국은 중국의 통신전략이 민간과 정부, 특히 민(民)과 군(軍)과의 경계가 모호한 민군융합에서 출발한다고 강조한다.

5G 등 첨단 통신을 두고 표준화 전쟁도 치열하게 전개되고 있다. 표준화를 선점해야 보다 우월한 통신 플랫폼에 올라 탈 수 있기 때문이다. 중국은 정부 정책을 통해 산업의 구조전환과 혁신을

선도하고 있으며 바이든 행정부는 국제통신연합(ITU)을 통해 표준화를 선도하면서 반중국 5G 활성화를 선도하고 있다. 미국은 중국과 달리 통신기술 표준화에 대한 명확한 기준이 없어 투자의 우선순위에서 밀린다고 전문가들은 말한다. 특히 중국은 일대일로 프로젝트를 통해 외연을 확장하고 '디지털 실크로드'에 심혈을 기울이면서 인터넷 초강국 부상은 물론 국제적인 디지털 리더도 꿈꾸고 있다.

코로나19 이후 공급망 전쟁은 결국 통신장비와 관련 기술의 진보에 대한 지름길 확보를 두고 벌어지는 충돌로 이해된다. 중국은 희토류 왕국으로서 통신기술 진보에 필수적인 배터리와 디스플레이의 생산을 좌지우지할 파워를 갖고 있다. 한때 중국의 희토류 생산량 비중이 90%에 달했으나 2021년에는 14만 톤(글로벌 생산량 34만톤)을 기록하면서 그 비중이 60% 정도로 낮아졌다. 최근 중국과 통상에서 대립각을 세우고 있는 호주의 생산량이 크게 늘어난 결과지만 여전히 무시하지 못할 지배력을 확보하고 있다. 또한 중국은 자국 기업에게 차별적인 조치를 취할 경우 보복할 수 있는 반외국제재법(反外國制裁法)을 2022년 6월에 통과시키고 곧바로 시행에 들어갔다. 같은 시기에 미국은 대통령 명령에 따라 4대 핵심품목(반도체, 배터리, 필수광물, 의약품)에 대한 공급망 점검결과를 내놓고 연구개발 등 다양한 지원은 물론 동맹국과 손잡고 국제공조 및 수출

통제를 강화하겠다고 밝혔다.

미래전쟁은 전투기가 아니라 AI 기술이 선봉

최근에는 AI 기술을 군사장비에 채용하는 과정에서 국제경쟁이 치열하게 전개되면서 제2의 통신전쟁이 전개되고 있다. 미래전쟁은 전투기와 보병의 참가를 전제하는 전면전보다는 AI 기술이 선봉에 설 것으로 점쳐진다. 로봇, 드론, 무인기 등에 AI를 어떻게 응용하느냐에 따라 군사적 우위는 물론 국제질서 재편을 주도할 것이라는 견해가 명확해지고 있다. 현재 강대국이라도 AI에서 뒤처지면 경제적 측면에서의 경쟁력 상실은 물론 안보위협에 바로 노출되는 상황이다. 2022년 3월 미국의 인공지능국가안보위원회(NSCAI)는 700페이지가 넘는 보고서를 통해 AI를 통해 미국이 중국과 러시아에 대해 국방력 우위를 유지하기 위해 의회와 범정부적 지원이 절실하다고 강조하였다.

통신과 AI를 통한 국방력 문제는 국가간 사이버 공격에 대한 우려로 연결되고 있다. 최근 미국의 송유관 업체, 육류가공업체, 지하철, 선박 등이 랜섬웨어 공격으로 치명상을 입는 것이 현실이 되었다. 2021년 5월 초에 미국 동남부에 대한 석유공급 점유율이 45%에 달하는 업체가 공격을 받으면서 엿새간 주유 대란이 벌어진 것이 대표적이다. 더욱 충격적인 것은 미국이 돈을 주고 위기를 극복(나중에 일부를 회수했음)했을 정도로 속수무책이었다는 점이다. 해커의 탈을 쓰고 특정국이 통신망이나 에너지 네트워크를 마비시킬 경우 9·11 테러에 버금가는 타격이 우려된다는 진단도 나오고 있다. 이에 따라 AI를 통해 상대의 공격의도를 한 발 앞서 신속히 파악하고 복구능력도 제고하는 연구를 강화해야 한다.

 원자재의 공급망과 통신기술을 둘러싼 미국과 중국의 격돌은 이제 시작에 불과하다. 무역전쟁이 언제든지 형태를 가늠하기 힘든 방향으로 확전될 수도 있다. 5G를 넘어선 6G와 AI기술은 향후 우리에게 어떤 모습으로 다가올지 점치기도 힘들다. 분명한 것은 이들 기술이 산업은 물론 안보도 좌우할 것이라는 데 이론이 없다. 이를 위해 인력양성론이 힘을 얻고 있다. 미국 처럼 디지털인재육성기관을 설립하여 인재풀을 확대해야 한다. 국가안보를 위해 특수직 형태의 디지털 인력(전문가)을 정부가 충분히 확보하여 비상시에 대비하는 플랜을 실천해야 한다. 국가안보가 전투기보다 디지털 인력과 인프라에 더 좌우되는 시대가 성큼 다가온 느낌이다.

<표> 희토류 원소와 통신분야 연관성

1	2	3	4	5	6
자석 Nd, Dy, Sm (Tb, Pr)	합금 La, Ce, Pr, Nd, Y	형광체 Eu, Y, Tb, Nd, Er, Gd	촉매&화학 La, Ce, (Pr, Nd)	세라믹&유리 Ce, La, Pr, Nd, Gd, Er	기타
모터 제너레이터 HDD 스피커 MRI 방위산업 가전제품 등	NimH 배터리 초합금 Al-Mg합금 철강	LED 레이저 판넬 디스플레이 X레이 이미지 광학센서	FCC촉매 자동차 촉매 경유 첨가제	연마제 UV차단유리 내열유리 센서 콘덴서 등	비료 의료용 물질 착색제 등

자료: EURARE(http://www.eurare.org), 국제무역통상연구원

혁신의 아이콘 스타트업과
코로나19 산업혁신

글로벌 500대 기업도 스타트업과 협력 러시

로켓처럼 치솟는 모습으로 성장한다는 의미의 스타트업(Start-Up)
은 1990년대 미국 실리콘밸리에서 탄생한 용어다. 당시에는 정보
통신업계만을 스타트업의 놀이터로 한정하였다. 흔히 이 말은 혁
신적 기술과 아이디어를 보유했다는 점에서 벤처기업과 유사한 개
념으로 사용되기도 하지만 아이디어와 기술에 대한 혁신성과 확장
성 면에서 스타트업에 더 커다란 방점이 찍힌다. 특히 고위험이라
는 부정적 이미지에도 불구하고 코로나19 이후 산업지형이 요동
치면서 고성장과 고수익을 넘어 기존 기업의 비즈니스 모델의 확
장과 개선은 물론 국가차원의 산업경쟁력 제고와 일자리 확대에

필수 불가결한 파트너로 평가되고 있다.

최근 포춘 500대 기업들도 스타트업과 손잡고 끊임없이 비즈니스 모델을 혁신하고 있다. 코로나19로 기존의 마케팅 채널로는 소비자에게 다가가는 문을 넓히기 힘들고 우후죽순 솟아나는 경쟁자에게 공격당해 하루아침에 침몰할 정도로 경영환경이 급변하고 있기 때문이다. 무역협회 스타트업 브랜치는 국내 스타트업과 글로벌 리더간 만남을 주선하는 '포춘 500 커넥트(Fortune 500 Connect)'를 시행 중이다. 그동안 니베아, BMW, 샤넬, 아마존 등 선도적인 글로벌 기업부터 태국 대기업, 중동 투자자, 브라질 액셀러레이터 등과의 만남을 주선하여 2018년 12월 이후 2021년 말까지 글로벌 대기업 67개와 우리 스타트업 간에 600여 건의 상담을 성사시켰다. 2022년에는 포르쉐, 바이엘, 아마존 등 포춘 순위 상위에 포진한 글로벌 리더와의 매칭을 통해 투자유치, 기술협업, 제품 수출, 파트너십 체결 등의 성과를 낳고 있다. 국내 유통 대기업 및 종합상사, 그리고 중견기업과의 밋업(Meet Up) 행사는 더 이상 뉴스가 아닐 정도다.

국내 스타트업과 해외시장을 연결하는 실증사업(투자유치와 전략적 제휴 등)도 잇따라 본 궤도에 오르고 있다. 최근 미국 월마트, 타이슨푸드 등 글로벌 대기업 간에 6건의 기밀유지협약(Non-Disclosure

Agreement)이 체결되었고 독일과 스페인을 중심으로 비슷한 조치가 가시화되고 있다. 또한 기업 차원을 뛰어넘어 국가 간 테스트베드 교환사업인 'CBT(Cross Border Testing) 프로그램'도 도입되고 있다. 이의 일환으로 삼성동 무역센터를 통한 수십 개 외국 스타트업의 성능테스트도 모색되고 있다.

오픈 이노베이션(Open Innovation) 혁신모델 대세

글로벌 톱 기업들이 갓 탄생한 스타트업과 협업하거나 엄청난 거금을 들여 몸체를 합치는 이유는 무엇일까? 경험과 기술, 그리고 인력수준을 감안할 때 상대가 안 되는데 말이다. 우선, 오픈 이노베이션(Open Innovation)이라는 새로운 혁신모델이 코로나19라는 폭풍 속에서 살아남는 첩경이기 때문이다. 코로나 위기는 디지털의 가속화는 물론 때로는 기존 사업모델의 단절을 의미한다. 따라서 외부에서 새로운 기술을 수혈받지 않고서는 살아남기 힘든 시대가 되었다. 아멜리아(Amelia)라는 화이트칼라 로봇이 등장하여 호텔과 은행업무를 20여 개 언어로 동시에 수천 건씩 처리하고 있다. 기존 화장품에 디바이스(전자기기)를 결합시켜 피부 흡수도를 획기적으로 높이고 있다. 디지털 의약품이라는 새로운 영역이 출범하여 뇌졸중과 폐질환에 새로운 치료의 길이 열리고 있다. 글로벌 톱기업이라도 내부에는 없는 기술을 스타트업을 통해 수혈해야만 내일을 약속할 수 있는 시대가 성큼 다가온 것이다. 특히 기술융합이 혁신의 핵심 열쇠가 되면서 스타트업 몸 값은 더욱 치솟고 있다.

코로나19 출현과 함께 악화되던 스타트업에 대한 투자 기상도도 최근 확실하게 반전을 그리고 있다. 글로벌 경영잡지(opportunityinsights.org)에 따르면 2021년 910만 개의 중소기업이 코로나19 등으로 자취를 감춘 것으로 나타났다. 월스트리스저널에 따르면 2021년 3월 이후 미국내 운송, 금융, 여행분야 스타트업 일자리 7만 개가 사라졌다고 보도하였다. 그러나 코로나로 인한 디지털 혁신 가속화로 2022년도 1/4분기 중 미국내 벤처캐피탈의 스타트업 투자금액과 건수는 각각 3,987건과 690억 달러에 달해 2021년 같은 기간에 비해 금액 기준으로 93%나 급증하였다. 2022년 연간으로는 2,800억 달러에 도달하여 최고치를 경신할 것이 확실시된다. 또한 2021년 76개의 신규 유니콘이 전세계에서 탄생했는데 이 중 62%인 47개사가 미국에 뿌리를 두고 있다.

스타트업 혁신이 국가경제 점프 촉매제

정보통신을 기반으로 하는 스타트업은 코로나 이후 영역확장에 가속도가 붙은 상황이다. 전염병으로 B2B(기업간 거래) 클라우드가 붐을 이루고 원격의료(제약회사 중심)와 화상회의 시스템에 자금이 몰리면서 신기술이 잇따라 출현하고 있다. 주문플랫폼은 비대면 상거래에서 교육으로 영역을 확장하고 있다. 더불어 물류배송, 자율주행으로 대표되는 자동차 혁신, 로봇공학, 핀테크가 혁신의 주인공 자리를 다투고 있다.

스타트업의 성공전략은 크게 4가지 모델을 통해서 시현되고 있다. 우선, 네트워크의 확대다. 바로 글로벌 시장으로 가기보다 특정 지역의 유력업체로 우뚝 서려는 GTM(Go-To-Market)을 도모하고 있다. 두 번째는 전자상거래 업체를 중심으로 규모의 경제를 기치로 확장전략을 실천하면서 필요시 인수합병(M&A)에도 적극적이다. 세 번째로는 제품개발을 통해 우수 고객에 대한 만족도와 서비스 확장력을 강화하는 것으로 핀테크 기업들이 주로 사용하고 있다. 끝으로 AI(인공지능), 생명공학, 헬스케어 기업들이 주로 사용하는 방법으로 심층기술에 도전하는 것이다.

스타트업의 움직임을 파고들면 결국 경제가 나갈 바를 알게 된다. 끊임없이 신영역을 개척하면서 스스로는 물론 다른 기업의 혁신을 유도하고 분사하여 외연을 넓힌다. 무엇보다 환경변화에 뒤따라가는 데 그치지 않고 고객의 수요를 앞장서 창출하기도 한다. 이런 의미에서 코로나19로 가속화된 경영환경 변화는 어쩌면 스타트업 붐에 고속도로를 연결해 주고 있는지 모른다. 따라서 코로나19 공존시대에 스타트업은 한 나라 경제와 일자리를 로켓처럼 늘리는 데 1등 공신이 될 것으로 보인다.

⟨표⟩ 2020년 미국의 톱10 스타트업 펀딩업체

회사명	산업	투자유치액(10억 달러)
1. The We Company	Real Estate	22.5
2. JUUL	Consumer Electronics	15.1
3. Airbnb	Consumer Internet	4.4
4. Argo AI	Transportation	3.6
5. SpaceX	Science and Engineering	3.2
6. Rivian	Transportation	3.1
7. Magic Leap	Hardware	2.6
8. Kabbage	Financial Services	2.5
9. Sofi	Financial Services	2.5
10. Faraday Future	Transportation	2.3

자료: Crunchbase

모두가 웰니스를
향해 달린다

코로나가 위험에서 비즈니스 기회로

코로나19가 적지 않은 사람들을 죽음으로 몰아 넣었지만 역설적으로 이를 계기로 건강하게 잘 살기에 대한 관심도를 높이는 디딤돌이 되었다. 감염병의 소용돌이는 부자나 가난한 자를 막론하고 전세계에서 광범위하게 사망자를 야기하였을 뿐만 아니라 장기화된 이동제한과 인간적인 교류 중단 등 사회적 고립으로 적지 않은 사람들이 크고 작은 정신적 고통이나 신체적인 질환에 내몰리고 있다. 이에 따라 삶의 우선 순위가 건강한 생활에 초점이 맞춰지고 있으며 그 과정에서 적극적인 운동, 스트레스와 외모 관리에 대한 투자가 급증하고 있다. 이를 상징하는 개념이 웰니스(Wellness)

로, 웰빙(Well-Being)과 피트니스(Fitness)를 결합한 신조어인데 신체적 건강뿐만 아니라 정신적 안정감을 함께 추구하는 적극적인 건강지상주의를 의미한다.

코로나 팬데믹 이후에 신체적 건강과 건전한 생활패턴에 대한 관심이 높아지면서 웰니스 시장규모는 급팽창하고 있다. 통상 건강, 피트니스, 영양, 외모, 수면, 마음챙김(정신건강) 등 6대 분야로 세분화되는 웰니스 산업규모는 2021년을 기준으로 1.5조 달러인 것으로 추정된다. 특히 코로나19가 기폭제로 작용하면서 개인들의 웰니스 지출은 매년 5~10% 증가하여 경기침체 속에 호황산업으로 자리잡고 있다. 전문가들은 의료분야가 가장 큰 변혁을 맞이하고 있다고 말한다. 의사들의 활동공간은 기존에 주로 자기 진료실에만 머물렀으나 이제는 다양한 곳으로 영역을 넓히고 있다. 앞으로는 의사들이 가정은 물론 사무실을 방문하여 서비스하는 것이 일반화되고 스타벅스 커피숍이나 체육관, 그리고 다양한 스튜디오로 발길을 돌릴 것이라고 내다보고 있다. 일상적인 환경에서 건강을 체크하고 음료나 음식을 어떻게(또는 어떤 것을) 먹는 것이 영양적으로나 체력 유지를 위해 필요한지 의사가 현장에서 조언하게 되기 때문이다. 이 과정에서 동기부여 프로그램이 실행에 옮겨지고 생활습관이나 운동효과에 대한 데이터와 그래프를 바탕으로 처방이 진행되며 영양가 섭취에 대한 구체적인 조언도 디지털 의료라는 제목으로 일상화된다.

디지털 의료의 대표선수로 원격의료(텔레헬스·Telehealth)가 빠른 속도로 성장하고 있다. 스마트 폰으로 심박수와 혈압을 체크하고 의사의 원거리 육안 관찰을 통해 의료서비스를 진행하는 것이 일반적인 의료행위로 자리잡고 있다. 일부에서는 웨어러블 기술의 발전을 기반으로 건강과 관련된 모든 데이터를 상시적으로 모으고 이를 바탕으로 건강관리와 소비를 하도록 안내하는 시스템도 구축중이다. 2019년에는 미국인의 11%가 원격진료를 이용했는데 2020년에는 그 비율이 46%로 뛰어 올랐으며, 조만간 76%가 이용할 것이라고 예측했다. 한편에서는 의료 데이터에 대한 과도한 활용을 바탕으로 의료서비스가 남발되어 지나친 상업화의 흐름에 빠져들 위험을 걱정할 정도다.

건강과 가치소비가 웰니스 핵심

영양가 섭취와 관련하여 식물성 우유(대체 우유)에 관심이 쏠리고 있다. 코로나19 발생 이후에 미국, 영국, 독일 소비자의 35%가 식물성 우유를 마시고 있다는 통계를 글로벌 컨설팅 업체인 매킨지(Mckinsey)가 내놓았다. 특히 이중 절반 정도가 코로나19 팬데믹 이후에 새로 마시기 시작했다고 한다. 식물성 우유는 '건강'과 '가치 소비'를 대표하는 키워드로 원료로 콩, 아몬드, 귀리 등 식물성 원료에서 단백질과 지방을 추출해 우유 맛을 낸 음료다. 글로벌 차원에서도 2020년에 전년보다 11% 늘어난 26억 달러에 달하면서 성장 가도를 달리고 있다. 이 우유는 건강하게 하는 효능과 함께 착한 소비로도 인식되고 있다. 주로 채식하는 사람들에게 선택될 뿐만 아니라 일반 우유보다 칼로리와 지방 함량, 그리고 콜레스테롤이 낮아 건강을 챙기는 데 크게 기여하고 있다. 식물성 대체 우유에는 유당이 없어 우유를 소화하지 못하는 어린이와 성인에게도 안성맞춤이다. 또한 일반 우유 1L 생산에는 평균 628리터의 물이 필요하지만, 같은 용량의 식물성 대체 우유인 귀리 우유는 50리터의 물이 들어간다는 자료가 소비자에게 어필하고 있다. 또한 식습관 중 중요한 다른 변화는 설탕 섭취를 줄이는 것이다. 빵과 아이스크림과 같은 디저트와 탄산음료를 멀리하는 게 대표적인 설탕 줄이기 실천방안이다. 당이 많이 포함된 음식을 먹으면 콜레스테롤이 혈관벽에 쌓이면서 뇌졸중이나 심근경색으로 연결되기 때문이다. 이런 식습관은 1회성 체크에 그치지 않고 데이터를 통해 몸 상태에 대한 트렌드를 알 수 있도록 입체적으로 전문가에 의해 체크되고 관리되는 게 특징이다.

향후 웰빙형 생활을 위해 외모와 관련된 맞춤형 서비스가 보편화될 것으로 전망되고 있다. 주사처방을 통해 뺨이나 입술을 두툼하게 하는 의료서비스가 유행할 것이고 아름다운 피부를 위해 일부 피부과에서 시술하던 미세박피술이 의료행위로 광범위하게 실행에 옮겨지고 스파(Spa)도 보다 보편화될 것으로 예견되고 있다. 침대 메트리스에 센서가 부착되어 수면 데이터를 모으고 이를 자전거 운동 등으로 연결하여 개인 건강에 대한 입체적 자료수집과 맞춤형 운동처방으로 해법을 제시하는 방안이 회자되고 있다. 또한 수면 데이터가 냉장고로 전달되어 '커피를 마시지 말라'고 하거나 '스트레스에 벗어날 것'과 같은 경고문구를 토해 내게 만드는 것이 멀지 않은 일이 될 전망이다.

국가별 웰니스 차별점도 비즈니스 포인트

웰니스산업을 선도하는 구체적인 제품군도 서서히 윤곽을 드러내고 있다. 외모, 피트니스, 그리고 영양이라는 키워드를 바탕으로 가장 주목받는 분야는 뇌 건강 및 노화방지제품, 미용보조제 및 미용시술, 영양관리식품 등이다. 더불어 오염도가 낮은 천연 및 청정제품 수요도 급증하는 추세다. 스킨케어 등 화장품, 종합비타민, 수면관련 제품 등이 일상적인 소비로 다가오면서 필요할 때마다 구매하는 상품이 아니라 상시 구독하는 제품군으로 부상하고 있다. 웰니스시대에 빠르게 성장하는 또 다른 산업으로 피트니스가 손꼽힌다. 특히 온라인과 오프라인에서 체력관리는 물론 명상수업을 통한 스트레스 해소가 거의 모든 사람들의 일상이 될 것으로 기대된다. 대표적인 홈 피트니스 상품은 '펠로톤(Peloton)'이다.

피트니스계의 넷플릭스로 불리는 펠로톤은 태블릿이 부착된 사이클을 활용한 운동 프로그램으로 매일 새롭게 출시되는 20여 개 프로그램에 고객들이 라이브로 참여하면서 미국에서 인기를 더하고 있다. 300만 원 대의 자전거가 부담이지만 같이 운동하는 동료는 물론 코치로부터 격려와 채찍을 동시에 받을 수 있다는 점 때문에 실내운동으로서 정상을 고수하고 있다. 홈스마트 운동업체인 미러(Mirror)는 스마트 거울에 나온 강사를 보면서 집과 사무실 등 자기만의 공간에서 운동을 따라 하는 방식으로 서비스를 제공하는데 이용하려면 1,500달러의 스마트 거울 구입비용과 월 39달러의 구독료를 내야 하는 부담이 따른다.

웰니스 산업의 부상에 대응하기 위해 기업들의 움직임도 부산하다. 가전은 물론 거의 모든 기기들이 웰니스와 직간접적으로 연결되는 기술개발 붐이 일고 있다. 식품은 물론 가전제품들은 웰니스를 얼마나 잘 구현하느냐로 경쟁력이 평가되고 그 기준에 따라 제품은 물론 기업의 도태여부가 결정될 것이기 때문이다. 특히 전자상거래로 대표되는 미래 마케팅은 웰니스 기기를 얼마나 효과적으로 노출(연결) 시키느냐가 핵심이 될 전망이다. 또한 기기의 성능과 서비스 품질은 데이터와 데이터를 얼마나 잘 연결하느냐도 중요해질 것이다. 데이터를 기반으로 인플루언서와 소셜미디어가 작동하고 데이터 결합을 통해 가치 있는 정보를 만드는 것이 고객창출의 전제조건이기 때문이다. 국가별 마케팅 전략도 초점을 달리할 필요가 있다. 국가별로 소비자의 특징을 살펴보면 일본인은 외모에, 독일인은 피트니스에 각각 관심도가 높으며 미국과 브라질은 식품 영양을 첫손가락에 꼽고 있다. 중국인은 천연 및 청정제품(유기농)에 높은 구매욕구를 보이고 있다. 코로나19는 건강을 위협하면서도 건강산업 증진에 기여하는 이중인격체인 셈이다.

데이터 기반 에그테크,
글로벌 혁신 아이콘으로 뜨다

데이터에 기반한 정밀농업 시대 개막

최근 식량 안보가 글로벌 화두로 급부상하고 있다. 기후변화 이슈로 농산품의 생산량 늘리기가 쉽지 않은 데다 우크라이나와 러시아 간 전쟁으로 곡물의 국제시세가 요동을 치면서 웃돈을 주고도 먹거리를 원활하게 확보하지 못하는 사례가 언제든 일상화될 수 있는 환경이기 때문이다. 이런 상황에서 전통 농업에 정보통신기술(ICT)과 바이오를 결합하여 탄생한 에그테크(AgTech)가 주목을 받고 있다. 한국도 압축성장으로 대변되는 빠른 경제성장에도 여전히 해결하지 못한 식량문제로 에그테크에 관심이 높지만 혁신의 속도는 더디기만 하다. 농업에서의 글로벌 혁신은 자동화와 종자개량이라는 1단계를 벗어나 데이터기반의 첨단산업으로 변신하고 있다. 인류의 영원한 과제인 먹거리 고민을 해결하기 위해 그동안 트랙터와 농기구 등의 기계화(내연기관의 효율성 제고 및 자율운행)와 종자개량에 초점을 맞추었던 녹색혁명은 토양, 제초제, 살충제, 종자 등에 대한 데이터를 기반으로 최적화하는 에그테크로 진화하고 있는 것이다.

기후변화와 코로나19 팬데믹이 겹치면서 글로벌 먹거리산업은 가격폭등으로 저부가가치 산업이라는 인식을 완전히 떨쳐내기 시작했다. 농작물 재배에 ICT 기술을 통한 데이터 활용이 일상화되면서 부가가치가 높은 최고의 산업으로 변신을 꾀하고 있다. 유엔식량농업기구(FAO)에 따르면 일반적인 농작물 재배기법에 ICT를 결합한 혁신농업(정밀농업이라고도 함, Precision Agriculture)의 시장규모는 2019년 55.6억 달러에서 2026년 128.4억 달러로 가파른 성장세를 탈 것으로 예상된다. 이런 뜀박질은 농업기업의 노력에다 IT기업과 식량안보를 최종적으로 책임지는 국가의 혁신전략이 어우러지면서 전진을 거듭하고 있다. 특히 데이터를 기반으로 하는 혁신농법은 관련정보를 수집·분석하여 불필요한 농자재 소비 및 육체적인 작업을 최소화하고 생산물 관리를 효율화하여 농업인력 부족이라는 고질적인 문제를 헤쳐나가는 게 특징이다. 또한 품종의 선택과 재배, 그리고 수확과 유통에 이르기까지 데이터 기반의 최고 효율을 목표로 하고 있다. 기존의 경험 기반 농업에 비해 불확실성이 대거 제거되면서 경제성을 대폭 높였다는 평가가 나오고 있다. 데이터 기반의 혁신농업 성장률('18~25년 연평균)은 아시아가 15.7%로 선두를 달리고, 그 다음은 유럽(13.6%), 북미(11.9%) 순이다. 분야별 시장규모(2025년 기준)는 정밀관개가 24억 달러로 가장 큰 시장이고 작물 모니터링(23억 달러), 정밀살포(20억 달러), 맞춤형 비료(12억 달러) 파종(10억 달러) 등도 높은 성장세를 유지하고 있다. 혁신농업의 급속한 팽창은 작물 데이터 관리 및 분석관련 소프트웨어의 빠른 성장이 기관차 역할을 하고 있는데 해당 분야 시장규모가 2020년 8억 달러에서 2025년에는 20억 달러 돌파가 무난해 보인다.

40개 데이터 연결한 첨단농업

포춘 500대 기업이라는 명성을 자랑하는 몬산토(Monsanto)는 유전적 조작의 선도주자라는 악명에도 불구하고 데이터를 에그테크 혁신에 직접 접목하여 남다른 성과를 거두고 있다. 일례로 1에이커의 밭에서 532부셸의 옥수수를 생산하도록 혁신했는데 이는 미국내 평균치를 3배 이상 웃도는 수치다. 종자를 개량하여 생산량을 배가하는 단순한 일방향 혁신에서 40여 개의 데이터를 유기적으로 연결시켜 '고차 방정식 수학으로 농작물을 재배했다'는 평가를 받고 있다. 품종별로 종묘를 일정한 간격을 두고 재배하여 최적의 성장 환경을 만들고, 미생물이 건강하게 유지되도록 토양의 데이터도 고려했으며, 비료의 경우 최적의 시기에 적당량이 살포되도록 데이터에 기반한 혁신을 접목하였다. 몬산토는 혁신농업을 위해 빅데이터 농업기업인 640 Labs와 날씨 관련 빅데이터 벤처인 클라이밋 코퍼레이션(Climate Corp)을 인수하여 종자회사에서 빅데이터 기업으로 변신을 꾀하고 있다는 평가를 받고 있다. 최근에는 빅데이터를 활용하여 작물을 수확하는 순간 토양과 재배방법에 따른 품질 등 다양한 작황을 전투기 조종간 같은 트랙터 화면이나 핸드폰에 숫자나 그래프로 보여준다. 이를 바탕으로 토양의 품질에 최적화된 파종(품종, 발아, 육묘)을 안내하고 재배관리(비료, 관수, 제초, 농작업)에도 최선의 솔루션을 제공한다.

농업분야에서 빅뱅으로 간주될 만큼 대형사건(?)인 유럽 제약업체인 노바티스(Novatis)와 아스트라제네카(Astra Zeneca) 농약부문의 합병으로 설립된 신젠타(Syngenta)는 농생명공학기업에 만족하지 않고 데이터기반 미래 농업에 나서는 것으로 몬산토와 글로벌 에그테크 시장을 다투고 있다. 신젠타는 단위 면적당 수확량 증대를 위해 토양내 화학성분 및 수분, 날씨, 종자 품질 등 많은 변수들을 최적화하기 위해 ICT기술을 직접 개발하였다. 다른 기업들이 IT서비스와 관련인력의 90% 이상을 외주화하여 운용효율을 높이는 것과 정반대로 전문인력의 직접 고용에 힘쓰고 있다. ICT의 내재화가 농업의 핵심 경쟁력을 좌우할 것이라고 판단한 데 따른 결단이다. 더불어 2019년에 크로피오(Cropio)라는 소프트웨어 개발업체를 인수하는 외도(?)를 단행하였다. 이 회사는 우크라이나 회사로 알고리즘(algorithm, 입력된 자료를 토대로 문제를 해결하는 방식)으로 인공위성 사진을 분석해 농지마다 어떤 작물이 잘 자라는지 90%의 정확도로 진단해 준다. IT기술과 인력의 전문화를 통해 다양한 연구개발 활동을 진행하여 다양한 시나리오 경영을 가능케 한 것이 크로피오의 경쟁력이다. 예를 들어 토양의 습도를 분석하여 가뭄에 잘 견디는 품종을 추천하기도 하고 강풍이 많이 부는 지역에는 줄기가 강한 품종을 추천하여 강풍 피해를 피하면서 산출량 극대화에 도전하고 있다. 이제 소프트웨어는 신젠타의 가장 강력한 마케팅 무기가 되고 있다. 북미, 중남미, 유럽, 중국 등 20개 국가에서 대두, 사탕수수, 옥수수 등의 재배업자 수만 명에게 기후, 종자, 토양을 최적화한 품종을 추천해 주고 살충제를 맞춤형으로 제공하여 병충해 예방 및 박멸 효과를 높이는 데 소프트웨어의 위력을 실증해주고 있다. 특히 종자 선택에는 별도의 머신러닝 소프트웨어를 활용하면서 해답을 쉽게 찾도록 안내하고 있다. 결국 신젠타는 일방적으로 농약을 팔던 회사에서 농부와의 쌍방향 소통을 통해 혁신을 선도하는 정보통신 솔루션업체로 변신한 것이다.

식물공장으로 생산량 100배 증대

식물공장(인도어 파밍)으로 유명한 바우어리 파밍(Bowery Farming)은 실내재배라는 한계에도 불구하고 LED 조명을 통해 전통적인 기법의 같은 공간에 비해 100배 수확량을 자랑한다. 비결은 햇빛을 좋아하는 바질에는 보다 강한 햇빛을 주고 온화한 빛을 원하는 청경채에는 세기를 낮추는 등 한 포기 한 포기마다 세밀하게 조절해주는 소프트웨어인 BoweryOS에서 나온다. 또한 도시 인근의 창고를 활용한 공간배열 효율화(일명 수직공장)를 극대화했을 뿐만 아니라 IT 기술을 활용하여 기존 재배방식에 비해 95%나 물을 절약하는 친환경 요소도 구현하고 있다. 최근 주력 상품으로 부상한 딸기의 경우 한 겨울에도 여름과 같은 당도를 만들어내고 소비지 인근 재배지로 인해 물류와 재배 시간을 크게 절감하고 있다. IT 회사로 출발한 바우어리는 글로벌 IT기업인 구글의 투자까지 받아 더욱 경쟁력 있는 에그테크 기업으로 변신해 원래 주력분야와 전혀 다른 농업에서 세계 정상에 우뚝서고 있다. 특히 미국의 경우 딸기의 90%가 캘리포니아에서 생산되는데 바우어리는 뉴욕에서 딸기를 생산해 지역한계를 극복하고 파종과 육종은 물론 수확까지 로봇을 이용하는 획기적인 자동화로 생산비를 크게 낮추고 있다.

생산혁명을 넘어 보험, 금융, 선물거래 등으로 데이터 농업의 외연이 확장되고 있다. FBN(Farmers Business Network)은 미국, 호주, 캐나다 등지의 4만 8천여 농부들에게 데이터와 네트워크를 결합하여 최대의 이익을 돌려주겠다는 캐치프레이즈를 내걸고 농업관련 서비스 영역파괴에 나서고 있다. 단순한 안내 형태의 온라인 플랫폼을 넘어 금융 및 마켓을 실시간으로 연결하는 에그테크 앱을 통해 농장의 각 단계별 최적의 관리를 안내하고 있다. 농부 간에 재배법에 대한 정보공유와 토양 데이터를 분석하여 최적의 작물과 그 씨앗을 추천해 생산성을 높이는 서비스는 기본이고 종자와 가축의 사료를 최적의 가격에 구입할 수 있도록 안내하고 있다. 생산한 곡물을 어느 국가나 지역에, 그리고 언제 판매하면 좋을지 시뮬레이션하여 정보를 제공하기도 한다. 글로벌 기후 데이터와 생산량을 결합한 솔루션을 통해 장단기 1대 1 맞춤형 마케팅 정보도 제공한다. 이밖에도 초보 농부가 어떻게 농장을 임대하거나 구입할 수 있는지 자세히 안내하고 유리한 금융서비스도 연결시켜주고 있다. 또한 종자와 가축에 대한 30년 간의 데이터를 기반으로 다양한 보험상품도 선보여 농부의 가장 큰 적인 재해위험의 분산에 일조하고 있다. 특히 연간 3천 달러를 지불하면 맞춤형 1대 1 전문상담을 통해 거래알선은 물론 선물거래 매칭 등 전문서비스를 극대화한다. 농기계 선두주자인 존디어(John Deere)는 GPS(위성항법장치) 기술을 활용한 무인트랙터를 통해 파종 간격이나 씨앗 양을 스스로 조정하고 농기계 부품의 노후화를 자동으로 체크하여 농부들의 고민을 해결하고 있다. 농기계의 용도를 단순한 작물 재배용 기계에서 데이터 수집용 플랫폼으로 변신시키면서 농기계의 테슬라(농슬라)라는 별칭을 얻고 있다. 특히 존디어는 클라우드기반의 소프트웨어 스타트업인 DN2K를 인수하여 농기계 작업 중에 수집한 데이터를 기반으로 농작물을 원격으로 확인하고 재배환경을 실시간 제어하고 있다.

이제 농업은 디지털 기술로 진화에 진화를 거듭하고 있다. 종자 개량과 재배지역 파괴는 이미 정형화되었고 데이터를 기반으로 최적의 생산환경을 만들어 내면서 가격변동에 따른 마케팅 리스크도 최소화하는 ICT 산업으로 외도하고 있을 정도다. 자동차에 첨단 전자기기가 탑재되면서 자동차가 기계산업에서 전자산업으로 변신하는 것과 같은 흐름이다. 기상재해 조기경보시스템을 통해 기후변화에 따른 피해를 예방하는 신의 영역에 도전하고 날로 심각해지는 물 문제 해결에도 한발 한발 다가서고 있다. 실제로 작물이나 땅 위에 뿌리는 스프링클러 대신 작물의 뿌리에 직접 작동하는 관개 혁신을 통해 물 사용량을 20~30% 줄이는 것은 어렵지 않은 일이 되고 있다. 농업이 자연환경에 가장 큰 영향을 받는 산업에서 가장 잘 극복하는 산업으로 간주될 날이 머지 않아 보인다.

사람 필요 없는 차세대
재택시대 올듯

2030년에 일자리 40% 없어진다

대부분의 국가들이 코로나19에 대한 앤데믹을 선언하고 중국이 코로나 봉쇄를 풀면서 재택근무 붐도 사그라드는 분위기다. 재택이 전염병에서 근무자들의 안전을 지킬 수 있는 효과적인 방안인 데다 IT(정보통신) 기기의 발달로 생산성도 높일 수 있다는 장점이 언급되면서 글로벌 기업들이 앞다퉈 온라인 근무를 선호했으나 협업이 필수적인 업무에는 부작용도 적지 않아 '오피스 근무의 귀환'을 알리는 사례가 잇따르고 있다. 그러나 출퇴근 시간을 효과적으로 활용할 경우 이점이 더 많다면서 재택을 선호하는 근로자들의 반발도 적지 않다. 이런 논란 속에서 디지털 기술은 사람의 업무를 보조하는 단계를 벗어나 대체하는 단계로 들어서 근무자들의 일감을 빼앗아 근로자가 아예 필요 없는 시대가 개막되고 있다. 많은 분야에서 무더기로 일거리가 사라지는 집단 실업의 또 다른 이름인 '새로운 재택(在宅, 일이 없어 집에 머문다는 의미)시대'를 걱정해야 한다는 우려가 동시에 나오고 있다.

최근 세계적인 컨설팅 기관인 매킨지는 오는 2030년까지 한국과 일본의 사무자동화 전환비율, 즉 AI(인공지능) 등을 통한 일자리 대체 비율이 40%에 달할 것으로 예측하였다. 블루컬러 10명 중 4명의 일자리가 없어진다는 진단이다. 일본의 경우 업무기준으로는 56%가 자동화되어 절반 이상 인간을 필요로 하지 않을 것이라는 충격적인 진단을 내놓았다. 임금계산과 같은 총무업무가 자동화 물결에 휩쓸릴 분야 중 가장 앞자리를 차지했고, 그 다음은 법률지원, 생산직 보조업무가 그 뒤를 이을 것이라고 분석하였다. 실제로 AI와 머신러닝 기술이 결합한 초보적인 사무업무 자동 화인 RPA(Robotic Process Automation, 로보틱 처리자동화)가 급여계산은 물론 세금계산서 발부업무를 인간으로부터 이미 빼앗아 갔으며 채용면접에서도 강점을 발휘하고 있고 연구소의 경제지표 작성도 손쉽게 처리하고 있다. 2023년에 경제가 더욱 깊은 침체의 늪으로 빠져들고 인건비도 절감해야 하는 상황에서 RPA는 더 없이 좋은 대안으로 떠오르고 있다. 단순한 업무를 자동화하여 인간의 수고를 던다는 단계를 벗어나 해당 업무의 '결함 제로화'에 도전하여 고객만족도도 높이고 있다. 이에 따라 미국의 시장분석 업체인 스테이트스타가 내놓은 자료에 따르면 2020년 20억 달러이던 RPA 소프트웨어 시장규모는 2030년에 239억 달러에 도달하여 연평균 28%씩 뜀박질 할 것으로 전망되었다.

투자보고서를 만들기 위해 전문인력을 동원하는 시대도 지나가고 있다. 세계 최대의 헤지펀드로 연간 1,500억 달러의 자산을 관리하는 브릿지워터 어소시에이츠(Bridgewater Associates)는 최근 20여 년 간의 모든 내부 회의자료를 일반언어로 기록하여 자산투자나 경영일반에 대한 의사결정의 4분의 3을 자동화하였다. 회의기록은 누구나 볼 수 있었지만 검색하기가 어려웠기 때문에 자연어를 인식할 수 있는 기술을 클라우드 기술에 접목하여 상황별 투자정보를 내재화한 것이다. 이로 인해 고객이 원하는 정보를 365일 실시간으로 제공하는 시스템을 만든 덕분에 코로나19 기간 중에도 투자분석가의 수고를 거의 거치지 않고 연기금, 중앙은행, 정부 등 글로벌 기관투자자들에게 특별한 인사이트 자료를 지속적으로 제공할 수 있었다. 이 회사는 직원 간 대화를 데이터로 구축하여 직원의 능력도 평가하는 시스템을 가동하고 있다. 보험회사가 사물인터넷 기술을 이용해 소비자와 실시간으로 소통하고 소비자의 특성이 반영된 계약자별 상품을 판매하는 시대도 조만간 개막될 전망이다. 인공지능을 통해 고객맞춤형 보험을 판매할 시가가 개막되고 자동차 사고에 대한 보상도 인간의 자연어 질문에 답하는 IBM 왓슨에 의존해 보험계약에서 사고처리까지 사람 손을 완전히 떠나는 시대가 일본에서 시도되고 있다. 보험판매 인력의 확대가 기업의 경쟁력이자 영업력을 상징하는 시대는 이미 저물고 있는 셈이다.

원격이민 서비스 로봇이 주도

세계화와 AI가 만나 일자리 지형이 변한다고 스위스 국제개발대학원의 리처드 발드윈 교수는 강조한다. AI형 근로자는 통상 한곳에 앉아 있지만 다른 나라의 여러 사무실에서 일한다는 의미의 원격이민(Telemigration, 블루컬러 로봇이 다양한 언어로 국경을 파괴하여 근무하는 방식)이라는 개념을 처음으로 도입하였다. 이 개념이 혁신적인 이유는 첫째, 국적의 파괴다. 소재하고 있는 곳이 근무하는 곳이라는 노동에 대한 상식을 무너뜨려 이민이라는 용어를 동원하였다. 둘째, 지리적으로 멀리 떨어져 있지만 동시에 여러 곳에서 일한다는 점에서 기존 상식을 파괴한다. 하나의 로봇이 여러 업종과 여러 국가에서 동시에 일을 하게 된다. 그는 원격이민 시대는 모두가 생각하는 것보다 훨씬 빠르게 우리 곁으로 다가올 것이라고 강조하였다. 화이트칼라의 일자리를 대체하는 대표적인 예가 챗봇형태의 서비스로봇인 아멜리아(Amelia)다.

이 챗봇은 대충 50개 이상의 기업(기관)에서 사용되고 있는데 대표적인 사례로 호텔에서의 서비스 업무다. 단순히 궁금한 점을 알려주는 데 그치지 않고 고객이 원하는 문제를 해결해 준다. 예를 들어 호텔 내 특정 룸에 샴푸가 떨어졌다고 고객이 전화로 말하면 그것을 배달로봇과 연계해 물품을 제공해 주고, 좀 더 늦게 체크아웃하겠다고 말하면 추가적인 조치가 없어도 직접 해결해 준다. 30초 안에 300페이지에 달하는 매뉴얼을 암기할 수 있고 언어도 20개나 구사할 수 있어 다양한 업종에서 활약하고 있다. 3차원 아바타로서 고객들과 상호작용을 할 뿐만 아니라 고객과 대화를 시작할 때 해당고객의 이전 기록을 모두 알고 있어 99% 만족도를 기록하고 있다. 같은 모델을 사용하는 올스테이트 보험회사(Allstate Insurance)가 아멜리아를 채용한 이후 이 회사 콜센터의 평균 통화 시간은 4.6분에서 4.2분으로 줄어 들었다. 이런 챗봇은 고객이 원하는 서비스를 잘 이해하고 있고 실수가 거의 없어 향후 서비스업 종사자의 일자리를 급속히 파고들 것으로 예상된다. 특히 획일적으로 서비스한다는 챗봇의 한계도 무너지고 있다. 뱅크오브아메리카(BoA)의 경우 인공지능, 데이터, 비즈니스 인텔리전스를 활용하여 5,400만 디지털 고객에게 맞춤형 해답을 제공한다. 같은 질문에 재정상태에 따라 답안이 다른 셈이다. 수십 년 차 베테랑 은행원보다 보다 전문적이고 다양한 정보를 통해 고객만족을 도모하고 있다. 2023년 들어 골드만삭스 등 IB업계도 인력 줄이기에 적극 나서고 있다. 불황을 이겨내기 위한 몸집 줄이기와 함께 투자 및 평가업무에 대한 디지털화로 사람손이 덜 필요한 시스템을 갖추고 있어 경제가 활성화 되어도 고용 회복을 쉽게 기대할 수 없는 상황이다.

일 없어 집에 머무는 신종 재택시대

코로나19 이후 요식업계에서 서빙로봇 사용은 테스트를 넘어 대중화 단계로 넘어가고 있다. 대표적으로 무인카페는 이제 보편화 되는 상황이다. 매장에서 감염을 막기 위한 언택트 바람이 거세게 불고 있는 데다 인력 절감 효과도 매우 크기 때문이다. 인건비가 상대적으로 저렴한 중국에서도 식당에서의 서빙은 물론 호텔에서의 단순하면서도 반복적인 업무에 로봇이 투입되면서 인력채용을 30% 이상 줄이고 있다고 전해진다. 최근 중국의 서빙로봇 전문업체인 푸두(PUDU)는 서빙로봇인 '환러쑹(欢乐送)'을 개발하고 한국, 일본 등 아시아는 물론 미국, 영국, 호주 등 50여 개국에 수출하고 있다고 중국의 관영매체인 CCTV가 보도했다. 중국에서는 사람을 한 번도 만나지 않고 자동차를 구매할 수 있는 '자판기 방식'의 자동차 판매가 이뤄지고 있다. 고객은 휴대폰에 있는 온라인 앱을 통해 자동차의 기본 제원과 가격 등을 검색하여 원하는 모델을 선택한 후에 안면인식 기술을 통해 자동차 시승을 예약하고 원하는 시간에 직접 체험해 볼 수 있는 시스템이다. 편리한 점은 3일간 담보금을 전혀 지불하지 않고 직접 운전하면서 자동차 성능을 체크할 수 있다는 점이다. 고객이 시승 후에 만족하면 온라인 결제를 통해 자동차를 인도받을 수 있기 때문에 자동차 판매사원의 일자리는 설 땅이 없다. 완전 비대면 방식의 자판기형 자동차 판매에 대한 여타 국가로의 확산은 시간문제라고 전문가들은 말한다.

경기침체로 인한 빅테크 기업들의 감원은 이제 뉴스가 안 될 정도로 익숙해지고 있다. 최근 마이크로소프트가 1만 명을 감원한다고 발표한 데 이어 알파벳과 아마존은 각각 1만 2천 명과 1만 8천 명을 감원한다는 내용이 지면을 장식하였다. 이어 컴퓨터 데이터 처리 기업인 메타도 1만 1천 명을 감원할 예정이라고 밝혔다. 이를 두고 경기침체만이 원인이 아니라는 분석도 나오고 있다. 이제는 온라인 비즈니스 업무도 AI 활용이 급증하면서 필요인력이 크게 줄어들고 있기 때문이다. 이에 따라 현재의 빅테크분야 감원은 일시적인 것이 아니라 경기가 회복되어도 인력사용을 대폭 줄이는 것이 트랜드라는 의견이 비등하다. 이런 상황에서 향후에 어떤 분야에서 인력고용이 늘어날 수 있느냐에도 관심이 쏠리고 있다. 전체적으로는 고용감소가 불가피한 가운데 로봇 자체를 연구하는 분야에서 일자리가 크게 늘 것으로 전망되고 있다. 특히 기존에는 공장자동화 등 블루칼라에 대한 인력대체가 로봇의 주요 업무였다면 향후에는 서비스산업에 대한 인력대체가 주를 이룰 것으로 보인다. 일반적으로 제조공정보다 서비스분야의 노동집약도가 높아 서비스로봇의 일자리 잠식은 제조업의 그것을 크게 뛰어 넘을 것으로 우려된다. 또한 새로운 일자리는 인간과 로봇관계를 연결하는 기술에 대한 전문가의 수요 증가에 기인할 전망이다. 이제 재택은 집에서 근무하는 것을 넘어 집에서 놀 수밖에는 없는 엄청난 유휴인력을 양산하는 것은 아닌지, 그에 따라 부의 양극화처럼 일자리 양극화가 심해질 것이라는 우려가 나오고 있다.

탄소중립을 향한 글로벌
혁신전쟁이 시작되다

AI보다 더 급한 탄소중립

코로나19를 극복하기 위해 정부와 기업이 앞다퉈 혁신에 나서고 있다. 모두가 AI(인공지능)와 빅데이터(Big Data) 등 디지털 기술을 향해 돌진하고 있지만 이것만으로는 부족하다. 특히 중장기적으로 기업의 경쟁력을 제고하려면 탄소배출량 감축이라는 큰 고비를 넘겨야 한다. 단순히 '착한 경제'로 가는 수단으로 권장하는 것이 아니라 '기업의 생사'를 좌우하는 의무다. 지금은 비용을 조금 더 지불하는 방식으로 대가를 부담하는 성가신 일이지만 조만간 기업의 생사를 좌우하는 핵심 지표가 될 전망이다.

탄소중립은 배출되는 탄소와 흡수되는 탄소량을 같게 해 탄소 순배출이 제로(0)가 되게 하는 것으로, '넷-제로(Net-Zero)'라고도 부른다. 이를 위해 이산화탄소 배출량을 최대한 줄이고 탄소의 양만큼 나무를 심거나, 청정에너지(수열·풍력·태양력 등)를 늘려야 한다. 이런 노력은 EU(유럽연합)가 특정 수입품에 관세 성격의 부과금을 매기는 내용을 골자로 한 탄소국경조정제도(CBAM) 시행안을 발표하면서 발등의 불이 되었다. 2023년 1월 1일 발효 후 3년의 전환기간(철강 등 5개 품목 시범적용)을 거쳐 2026년부터 동 제도가 전면 시행된다. 탄소국경조정제도는 탄소배출이 많은 방식으로 생산된 외국산 시멘트, 철강, 알루미늄, 비료 등이 1차 대상이지만 품목확대를 골자로 한 수정안도 나온 상태다. 한국에서 철강, 시멘트, 화학과 정유산업, 반도체와 디스플레이 등이 전체 산업계 탄소배출량의 약 80%를 점하고 있는 데다 대표적인 수출산업이어서 대응책마련이 시급한 상황이다.

EU는 내부적으로도 발 빠르게 움직이고 있다. 최근 유럽투자은행은 탄소감축 기술의 상용화를 위해 혁신펀드를 설립하였다. 2030년까지 100억 유로(약 14조 원)를 지원하되 필요 자금의 40%를 선지급하는 방식으로 첨단기술 개발을 독려하고 있다. 그 대상은 온실가스 저감 대책은 물론 자원의 재활용을 위해 이산화탄소를 대량 발생원으로부터 포집한 후 압축하여 수송하거나 육상, 해양, 지중(地中) 등에 저장하는 기술을 포함하고 있다. 에너지 저장장치인 배터리 및 관련 부품이 대표적이다. 또한 신재생에너지인 태양열, 태양광발전, 바이오매스, 풍력, 소수력, 지열 등의 발전기술에도 대규모 자금이 투입되고 있다.

비용 인식을 넘어 미래산업 발굴 초점

EU는 코로나19 경제회복 기금 중 상당부분을 그린산업 발전에 투입하고 있다. 2021년에 시작한 이 프로젝트는 오는 2027년까지 회복기금의 30%인 5,500억 유로를 탄소중립에 투자한다는 것이 골자다. 화석연료에 대한 의존도가 높은 산업에 대출을 중단한다는 방침과 함께 보조금 지급을 통해 그린화를 앞당기고 있다. 이의 일환으로 유럽투자은행은 LG화학의 폴란드 리튬이온 배터리 공장의 증설을 위해 4억 8,000만 유로를 대출하는 계약을 체결하였다. 역내에서 최초로 배터리의 전극, 셀 모듈, 팩까지 일관 생산하는 공장이라는 점을 높게 평가한 것이다. 이런 지원규모는 총 투자액 15억 유로 중 3분의 1에 해당한다. 완공 후 연간 배터리 생산량이 35GWh에 달할 것으로 예상되며, 이는 매년 전기 자동차 50만 대에 탑재될 수 있는 규모다. 대출금과 별개로 폴란드 정부도 해당 공장에 대해 9,500만 유로의 보조금 지원 계획을 세우고 있다. 프랑스는 에어 프랑스에 그린 항공사로의 전환을 조건으로 70억 유로 지원을 결정했다. 2024년까지 탄소배출량 50% 감축을 위해 에너지 효율이 높은 항공기로 교체하는 동시에 신재생에너지 사용 확대를 요구하고 있다.

 조 바이든 미국 대통령이 2050년까지 연방정부 차원의 탄소중립 도달을 위한 행정명령에 2021년 12월에 서명했다. 이에 따라 미국 정부는 자국내 최대 에너지 소비자로서 2030년까지 온실가스 배출을 65%(2005년 대비) 줄여야 한다. 특히 연방정부 건물은 2030년까지 모두 그린(친환경) 전기만을 사용해야 한다. 2035년 까지는 자동차와 트럭 등 수송기기를 전면 전기차로 교체해야 한다. 이런 정부의 움직임은 기업들에게 압력으로 작용하고 해당 제품들의 시장은 탄소중립을 위한 혁신을 재촉할 전망이다. 또한 미국의 기후 온난화 위협의 대처를 촉구하는 초당파 비영리 기관인 '기후리더십위원회(CLC)'는 산하에 기후무역정책을 담당할 기구를 신설하여 EU에서 시작된 탄소중립관련 무역장벽이 미국으로 번질 것이라는 우려가 나오고 있다.

 중국은 최근의 전력난으로 탄소중립에 대한 속도조절이 불가피할 것이라는 전망이 나오고 있었으나 탄소중립을 위한 투자계획이 지방 정부별로 잇따라 발표되었다. 저장성은 100만kW급 신에너지 저장 프로젝트와 400만kW급 태양광 및 풍력설비에 대한 투자에 나선다고 밝혔다. 안후이성은 350만kW급 재생에너지 생산에 나서고, 상하이는 30만kW급 태양광 발전기 건설에 착공한다고 밝혔다.

중동 산유국들도 에너지 전환을 통한 탄소중립에 대비하고 있다. 화석연료의 쇠락과 청정에너지 시대의 급부상에 따라 사우디아라비아는 2021년 3월에 그린이니셔티브를 발표하였다. 100억 그루의 나무심기와 함께 재생에너지 분야에 2,500억 달러를 투입하고 있다. 이를 통해 2030년까지 전력부분 에너지원에서 재생이 차지하는 비중을 50%로 높이겠다고 발표하여 외국기업의 주목을 받고 있다. UAE는 2021년 11월에 수소산업 육성정책을 발표하였다. 글로벌 수소시장 점유율을 2030년까지 25%로 끌어올린다는 목표 하에 일본, 한국, 독일, 인도를 주요 시장으로 선정하고 자본력이 뛰어난 공기업들에게 미션을 맡기고 있다. 대표적으로 아부다비석유회사(ADNOC)는 블루 수소와 암모니아 생산에, 두바이수전력청은 태양광 발전설비를 통한 그린수소 개발에 전력투구하고 있다.

중동 탈석유, 신성장 동력으로 진화

최근 국내외에서 탄소중립을 위해 새롭게 떠오르는 혁신방안은 하천수나 상수도 물(원수)을 사용해 에너지 사용을 줄이는 수열시스템이다. 기존에는 탄소중립의 대표선수로 태양광과 풍력이 주로 언급되었지만 대형건물 열원설비로 수열이 적극 검토되고 있는 것이다. 일본, 유럽, 북미 등 선진국에서 이미 수열에너지를 활용하기 시작했다. 하천수는 냉난방으로, 심층 호소수(댐과 둑에 고여 있는 물)는 냉방 전용으로 활용되고 있다. 프랑스 파리에 있는 738개 빌딩이 수열(세느강 활용)을 이용해 탄소배출량을 통제하고 있으며 2024년 하계올림픽 주 경기장도 수열로 냉난방이 공급될 예정이다. 동경의 하코자키지구 열공급센터는 일본 최초로 하천수를 적극 활용하고 있다. 인근의 강물(스미다강)이 하절기에는 영상 5℃이고 동절기에는 −3℃인 점을 활용하여 냉동기 등에 물을 순환시켜 기존 설비대비 18%나 에너지를 절감시켰다. 캐나다의 에너지 기업인 Enwave사는 연평균 4℃(연중 2.8~5℃)인 인근 호수의 심층 원수를 냉방(7.8℃)에 활용 후 식수로 공급하고 있다. 이 물은 대형건물 150개에 활용이 가능하여 기존 냉방시설에 비해 전력사용량의 최대 90%를 절감할 수 있다고 한다.

　수열시스템은 국내에선 최고층 건물인 롯데월드타워가 시발 점이 되었지만 아직은 걸음마 단계다. 롯데타워는 2016년에 국내에서 처음으로 광역원수관(상수도관)의 15-17℃인 물이 건물을 통과하게 해서 여름에는 시원하게 하게 하고 겨울에는 따뜻하게 하는데 이용한다. 이런 과정을 통해 일부 에너지 비용을 60-70% 정도 줄인 것으로 알려지고 있다. 물도 다시 정수과정을 통해 최종 수요

처에 공급되기 때문에 자원낭비는 전혀 없는 셈이다. 최근에는 대형건물을 중심으로 40여 곳이 수열을 통해 에너지 비용도 줄이고 탄소중립에 성큼 다가서는 효과도 거두려고 설계 중이다. 삼성서울병원과 영동대로복합환승센터 등이 수열도입을 결정했으며, 강원도에는 대규모 수열클러스터 조성도 확정 단계이다. 더욱이 환경부가 최근 상수원수 활용을 재생에너지로 인정하는 법절차를 마무리하여 향후 새로운 탄소중립의 디딤돌이 될 것으로 기대된다.

〈표〉 중동 주요국의 태양광 및 풍력 프로젝트

	국가	프로젝트	용량(MW)	지역	비고
태양광	사우디 아라비아	Layla Solar Power	80	Al Aflaj, Riyadh	입찰완료
		Wadi Al Dawaser Solar PV IPP	120	Wadi Al Dawaser	입찰완료
		Ar Raas Solar Project	700	Qaseem	입찰예정
		Saad Solar PV IPP	300	Riyadh	입찰예정
		PIF/Acwa Power Solar PV	2,000	–	Study 단계
		Repdo round 4: CSP	350	–	Study 단계
	쿠웨이트	SREP phase 2&3	3,500	–	태양광+풍력, Study 단계
	UAE	Abu Dhabi Solar Power	500	–	Study 단계
	오만	Ibri 1&2	1,200	–	Main contract bid 단계
풍력	사우디 아라비아	Repdo round 4: Yanbu wind farm	850	–	Study 단계
	UAE	Dubai Hatta wind farm	28	–	Study 단계

자료: 한국무역협회 세미나 자료(2022. 3. 25)

글로벌 마케팅,
팬덤이 지배한다

팬덤을 이용하니 매출 쑥쑥

맥도날드는 코로나19라는 특수한 상황으로 전세계 매장의 약
30%가 문을 닫을 정도로 위기를 맞았었다. 그러나 코로나가 여전
히 기승을 부리던 2021년 7월에 전세계에 타전된 맥도날드의 성
적은 놀라움 그 자체였다. 2021년 2/4분기 글로벌 매출액은 전년
같은 기간보다 57%나 증가하였다. 더 놀라운 것은 순이익이 5배
나 늘었다는 점이다. 동종 업계는 물론 여타 업종들도 그 비결을
알아내는 데 혈안이 되었다. 이런 성적은 2021년 2월에 우리나라
의 BTS와 손잡고 맥너겟, 감자튀김, 소스 등이 포함된 셋트메뉴를
출시한 덕분이었다. BTS 팬들이 매장에 몰려 경쟁적으로 구매하

는 바람에 코로나19 태풍에도 전세계 맥도날드 매장마다 긴 줄을 서는 기현상이 일어난 것이다. 특히 인도네시아에서는 팬들이 매장으로 몰리자 당국은 코로나 집단 감염을 우려해 매장의 문을 닫는 조치를 취했을 정도다. 팬덤(Fandom)은 연예인이나 인플루언서 등의 유명인, 그리고 기업이 브랜드나 특정 제품을 중심으로 집단 문화를 형성하는 것을 말한다. 스타벅스는 브랜드에 대한 팬덤 마케팅을 아주 잘 구사하는 대표주자 중 하나다. 자체 로고가 들어가 있는 드링크웨어(Drinkware, 마실 것과 관련된 물품)를 제작하여 판매하면서 수익을 올리고 브랜드 인지도도 높이는 일석이조 효과를 거두고 있다. 텀블러(Tumbler)와 휴대용 머그컵(Travel Mugs)은 물론 컵 뚜껑, 빨대, 텀블러 케이스와 같은 액세서리 등도 높은 인기를 누리며 커피와 별도로 매출액 증대에 일등공신이 되고 있다. 특히 텀블러는 전 세계적으로 동일하게 출시되는 것 외에 국가별, 지역별, 시즌별로 다르게 출시되는 디자인으로 고객의 수집 욕구를 부추기고 있다. 일본에서는 매년 봄 벚꽃을 테마로 한 텀블러가 얼굴을 내밀고, 한국에서는 남산타워로 테마가 바뀌어 제작되며, 크리스마스와 같은 특정 시즌에도 그 특성이 반영된 제품이 출시되는 관행으로 소비자들이 오래전부터 기다리고 발매일에는 기꺼이 긴 줄에 동참하여 물건을 사면서 만족을 느낀다.

최근 세계적인 기업들은 하나같이 팬덤을 알게 모르게 자랑한다.

소비자들이 그 팬덤에 조정당하고 있다는 생각이 들 정도다. 휴대폰 전문웹진인 SellCell에 따르면 2020년을 기준으로 애플에 대한 브랜드 충성도는 92%로 업계 최고 수준이고 여전히 상승세다. 브랜드 충성도는 제품을 구매할 때 특정한 브랜드를 선호하여 같은 브랜드를 반복적으로 구매하는 정도를 나타내는 것으로 기업 입장에서 신규 고객을 확보하는 것보다 기존 고객을 충성고객으로 만드는 것이 비용면에서 크게 유리하다는 장점이 있다. 애플의 충성도가 높은 이유는 제품에 대한 만족도가 주요 원인이고, 그 다음은 애플이 제공하는 다양한 앱이라는 대답이 돌아왔다. 전기차의 대명사인 테슬라는 브랜드 충성도(2018년 74.7%) 면에서 모든 자동차 메이커를 앞선다. 이런 충성도는 탁월한 자동차 디자인, 전기차라는 세련된 이미지, 자율주행이라는 첨단기술제품 컨셉, 뛰어난 내부 인테리어와 시스템 등이 어우러진 결과로 전기차 구매 붐을 주도하고 있다. 미국 최고의 홈트레이닝(홈트) 업체로 홈트계 '넷플릭스'라는 닉네임을 갖고 있는 펠로톤(Peloton)도 높은 브랜드 인지도를 무기로 팬덤을 형성하고 있다. 펠로톤은 자체 제작한 운동 강좌를 통해 콘텐츠를 늘리고, 사용자와의 상호작용을 통해 홈트의 단점을 극복하고 있다. 운동기구 앞에 부착된 모니터나 인터넷과 연결된 기구를 통해 트레이닝을 오프라인에서 직접 받는 것과 같은 효과를 체험시키면서 소비를 유혹하고 있다. 코로나19 팬데믹으로 집에서 운동하고 싶다는 수요가 계속 증가하고 있을 뿐만

아니라 집에서 편하고 즐겁게 운동을 할 수 있다는 장점이 팬덤 확
장에 밑거름이 되고 있다.

상품 마케팅과 엔터테인먼트 연결이 대세

팬덤이 마케팅에 절대적인 무기로 자리 잡으면서 전통적인 강
자들도 변신에 변신을 거듭하고 있다. 디즈니는 기존의 디즈니랜
드와 별개로 마블이라는 엔터테인먼트 회사 운용을 통해 강력한
브랜드 파워의 확장을 도모하고 있다. 팬덤이 일반화되면서 전세
계 엔터테인먼트 산업은 코로나19 위기에도 불구하고 2021년에
6.5%라는 높은 신장세를 기록하였다. 이런 추세에 힘입어 디즈니
브랜드 가치가 매년 11%씩 성장하는 혜택을 누리고 있다. 또한 유
명소설인 해리포터는 1997년부터 2000년까지 시리즈(총 4권)로
발간되었지만 강력한 팬덤으로 영화는 물론 테마파크, 장난감 등
으로 파생되어 2021년 그 매출 규모가 250억 달러에 달한 것으
로 추정된다.

기존에 연예계 위주로 형성되던 팬덤은 이제 글로벌 마케팅을 지
배하는 조류를 형성하고 있다. 단순히 엔터테인먼트 요소를 즐기
는 수준을 벗어나 관광과 마케팅에 주류로 등장한 것이다. 미국의
잡지인 Borgen은 BTS의 경제적 영향력은 한국에서만 15억 달
러에 달하며, BTS의 검색량이 1% 증가하면 한국의 의류수출은

0.18%, 화장품은 0.72%, 식품은 0.45%씩 각각 증가한다고 분석하여 눈길을 끌었다. 또한 BTS가 한국의 GDP (국내총생산)에 기여하는 것은 0.3%(47억 달러, 2018년 기준)에 달한 것으로 추정되어 팬덤의 효과가 얼마나 광범위한지 보여주었다. 한국을 대표하는 삼성전자(13.1%), 현대자동차(5.3%), LG전자(3.4%), 기아자동차(2.9%), 대한항공(0.7%)에 이어 BTS가 자리한다고 세계적인 통계 플랫폼 (www.statista.com)이 분석하였다. 한국의 K-팝 관련 전문수출업체인 에이치엠인터내셔날은 한류 팬덤을 활용하여 수출액을 크게 늘리고 있다. 전세계 200개 이상의 국가에서 활동하는 6천여 개의 팬클럽과 연결된 플랫폼을 통해 2017년 176억 원에 도달한 매출액은 2021년 2,011억 원으로 4년간 11배나 늘렸다. 특히 수출이 가파른 상승곡선을 그리면서 2021년 기준으로 전체매출의 88%가 해외시장에서 나온다. 기존에 음반 등 연예인 관련 상품을 주로 수출하던 방식에서 최근에는 화장품과 패션 등으로 다양화하고 있다.

팬덤이 형성되는 이유는 무엇일까? 미국 성인은 하루에 11.5시간을 미디어에 빠져 허우적거리고 있다. 거의 하루의 절반을 콘텐츠에 얽매여 사는 셈이다. 이들이 소비하는 콘텐츠는 항상 완전히 새로운 것이 아니다. 기존의 것들과 적절하게 믹스되고, 팬들 간에 대화나 제품에 대한 반응을 소통하면서 팬덤을 만들어 가고 있다.

기업들은 기존에는 콘텐츠 자체를 부각시키는 데 사활을 걸었다면 이제는 감정적 투자(콘텐츠에 참여하기) 및 스토리 전파로 활동 영역을 확대하고 있다. 스토리를 만들고 모든 경로에서 팬을 끌어 모아야 하는 상황에서 팬덤형성을 위한 기업의 노력이 이제 극에 달한 느낌이다. 팬덤의 지속 기간은 콘텐츠별로 큰 차이를 보이는데 통상 9년을 넘으면 장기로 분류된다. 그래서 젊은 팬의 참여를 유도하는 것은 콘텐츠 성공에 매우 중요하다. 왜냐하면 팬덤은 10대에 정점을 찍고 18~24세 사이에서 감소하고 25~34세 사이에서 다시 활성화되는 특징을 보이기 때문이다. 18~34세 사이의 젊은 층이 전체 미디어 사용량의 43%를 차지하고 있다는 조사결과와도 맥을 같이 한다. 그래서 팬덤형성은 젊은층과의 교감 여부로 승패가 갈린다는 말도 있다.

팬덤은 기업의 가치제고 서포터

인터넷의 접근성 확대와 함께 소비자 간 연결성 증가(다양한 채널)는 새로운 플랫폼 팬덤에 기름을 붓고 있다. 예를 들어 비디오 게임, 인터넷 연결 장치(Google Chromecast, Apple TV, Amazon Fire TV, 스마트 TV 앱 등) 등과 같이 TV를 통해 확보한 이용자를 '어떻게 내 편으로 끌어들이냐'가 매우 중요하다. 기존 디지털 플랫폼(컴퓨터, 스마트폰, 태블릿)이 도전을 받는 모양세다. 이런 변화는 향후 기업의 마케팅이 어디로 가야 하는지를 안내하고 있다. 소비자들은 스스로 빠져든 팬덤에 쉽게 지갑을 여는 경향이 강해지고 있기 때문이다. 특히 코로나19 팬더믹 이후에 유통과 광고의 핵심 경로가 온라인으로 이전되면서 팬덤의 파괴력은 더욱 커진 상황이다. 따라서 글로벌 시장을 겨냥하고 있다면 단순히 팬덤을 추종하여 마케팅에 활용하는 수동적인 자세에서 벗어나 제품의 기획 단계부터 능동적이고 창의적으로 팬덤 활용을 전제로 한 마케팅 전략이 필요하다.

일시적인 매출액 증대를 넘어서 기업의 이미지 관리와 브랜드 가치제고에 팬덤은 더 없이 중요하다. 충성심이 높은 팬덤은 단순히 소비자들의 집단에 머무는 것이 아니라 브랜드와 기업의 가치를 높이는데 서포터 역할을 하기 때문이다. 또한 팬덤을 통한 기업이익의 극대화에 머물지 말고 '왜 그런 팬덤이 생기는가'를 되짚어보고 중장기적인 경영전략에도 반영해야 한다. 한류 팬이라는 팬덤은 한국 기업에게 커다란 자산이다. 이를 잘 활용하는 것은 선택을 넘어 필수인 시대다. 우리 기업은 외국의 경쟁업체가 갖고 있지 못한 새로운 무기를 하나 더 갖고 있는 셈이다.

경제안보시대, 글로벌 무역의 새로운 길

입사 면접 및 논술 필독서이자 기업인의 경영전략 인사이트 창고

4장 | 한국경제의 미래를 위한 제언

제2의 무역상사
부흥이 필요하다

종합상사는 공급망 관리 선봉

워런 버핏은 글로벌 투자에서 방향타 역할을 하는 투자 귀재다. 그의 손과 눈이 가는 곳에 개미는 물론 기관투자가도 따라간다. 묻지도 따지지도 않고 무엇인가 있을 것이란 기대가 충만하다. 최근 버핏은 일본 종합상사 투자에 열을 올리고 있다. 미쓰비시, 미쓰이, 스미토모 등에 대한 지분율을 각각 6% 대 후반으로 높였다. 버핏이 '이쑤시개에서 인공위성까지'라는 수식어가 상징하듯 글로벌 비즈니스를 선도하는 그들에게 투자한 이유는 무엇일까? 바로 경제안보의 핵심인 원유, 석탄, 소맥, 니켈 등에 대한 글로벌 거래를 선도하여 일본의 공급망을 책임지고 있기 때문이다. 올해에만 종합상사 투자에서 두 자릿수의 수익률을 거두어 다시 한번 투자 귀재임을 확인시켜 주고 있다.

　모두가 미국의 경제력이 세계 최고라고 인정하는 근거는 무엇일까? 의심할 필요 없이 글로벌 네트워크를 통해 시장을 좌지우지하는 민간기업들을 많이 갖고 있기 때문이다. 최근 에너지 확보가 국가의 흥망성쇠를 좌우하면서 미국 대통령의 입에 주목하지만 전문가들의 눈은 다른 곳에 가 있다. 미국의 글로벌 석유재벌인 엑슨모빌, 텍사코 등의 움직임을 통해 유가 향방을 가늠하고 있다. 우크라이나와 러시아 간 전쟁으로 곡물 확보를 위해 모든 나라가 사투를 벌이고 있지만 그 핵심 키는 글로벌 곡물 메이저인 카길(Cargill)이 갖고 있다는 점을 부인하기 힘들다. 카길은 글로벌 곡물시장을 지배하는 미국의 다국적 기업으로 1865년에 설립되었으며 매출 규모가 포춘 500대 기업의 10위권을 맴돈다.

　거의 모든 나라가 하루가 멀다하고 원유, 광물, 곡물 등 원자재 대책을 내놓고 있다. 거의 모든 원자재를 대외에 의존해야 하는 우리는 더욱 그러하다. 그러나 정부는 기본적으로 시장 플레이어가 아니다. 정부는 시장의 애로를 해결해주고 뒷받침해주는 것이 주된 역할이다. 우리나라 공급망 경보시스템을 통해 관리되는 품목이 대충 4천여 개에 달해 이를 효율적으로 관리할 주체는 민간기업일 수밖에 없다. 그동안 무역흑자의 보고였던 대중국 무역이 2023년에 수교(1992년) 후 사상 처음으로 적자로 반전될 가능성도 있어 안정적인 원자재 확보는 절실함으로 다가온다.

한때 전체 수출의 50% 종합상사 담당

우리나라가 2022년에 세계 6위의 수출강국으로 우뚝 설 수 있었던 기저에는 삼성물산, LG상사, ㈜대우, 현대종합상사, SK상사, 효성물산, ㈜쌍용(1990년 전후 기준 회사명) 등 7대 종합상사가 있었기 때문이다. 한때 우리나라 전체 수출의 절반을 이들이 차지할 정도로 무역보국의 대들보 역할을 했다. 때론 금융을 결합한 복합프로젝트를 협상 테이블 위에 올려놓고 삼국간 거래도 마다하지 않았다. 수교국이 아니라는 위험을 언급하는 것은 사치였다. 일제 강점기 독립투사처럼 경제독립을 위해 뛰었다는 무역 베테랑들의 고백은 아직도 생생하다. 이제 글로벌 네트워크와 최고의 인재를 갖고 있는 무역상사들이 필수 광물확보에 몸을 던져야 한다.

특별히 무역 전사들이 경제안보의 최전선에 당당히 설 수 있도록 정부가 거래 위험을 줄여줘야 한다. 산업용 요소수 문제가 불거졌을 때 실질적인 해결수단을 제공한 곳이 상사였지만 같은 상황이 또 다시 발생한다면 다시는 나서지 않을 것이라고 이구동성으로 말한다. 엄청난 비용과 시간을 투입해 물건을 확보했지만 곧바로 물량과다로 가격이 급락하는 어려움을 맛보았기 때문이다. 현행 환율보험처럼 불확실한 시장에서 공격적으로 원자재를 확보한 경우 이윤은 아니더라도 원가보전에 문제가 없도록 안전판을 만들어줄 필요가 있다. FTA(자유무역협정)에 따른 수입 증가로 어려움이 초래되면 낮은 금리로 자금을 공급하는 '무역조정지원'이나 농수산물의 수급안정을 위한 '농수산물가격안정기금'을 벤치마킹하여 금융지원도 강구할 필요가 있다.

  핵심 원자재에 대한 공급망 관리를 위해 제일 확실한 것은 해외 투자다. 공기업을 통해 직접 확보하는 것과는 별개로 민간기업이 보다 능동적으로 활약할 수 있도록 원자재 투자용 전용상품을 설계해야 한다. 현재도 무역보험공사가 민간기업의 투자위험을 커버하는 상품을 운용 중인데 안정적인 자원조달을 사회인프라(SOC)로 간주하고 보상과 세제 등 혜택을 더 강화해야 한다. 글로벌 시장을 지배하는 기업들이 많으면 자연스럽게 경제안보가 튼튼해지고 국익도 증가한다. 수출 위기도 넘고 공급망도 안정시키기 위해 '제2의 무역상사 부흥'이라는 선물이 속히 도착하길 기대해 본다.

한국식 도광양회
전략이 필요하다

안미경중이라는 경직적 사고 탈피

우리나라의 대외전략으로 안미경중(安美經中, 안보는 미국에, 경제는 중국에)이 자주 회자된다. 특정 정부가 선언한 것도 아니고 더구나 이들 국가와 합의한 것도 아니다. 국가적인 싱크탱크가 대한민국의 미래전략으로 제안한 것도 아니지만 1992년 한·중 수교 이후 중국과의 교류가 급속히 늘어나고 미국 편향에 대한 지적이 일면서 암암리에 설정된 풋대가 아닌가 생각된다. 특히 대중국 수출이 2003년에 전년보다 무려 47.8%가 늘어난 498억 달러로 미국의 그것(428억 달러)을 추월하여 안미경중의 현실론적 토대를 제공하였다. 특히 우리나라 중소기업들의 글로벌화를 뒷받침하는 데 저임금의 중국이 절대적으로 필요했고, 1997년 IMF(국제통화기금) 사태 이후 외환 보유고가 경제는 물론 안보를 위해 절실하다는 인식이 모든 국민의 기저에 자리 잡은 가운데 대중국 무역흑자는 '무역부국(貿易富國)'의 원천이라는 점을 부인하기는 힘들다. 실제로 금융위기 직후 2010~2014년에 대중국 무역흑자 규모가 전체 우리나라 무역흑자를 상회하였다. 또한 북핵문제의 중재자로 중국의 위상이 높게 평가되면서 미국과 중국간 어정쩡한 줄타기가 묘수이자 현명한 절충안으로 부각되었다.

그러나 사드사태 이후 새로운 기류가 나타나기 시작하였다. 중국에 진출하여 승승장구하던 멀쩡한 기업이 보이지 않는 손에 의해 핍박을 받고 철수하는 사례가 늘어나고, 높은 인기를 구가하던 한국 드라마와 게임 등 K-콘텐츠가 중국에서 자취를 감추었다. 또한 미국에서 트럼프 행정부가 들어서면서 미·중 대결은 단순히 엄포 수준을 넘어 관세전쟁으로 이어지고 이후 기술전쟁으로 확전되는 양상이다. 소속 정당이 다른 바이든 행정부에서도 비슷한 흐름이 이어지면서 일시적인 갈등이 아닌 새로운 냉전이라는 시대적 흐름을 만들고 있다. 이런 환경에서 미국과 중국은 우리에게 명시적이지는 않지만 어느 편에 설 것인지 확실하게 보여달라고 압박하는 모양새를 취하고 있다. 바야흐로 안미경중이라는 줄타기가 종언을 고해야 하는 시점에 도달한 것 아닌가 하는 의문이 든다.

속시원하게 안미경중을 던져버리고 민주주의와 자유로운 시장경제를 날마다 외치고 싶지만 현실은 녹록지 않다. 이미 중국의 경제력이 세계 최고 수준이고 일부 기술에서는 선진국에 진입했다는 사실을 인정해야 한다. 더구나 2030년 언저리에는 미국을 제치고 중국의 GDP(국내총생산)가 세계 최대수준으로 뛰어올라 가장 큰 글로벌 시장이 될 것이라는 데 이론이 없기 때문이다. 또한 미래 산업에 대한 공급망의 안정적인 구축을 위해 중국을 대체할 다른 파트너가 없다는 점도 인정해야 한다. 2차전지 핵심 소재인 수산화리튬에 대한 중국에서의 수입액이 2022년 상반기에 404%나 증가하였다. 이 품목의 중국 의존도가 83%에 달하고 있어 대체선 발굴이 사실상 불가능한 상황이 대표적인 사례다. 중국에서 우리가 반도체를 무기로 압박할 수 있다고 언급되지만 그 이면을 감안하지 않은 단견이다. 우리의 1위 수출시장인 중국에서 반도체 수출액 비중은 거의 40%에 육박하여 격랑에 휩싸이면 우리의 해외시장 전략에 심각한 타격이 불가피하고 수입액도 1위인 상황에서 양국간 교류가 타격을 받으면 국내 수요충족에도 커다란 문제가 발생할 가능성이 크다. 국내 반도체 업체들이 중국 현지공장을 통해 전공정(웨이퍼 가공)을 진행한 후에 한국으로 수입해 후공정(웨이퍼 절단·포장) 처리하는 산업내 분업이 마비될 수 있기 때문이다.

막대한 중국 비즈니스 기회 고려

혹자는 중국에 진출한 기업을 무기로 압박하는 과격한 카드도 거론한다. 한때 중국에 대한 그린필드형(제조업 공장 설립) 투자에서 한국이 1위를 기록할 정도였다. 2021년 대중국 직접 투자액은 코로나19라는 악조건과 현지 경제의 하강국면에도 불구하고 전년보다 50% 가깝게 늘면서 66.7억 달러를 기록해 중국 경제에 상당히 기여하고 있다. 이를 두고 미국과 우리는 완전히 다른 속살이 있다고 전문가들은 지적한다. 우리는 제조업 위주의 투자여서 양국 관계가 냉각되면 중국에 대한 무기(고용축소 등)가 아니라 우리 기업이 약점(?)이 될 것이라는 우려가 있다. 제조업 투자의 특성상 쉽게 치고 빠질 수 없기 때문이다. 미국은 투자수익을 위한 간접투자가 대부분이어서 쉽게 자금을 회수할 수 있고, 설사 제조업이라도 위탁생산이라는 묘수를 구사하여 큰 타격이 없이 제3국으로의 전환이 가능한 상황이다.

냉정하게 경제와 안보를 균형적으로 고려하는 데 방점을 둔다면 안미경중은 약간 수정될 수 있지만 여전히 필요하다는 결론에 도달한다. 글로벌 시장이라는 관점에서 미국과 중국시장은 대체 관계에 있지도 않고 그렇게 해서도 안 된다. 현실적이고 실용적인 대안은 속으로 칼을 갈고 실력을 키우되 상당 기간 대외적인 제스처는 최소화해야 한다. 일본의 대중국 대응을 타산지석으로 볼 필요가 있다. 1972년 일본은 대만과 단교하고 중국과 외교관계를 정상화하였다. 수교에 걸림돌로 예상되었던 침략에 대한 배상문제는 주요 의제로 올라오지도 않았다. 마오쩌둥은 '우리가 전쟁에서 이겼으니 배상과 사죄는 필요 없다'고 양보한 것으로 알려져 있지만 일본이 당시로서는 낯선 '하나의 중국원칙'과 '침략에 대한 공식 사죄'를 수용하였고, 일본 기업의 진출에 따른 중국의 미래적 이익 등이 고려된 느낌이다. 양국 간 뜨거운 감자인 센카쿠열도에 대해서도 '미해결 보류'라는 해법으로 논쟁을 피해 나갔다. 수교 후에도 중·일간에 외교적 이슈가 돌출하면 강경한 수사가 오갔지만 일본은 그때마다 고위인사를 특사로 파견하고 은퇴한 유력인사를 통한 비공식 교류를 늘리는 등 민관의 인맥을 통해 끊임없이 중국에 다가갔다. 20년 먼저 중국 시장에 진출하여 경쟁자 없이 조용히 시장을 넓힌 결과 '위기'도 적지 않았지만 우리의 사드사태와 같은 장기간의 타격은 없어 보인다. 이밖에 일본은 중국인과 중국 시장(산업)을 철저하게 중장기적으로 연구하는 연구소와 전문가라는 세계 최고 수준의 지중주의(知中主義)의 인프라를 갖고 있다.

실력을 키우면서 실리 취하는 전략을

미국과 중국 중 하나를 택하는 외교는 피해야 한다. 더구나 중국에 대한 '저자세 외교'도 답은 아니다. 모두가 우리 국익에 부합하지 않기 때문이다. 그래서 실익은 취하되 충돌도 피하는 우리식 도광양회(韜光養晦)가 필요하다. 도광양회는 1980년대에 중국이 채택한 대외전략으로 자신의 재능이나 명성을 드러내지 않고 참고 기다린다는 뜻이다. 칼로 무 자르듯 속시원하게 우리의 속뜻을 천명하는 것을 미루고 실력을 키우는 것이다. 우선, 우리는 기술에 대한 초격차를 유지하여 중국이 우리와 멀어지면 손해라는 생각이 들도록 실력을 키워야 한다. 현재와 같은 엇비슷한 기술격차로는 안 된다. 또한 독자적인 공급망의 안정적 구축을 위해 중국과 협력해야 한다. 해당분야에서 기술과 인적협력이 필요하다. 따라서, 외교에서는 일정수준의 마찰이 일어도 물속의 오리가 끊임없이 발을 움직이는 것처럼 비공식 고위급 접촉은 늘려야 한다. 겉으로 긴장관계가 있어도 우리 기업인과 친중 인사들을 통해 계속 소통하고 중국을 다독여야 하는 것이다. 특히 중국 고위관료는 은퇴 후에도 거의 비슷한 영향력을 행사한다는 점을 고려해 은퇴한 고위관료를 통한 특사급(비공식) 외교도 자주 해야 한다. 중국 언론에 민감하게 반응할 필요가 없다. 사회주의 특성상 중국 언론은 대외용이 아닌 대내용이라는 측면을 간과해서는 안 된다. 지중주의(知中主義)에 대한 투자도 게을리 하지 않아야 한다. 중국 경제를 넘어 중국인맥과 사회로 깊숙이 들어가는 노력이 필요하다. 중국이 한반도를 제대로 이해하기 위해 북한에서 언어를 배우고 본국(한반도 업무)-한국-북한으로 이어지는 수십 년의 외교관 업무사이클로 한국관련 전문가를 만드는 것을 염두에 둬야 한다. 심지어 한국을 제대로 연구하라고 부부 외교관을 한국에 파견하고 있다.

　우리의 신도광양회(新韜光養晦) 전략은 미국과 중국 사이에서 줏대 없이 움직이라는 말이 아니다. 아무것도 하지 않는 모호성 전략은 더욱 아니다. 외교정책은 외교적 잣대에 의해 하되 '각도에 따라 겉과 속이 다르다'는 핀잔(오해)을 들을 각오로 실익을 추구하라는 말이다. '칼을 간다'는 절박함과 비장함으로 실력을 키우면서 감정보다는 냉철함, 지중주의에 근거한 중장기 접근전략, 공식적인 외교와 결이 다른 민간의 고위급 교류 등이 계속되어야 한다. 국가는 이사할 수 없다. 그러니 중국은 영원히 우리의 가장 가까운 이웃이자 경쟁자다. 일사분란함보다 중장기적 국익을 앞세운 명분과 실리의 균형이 반드시 필요하다. 최근 중국이 도광양회 전략을 버리고 중국몽(中國夢)을 내세우며 대외적 영향력 확대에 나서고 있는 점을 고려할 때 같이 부딪치기보다 우리의 국익을 고려한 우리식 도광양회가 필요하다.

국제통상은 산업정책 연장인가, 외교적 담판인가

반복되는 통상부서 이슈

새 정부 출범을 앞두고 불거졌던 통상부서에 대한 줄다리기가 수면 밑으로 가라 앉았다. 그러나 언제든 다시 부상할 윤석열 정부의 핵심 사안이다. 산업에 뿌리를 두고 현안으로 부상한 공급망 리스크를 잘 헤쳐 나가는 데 현재와 같은 체제가 적합하다는 논리와 종합적인 외교전략이 뒷받침되지 않고서는 더 거세지는 통상파고를 넘기 힘들다는 주장이 팽팽히 맞서는 분위기다. 특히 통상이 경제를 넘어 안보이슈로 진화하면서 통상부서가 짊어져야 하는 업무의 폭도 확대되고 있다. 2022년 10년을 맞이한 한·미FTA(자유무역협정)와 7년차인 한·중FTA를 두고 극심하게 논란이 되었던 내용을 차분하게 짚어 반면교사로 삼아야 한다.

　세계 최고인 미국 시장을 선점하기 위해 2012년 발효된 FTA는 검토 그 자체만으로 엄청난 소용돌이에 휩싸여야 했다. 괴담 수준의 다양한 논란과 주권을 미국에 갖다 바치는 매국이라는 용어까지 등장하면서 대한민국을 분열과 갈등의 최정점으로 내몰았다. 그러나 10년이라는 적지 않은 시간이 흐른 지금 아이러니하게도 기업으로부터 후한 점수를 받고 있다. 반대로 큰 반대 없이 서명한 한·중FTA는 우리의 제1위 수출시장을 더욱 폭넓게 만들어줄 것이라는 기대와 달리 '먹을 것이 없이 소리만 요란했다'는 비난에서 자유롭지 못하다. 그동안 최대인 중국시장, 최고의 미국시장을 두고 벌인 통상전쟁에서 경험한 노하우는 우리의 중요한 자산이다. 무역의존도가 절대적으로 높은 상황에서 새정부 아니, 미래의 대한민국 경제를 위해 통상기능이 어떤 점에 유의해야 하는지 중요한 실마리를 제공하기 때문이다.

통상 전문성 고려가 최우선 기준
　①이념이 발붙이지 못하게 팩트 중심의 전문성이 필요하다=대외개방에는 항상 리스크가 상존한다. 외국과의 이해조정 과정에서 갈등을 유발하는 극단적인 언어들이 잘 먹히는 환경을 갖고 있기 때문이다. 그래서 작은 정책이라도 갈등구도에 빠져 들면 헤어나

오기 쉽지 않다. 특히 거대 경제권인 미국과 중국을 상대하는 정책이라면 국내에 미치는 파괴력은 상상을 초월한다. 전국민이 영향권이거나 특정산업이 수년 내에 사라질 수도 있다. 여기에 이념이라는 프리즘을 갖다대면 사실은 뒤로 밀리고 자극적인 괴담이 톱뉴스를 장식한다. 한·미FTA는 광우병 파동이 상징하듯 10년이 지난 지금 어디에서도 찾아보기 힘든 주장들이 난무했다. 해당분야 전문가와 협상 책임자가 아무리 설명해도 '협상단=매국노'라는 프레임은 좀처럼 사라지지 않았다. 약값의 천정부지 급등, 영리병원의 일상화, 맹장수술비 900만원, 투자자-국가소송(ISD)을 통한 망국론(국가정책 추진의 자율성 훼손) 등은 자극적인 용어에 힘입어 들불처럼 번져 나갔다. 적지 않은 사람이 시위에 나섰고 일부 전문가가 여기에 기름을 부으면서 사실보다 이념대결의 장이 되었다.

②**통상이슈 결정에 정치적인 요소는 배제해야 한다**=한·중FTA는 중소기업들이 매우 간절하게 기대했던 것이다. 미국시장이 대기업의 놀이터라면 중국시장은 중소규모 노동집약적 투자에서 출발한 한·중간 경제협력 패러다임이 보여주듯 소비재 중심의 중소기업 놀이터이기 때문이다. 그런데 양국 간 최고지도자 정상회담 일정과 톱 다운 의지에 의해 타결 시기가 사전에 제한된 것으로 알려지면서 업계가 기대한 화장품 능 핵심품목이 제외되었다. 수천 개의 작은 화장품 기업들의 높은 기대가 하루아침에 물거품이 되었

다. 여타 유망품목들도 거의 관세인하 폭이 없거나 수년에 걸쳐 단계적으로 인하되어 FTA 이용을 위해 투입해야 하는 비용이 효과를 상쇄하면서 FTA 수혜품목에 대한 활용률(수출)도 65%(2020년, 관세청)에 미치지 못한다. 별로 먹을 게 없는 잔칫상이 된 것이다. 졸속이고 매국 협상이라고 비난받았던 미국에 대한 수출 활용률(84%)과 비교할 때 더욱 그러하다. 일자리 창출 효과가 큰 서비스무역에서도 대비된다. 한·중FTA에서는 서비스분야가 아예 별도로 분리되어 타결안에서 빠졌을 뿐만 아니라 곧바로 후속협상이 진행되어 결실을 맺을 것으로 회자되었으나 아직도 뚜렷한 진전이 없는 상황이다. 그러나 미국과의 협상에서는 상품과 함께 동시에 타결되어 적자 폭이 줄어드는 추세다. 코로나19로 인한 영향도 있지만 그전부터 감소추세였다는 점을 주목해야 한다. 결과적으로 반대가 적었던 한·중간은 타결에 의미를 두어 치열한 협상이 부족했고 한·미는 치열한 협상으로 좋은 결과를 낳고 있는 셈이다.

경쟁을 통해 경쟁력을 키우는 혁신 필요

③미래를 향한 결단이 산업을 키운다=통상협상에서는 산업별로도 이해가 엇갈린다. 초점이 농업으로 옮겨가면 단순히 하나의 산업이 아니다. 식량안보를 위협한다는 논리가 더욱 힘을 얻는다. 당연히 정교한 협상을 통해 식량주권에 대한 안전판을 마련해야 한다. 그러나 특정분야에 대해 절대로 안 된다는 논리는 국제질서에

서 외톨이가 되겠다는 선언과 같다. 세계 모든 나라가 자국 제품을 해외시장에 더 많이 팔기 위해 사활을 건다. 그래서 피해분야는 정부가 적절하게 지원하고 구조조정을 촉진하되 농업이라도 '경쟁을 통해 해외시장에서의 경쟁력을 높여야 한다'는 상식(?)을 적용해야 한다. 보호하면 지지자들이 쉽게 몰려들고 투표에서 유리한 고지에 올라설 가능성이 있지만 스스로 혁신을 게을리해 자멸할 수 있다. 한때 경제 선진국들이 수입대체산업화(수입을 막고 자국산업을 보호하는 방식)를 통해 글로벌 시장에서 퇴출되었던 역사적 오류를 반복해선 곤란하다. 2011년 대미 수출액이 5.5억 달러에 불과하던 농축수산물이 10년 만에 14.2억 달러로 3배 정도 늘어났다. 덩달아 현지 수입시장에서의 점유율도 뛰어 올랐다. 민감품목으로 지정된 쇠고기의 수입은 연평균 12.8% 증가했으며, 현재 16%인 관세가 2023년 8%, 2026년 0%로 단계적으로 낮아질 예정이지만 한우의 차별성을 감안할 때 현재로선 FTA 협상 전후의 엄청난 비관론(가격폭락 및 낙농산업 붕괴)과는 크게 다르다. 한·미FTA로 개방에 휩싸였던 영화산업의 약진은 계속 보호(스크린 쿼터제 유지)했다면 어떻게 되었을까? 전세계를 향해 뻗어나가는 한류 콘텐츠를 보면서 중장기적으로 경쟁이라는 새로운 환경설정이 보호라는 온실보다 더 좋은 자양분임을 알게 되었다.

④통상은 제로섬이 아닌 윈윈게임이다=2004년에 우리나라가 늦

깎이로 FTA 무대로 대비할 때 적지 않은 어려움이 있었다. 그 중 하나가 포도시장 개방이다. 첫 상대인 칠레는 농업강국으로 한국에게 포도개방을 강력하게 요구하였다. 국내에서 포도는 농업분야로 예민하게 받아들여진 데다 생산농가도 적지 않아 고민에 고민을 더했다. 칠레가 절대로 포도를 양보하지 않자 계절관세를 도입하여 국내 성수기인 여름에는 관세를 높여 국내 농가를 보호하고 해당 품목이 생산되지 않는 겨울에는 관세를 낮추어 상대의 실익과 국내 산업보호라는 두 마리 토끼를 잡았다. 또한 사촌격인 포도주도 FTA를 통해 주류 문화를 바꾸는 계기로 작용하였다. 당시만해도 주류는 독과점과 재정수입원이라는 든든한 배경을 갖고 외국제품에는 난공불락의 산업이었다. 그러나 개방을 통해 물가를 잡고 소비자 혜택을 늘려야 한다는 논리가 새롭게 등장하면서 15%에 달하던 관세가 철폐되었다. 이어 한·미와 한·EU 등에서 같은 조치가 취해지자 포도주 가격이 크게 낮아지면서 소비층이 두터워지고 물가안정은 물론 주류문화(생활문화) 개선이라는 효과를 거두었다.

통상교섭본부가 어느 부처로 가느냐보다 더 중요한 것은 조직이 어떤 사람에 의존하여 어떻게 운용되느냐다. 전문성이 없으면 이념에 휩싸이고 독립성이 없으면 정치에 좌지우지되어 미래를 놓칠 수 있다. 글로벌 시장에서 오직 국익과 산업의 미래지형을 보는 혜안을 가진 전문가를 중용해야 한다. 더불어 국내 물가안정과 새로운 문화 흐름도 놓치지 않아야 한다. 특히 산업과 안보가 일체화되는 세계적 흐름을 감안할 때 경제안보 기능도 핵심 업무로 추가되어야 한다. 코로나19 위기 속에서 신기록을 경신한 무역한국호에 통상은 성장엔진이어야 한다.

〈표〉 한·미FTA 발효 이후 산업별 대미국 수출현황 (단위: 억 달러, %)

산업	2011년		2021년		연평균 증감률
	금액	비중	금액	비중	
자동차 및 자동차부품	136.6	24.3	239.8	25.0	5.8
기계류	99.1	17.6	209.4	21.8	7.8
전기전자제품	141.3	25.1	180.1	18.8	2.5
철강 및 비철금속제품	46.8	8.3	67.2	7.0	3.7
플라스틱 및 고무제품	32.5	5.8	57.4	6.0	5.8
석유제품	26.5	4.7	48.1	5.0	6.2
화학공업제품	20.8	3.7	36.8	3.8	5.9
선박과 수상구조물	7.2	1.3	21.4	2.2	11.5
의료, 정밀 및 광학기기	11.0	2.0	18.7	1.9	5.4
섬유, 의복, 가죽제품	13.7	2.4	17.5	1.8	2.5
농축수산물	5.5	1.0	14.2	1.5	10.0

자료: 한국무역협회

왜 비즈니스 계약서를
변경했는가

예상치 못한 리스크 대응은 필수

전세계를 휩쓸고 있는 코로나19는 기업에게 2가지 요구를 하고 있다. 먼저, 혁신하라고 명령한다. 기존에 오프라인 중심의 비즈니스 모델을 온라인으로 변경하여 혁신하지 않으면 생존할 수 없다고 말한다. 단순히 자신의 역량을 키우라는 명령에 그치지 않는다. 오픈 이노베이션(Open Innovation)을 통해 외부 자원을 내재화하여 이전과 다른 제품이나 서비스, 그리고 기술을 접목하라고 강요한다. 또 다른 요구는 전혀 예상하지 못한 리스크에 선제적으로 대응하라고 말한다. 코로나19 초기에 모두가 바이러스가 일반적으로 열에 약하기 때문에 여름이 지나면서 자동으로 소멸할 것으로 보았다. 따라서 비즈니스에 대한 영향은 제한적이고, 우리 곁에 잠시 머물다가 곧바로 자취를 감출 것으로 생각했다. 그러나 미증유의 고통을 제공한 데 이어 앞으로 코로나와 함께 살아야 한다는 데 이론을 제기하기 힘들다. 격변하는 경영환경은 전혀 예상할 수 없는 리스크를 우리에게 안겨주고 있다. 리스크 관리가 기업경영의 핵심이자 전부인 시대다. 실제 기업현장에서 벌어지고 있는 사례를 통해 보다 효과적인 분쟁(클레임) 관리전략을 짚어 보고자 한다.

[상황1] 토지에 대한 임대료를 두고 상대방과 분쟁이 발생한 A사. 그동안 찾지 않던 계약서를 엄청난 서류더미를 제치고 힘들게 찾아낸다. 평상시에는 거들떠 보지도 않았던 서류를 분쟁이 발생하니 애타는 심정으로 호들갑을 떨며 담당팀 모두가 투입되어 서류창고를 샅샅이 뒤진 것이다. 물론 사본은 실무자 책상 위에 있지만 정식으로 문제를 제기하기 위해 원본이 필요했던 것이다. 담당 임원과 실무자들은 조심조심 세밀하게 계약서 조항을 읽어 나간다. 분쟁 전에 체크하고 미리 계약서를 잘 작성했어야 하는데 이제는 늦었다. 사후적으로 피해를 최소화할 기회를 얻기 위해 숨죽여 글자 하나 하나를 체크한다. 쉽고 빠르게 해결하기 위해 중재조항이 있기를 간절히 바라면서…, 모두의 눈동자가 계약서의 끝에 다다른 순간에 환호성이 터져 나온다. 분쟁해결 조항에 다음과 같이 중재에 대한 명확한 구절이 있었기 때문이다. 이 계약과 관련하여 분

쟁이나 다툼이 발생한 경우에는 대한상사중재원에서 중재로 해결한다. 그러나 그 다음을 보는 순간 '이건 뭐지?'라는 말과 함께 서로를 응시한다. 중재 결과에 만족하지 않으면 소재지 관할 법원의 판단을 받기로 한다. 20년 전에 체결된 계약서는 마지막 조항에서 반전이 일어난 것이다. 결국 중재제도를 잘 아는 담당 임원의 얼굴이 찡그려진다. 중재 진행에 필수적인 서면합의가 있다는 것은 확실한데 중재가 최종적이라는 문구 대신 법원에 호소할 수 있다는 내용이 눈에 들어왔기 때문이다. 더구나 '만족하지 않으면'이라는 다소 모호하고 감정적인 표현이 들어가 있어 더욱 혼란스러웠다.

중재조항 국제분쟁 최고 해결수단

중재조항이 국내는 물론 국제분쟁을 해결하는 최고의 수단이라는 것은 널리 알려진 사실이다. 우선, 비용이 저렴하여 당사자의 부담을 덜어주며 단심제를 통해 신속하게 해결한다. 신속 중재제도를 활용하면 1개월 이내에 결과를 받아볼 수도 있다. 또한 업계 전문가들이 중재인으로 참가하니 법률적 지식과 함께 비즈니스 관행이 잘 적용되는 장점이 있다. 더욱이 법집행이 특정국(통상 법원의 판정이 내려진 국가)에 한정되는 경우가 많은데 중재판정은 뉴욕협약에 가입한 상대국에서도 집행력을 뒷받침한다는 파워를 가지고 있다. 그런데 중소기업은 물론 종합상사 등 대기업 조차도 표준중재 조항(All disputes which may arise between the parties, in relation to this contract, shall be finally settled by arbitration in Seoul, Korea in accordance with the international Arbitration Rules of the Korean Commercial Arbitration Board and under the Law of Korea.)을 넣는데 만 집중하고, 그에 못지 않게 중요한 한 가지를 빠트리는 경우가 적지 않다. 즉 중재판정이 최종적이고 양측을 구속한다는 내용(The arbitration decision shall be final and binding on both parties.)이 있어야 다시 재판으로 옮겨가 지난한 세월 동안 많은 시간과 비용을 낭비하는 수렁 속으로 들어가는 것을 예방할 수 있다.

일반적으로 중재하면 다른 명시적인 내용이 없더라도 최종적 결정이라는 데 동의할 것이다. 그러나 국가별로, 판사별로 해석이 약간 달라질 수 있다. 즉 최종적이라는 표현이 없으면 법원에 다시 판결을 받아 보는 것에 하자가 없다는 논리에 동의하기도 한다. 앞의 계약서에서 한쪽 당사자가 결과에 만족하지 못해 법원으로 향한다면 중재의 본래 목적인 신속한 분쟁 해결은 달성되기 힘들어진다. 그래서 '중재판정 결과가 최종적이고 양측을 구속한다'는 문구를 잘 새겨야 한다. 20년 전에 해당 업무를 담당했던 분에게 왜 중재와 법원 판단을 이중으로 활용할 수 있도록 했는지를 물어보았다. 그런데 그 대답이 더욱 걸작이다. 이중으로 체크하면 보다 정확하고 권리를 잘 보호받을 것이라는 변호사 검토를 받고 넣었다는 것이다. 지금 기준으로 보면 황당한 논리다. 비즈니스 분쟁은 빠르게 해결하는 것이 그 무엇보다 중요하다. 일반적인 기업이라면 과거의 실패를 건너 뛰어 넘은 후에 본연의 비즈니스에 집중해야 리스크를 줄일 수 있기 때문이다.

[상황2] B사의 해외영업부가 한 여름임에도 썰렁하다. 서너 달 전에 미국의 고정 바이어에게 납품한 제품 가운데 거의 절반 정도에 하자가 있다는 클레임 통보를 받았기 때문이다. 점심도 잊고 모든 임직원들이 둘러 앉아 심각한 표정으로 해결책에 대한 의견을 나누고 있다. 문제는 영어로 된 클레임 통보문이 매우 격한 내용 일색이라는 점이다. 바이어는 전체 제품 중 절반 정도에 하자가 있으니 모든 물건을 다 교체해 줄 것으로 요구한 데다 이를 거절하면 한국법원에 곧바로 소송을 제기한다는 내용이 골자였다. 고정 바이어를 잃게 될 위기인데 상대가 무리한 요구를 하고 있으니 원칙대로 대응해야 한다는 기조가 주를 이루었다. 코로나19로 시장 상황이 안 좋으니 마켓 클레임(Market Claim)으로 손실을 만회하려는 전략이 깔려 있다는 진단도 내려졌다. 무역부에서 잔뼈가 굵은 최모 부장은 환호성을 날렸다. 계약서에 분쟁해결 부분에 중재조항이 들어 있었기 때문이었다. 더욱이 분쟁 발생시 피제기국(The Respondent)에서 중재를 진행한다고 되어 있어 한국에서 중재가 진

행되는 유리한 상황이었다. 그런데 법원에서 미국 바이어로부터 소송이 제기되었다는 통보를 받았다. 중재조항이 있는데 소송이라니..., 바이어 법률지식이 수준 이하인 것 아닌가라는 의문이 든다는 최모 부장의 판단에 따라 법원의 통보를 무시해 버렸다. 그래서 이후 법원의 공문에도 적극 대응하지 않았다. 얼마 가지 않아 바이어의 승소를 알리는 판결문이 날아왔으며, 미국 변호사는 그것을 근거로 배상해 달라고 하고, 일정 기간 내에 움직임이 없으면 강제집행하겠다고 으름장을 놓았다. 아니 중재조항이 있는데 법원에서 재판을 진행했다고..., 책임진다는 최모 부장은 서류를 던지며 목소리를 높였지만 이미 사건은 종결된 뒤였다.

법원의 판례는 중재법이 적용되는 중재합의란 계약상의 분쟁인지의 여부에 관계 없이 일정한 법률관계에 관하여 당사자 간에 이미 발생하였거나 장래 발생할 수 있는 분쟁의 전부, 또는 일부를 중재에 의하여 해결하도록 하는 당사자 간의 합의를 말한다고 명시하고 있다. 따라서 분쟁 발생 이후의 합의도 당연히 유효하다. 특히 장래 분쟁을 중재에 의하여 해결하겠다는 명시적인 의사 표시가 있는 한 비록 중재기관, 그리고 준거법이나 중재지의 명시가되어 있지 않더라도 유효한 중재합의로서의 요건은 충족하는 것으로 보고 있다. 또한 이러한 중재합의가 있다고 인정되는 경우, 달리 특별한 사정이 없는 한 당사자들 사이의 특정한 법률관계에서

비롯되는 모든 분쟁을 중재에 의하여 해결하기로 정한 것으로 봄이 상당하다는 것이 전문가들의 의견이다.

중재조항 있다면 법원에 방소항변을

결론적으로 원래 당사자간의 중재계약이 있으면 그 계약이 무효인 경우(이행불능 포함)를 제외하고 법원에서 재판 받을 권리가 없다고 봄이 타당하다. 그러나 앞의 사례처럼 중재계약은 법원의 직권조사사항이 아니다. 다시 말해 소송이 제기되면 법원은 그에 따라 재판을 진행할 뿐 중재계약 존재 여부를 조사하지 않는다는 사실을 명심해야 한다. 따라서 중재조항에도 불구하고 일방이 소송을 제기하고, 이에 상대측이 방소항변(妨訴抗辯)으로 대응하지 않는 한 재판은 진행된다. 방소항변은 원고가 제기한 소(訴)에 대하여 부적법하거나 소송요건의 흠결이 있음을 이유로 본안(本案)의 변론을 거부할 수 있는 피고의 소송법상의 권리로 본안전항변(本案前抗辯)이라고도 한다. 위의 사례에서 중재조항의 명시적인 존재만을 믿고 그대로 있으면 안 되고 법원에 중재조항이 있음을 이유로 법원이 소송을 각하하도록 요청했어야 한다. 권리 위에 잠자는 자에게 법은 냉정하게 다가온다는 점을 명심해야 한다.

[상황3] 코로나19에도 C사의 수출전선은 큰 문제가 없었다. 제품 경쟁력을 확보하고 있는 데다 동남아 신규시장에서 경쟁할 제

품이 없어 수출액은 탄탄대로를 달리고 있었다. 특히 한-아세안 FTA(자유무역협정)를 적용받아 높은 가격경쟁력을 확보하고 있었다. 그러나 코로나19가 다소 잠잠해지기 시작한 2022년 상반기에 들어서면서 비보가 날아든다. 바이어가 코로나19라는 불가항력으로 제품이 팔리지 않아 대금을 지급하지 못하겠다고 돌변했기 때문이다. 동남아 지역에서 각국이 실시한 지역봉쇄로 물품운송은 물론 판매가 불가능한 상황이 되었다고 바이어는 강변하였다. 바이어의 입장도 이해가 안 되는 것은 아니었지만 손놓고 있을 수는 없어 서둘러 계약서를 찾아보니 눈에 띄는 조항이 들어왔다. 'The security deposit must be in the form of a banker's guarantee.' 특히 문장의 마지막 세단어(a banker's guarantee)가 아주 선명하게 눈에 들어왔다. 쾌재를 부르며 수입업체 거래은행에 바이어가 돈을 결제하지 않으니 은행이 대신 지급해야 한다고 강력히 요청했으나 거절당했다. 수입상 거래은행도 불가항력(Force Majeure)이니 자기들도 수출상의 손을 들어줄 수 없다는 다소 황당한 이유를 내밀었다. 그런데 문제가 그 다음에 발생하였다. 실무자들이 은행보증서를 너무 믿은 나머지 중재조항 등 분쟁해결 조항을 넣지 않은 것이다. 거래 금액이 크지 않은 상황에서 외국 변호사를 동원하여 상대국 법원에 제소할 수도 없고, 그대로 떠안자니 손실액이 적지 않은 금액이라 진퇴양난에 빠져들었다.

흔히 불가항력으로 인정받기 위해서는 양측 당사자의 직접적인 잘못이 없어야 한다는 전제 하에 해당 위험에 대한 통제가 불가능하고 예측이 힘들어야 한다는 조건을 충족해야 한다. 그러나 앞의 사례는 코로나가 진행된 후에 주문을 한 것이어서 코로나로 인한 불가항력을 인정받는 데 한계가 있다고 봄이 타당하다. 다른 사례에서 코로나19로 수입대금을 지급하지 못하겠다는 분쟁이 있었는데 그 건이 법원에서 불가항력으로 인정된 것은 실제로 코로나19 이전에는 문제가 없었으나 그 후부터 판매난으로 미지급이 발생했다는 인과관계가 분명했기 때문이다. 신용장 거래 등에 대해 일부 국가는 법원에 의해 코로나19를 불가항력으로 인정하는 사례도 있지만 보다 엄격하게 따져야 하는 원칙에는 이론이 없는 상황이다. 분쟁은 예고 없이 닥쳐온다. 그래서 항상 분쟁해결 조항을 만들어 '비가 올 때'를 준비해야 한다. 사후에 잘 대비하면 되지 않겠느냐는 말도 있지만 국제거래에서 어느 시점에 분쟁해결 조항을 합의하느냐는 매우 중요하다. 이해득실이 명확하게 갈리는 상황에서 사후 합의는 희망사항에 그칠 가능성이 매우 높기 때문이다,

현업에서 매년 500여 건의 계약서를 작성하고 있다. 새로 갱신되는 계약이 대부분이지만 CEO로 부임하고 나서 모든 계약서 중 분쟁해결 조항을 변경하였다. 기존에는 "이 계약에 의한 소송의 관할은 중앙지법으로 한다."고 명기했으나 이제는 "이 계약에 의해

발생하는 모든 분쟁은 당사자 간에 원만하게 해결하되 합의가 이뤄지지 않는 경우에는 대한상사중재원(본원)에서 국내 중재규칙에 따라 중재로 해결합니다. 중재판정은 최종적이고 당사자에게 구속력이 있습니다."라고 변경하였다. 예외 없이 계약서를 변경하여 중재조항을 삽입한 이유는 명확하다. 비용과 시간을 아끼기 위한 것이다. 소송으로 가면 수억이 들어갈 소송을 3번 정도 해야 하지만 중재는 한 번에 해결할 수 있다. 언제든지 분쟁은 발생한다는 전제 하에 신속하게 해결하는 것이 기업의 경쟁력 제고에 중요한 점이다.

분쟁은 우호적 해결이 필수

그러나 더 중요한 것은 중재조항의 채택은 당사자 간에 우호적 해결을 목적으로 하고 있다는 점이다. 현재의 우호적인 관계도 언제든지 돌변할 수 있다. 특히 코로나19로 불확실성이 높아진 지금에는 더욱 그러하다. 문제는 어떻게 하면 분쟁을 우호적으로 해결할 수 있느냐다. 더 나아가 분쟁에도 불구하고 기존 관계를 더욱 발전시키느냐가 중장기적으로 비즈니스 성패를 좌우한다고 생각한다. 중재는 기본적으로 법은 물론 비즈니스 관행을 존중하고 감안하기 때문에 클레임 제기자나 그 상대방이 수긍하는 판결이 내려질 가능성이 높다. 스스로 추천한 중재인을 통해 자기 주장을 충분히 전달하고 업계 관행에 정통한 중재인의 판단은 대체로 비즈니스맨의 기대를 벗어나지 않기 때문이다.

또한 국제거래에서 중재조항을 넣는 것은 해외중재판정의 승인 및 집행에 관한 유엔(UN) 차원의 약속인 뉴욕협약(New York Convention)에 따라 상대국에서 집행력을 확보할 수 있다는 장점이 있다. 집행력을 확보한다는 것은 단순히 내 손실에 대해 보다 쉽게 보상을 받을 수 있다는 데 그치지 않는다. 스스로 잘못했으면서도 억지를 쓰는 경우가 국제거래에서 종종 발생하는데 이는 국제거래의 특성을 반영한 악의적인 반칙(?)이다. 국별로 적용되는 법이 다르고 판결을 받아도 집행되는 데 한계가 있기 때문이다. 이런 상황을 반영하여 글로벌 비즈니스에서 버티면 이익이라는 말까지 나오고 있다. 중재조항을 계약서에 넣어 두면 이런 '떼쓰기 전략'이 더 이상 통하지 않아 사전적으로 분쟁 발생을 줄일 수 있다.

흔히 '계약서를 왜 작성하느냐'고 물어 본다면 '분쟁을 잘 해결하려고 한다'는 대답이 돌아오지만 근본적인 목적은 그 다음이다. 계약서에 분쟁해결에 대한 내용을 명확하게 규정하면 할수록 분쟁 가능성이 줄어든다는 점을 인식해야 한다. 스스로에게 손해가 명확한 분쟁을 일으키고자 하는 비즈니스 맨은 없을 것이기 때문이다. 그러나 분쟁해결 조항이 명확하지 않으면 갖가지 이유를 들어 트집을 잡는데 이렇게 시작된 분쟁은 장기화 되는 경향이 강하다. 결국에는 우호적 해결은 요원해지고 관계 단절이라는 최악의 경우로 치닫게 된다.

　회사 경영은 리스크를 줄이는 것이 최우선 목표다. 그런 의미에서 비즈니스 분쟁해결 절차를 명확히 하는 것은 아무리 강조해도 지나치지 않다. 국내 거래는 물론 국적이 다른 파트너와 손잡고 글로벌 비즈니스를 하는 경우라면 더욱 그럴 것이다. 사실상 미래의 경영환경을 정확하게 예측하는 사람은 없을 것이다. 그러나 그 환경을 잘 다스리기 위해 분쟁을 쉽게 해결하는 조항을 넣어 리스크를 최소화하고 우호적으로 해결한다면 정확하게 경영환경을 예측하는 것과 비슷한 결과를 만든다고 생각한다. 그래서 오늘도 계약서를 다시 한번 꼼꼼하게 짚어본다. 우호적이고 신속한 분쟁해결 방안을 포함하고 있는지? 그리고 상대방이 다소 억지를 부리면 어떻게 대처를 할 수 있는지를 스스로 따져 본다. 이런 물음에 스스로 'OK 싸인'이 내려지지 않으면 계약서를 고치고 또 고쳐야 한다. 경영자 관점에서 미래 리스크를 최소화는 방안 중 하나로 중재조항의 채택을 적극 고려할 필요가 있다고 생각한다. 형식보다 실익을 고려하면 그 답이 더욱 명확해진다.

중소기업 수출확대와
개도국 시장진출

한국은 무역주도 성장국가

2017년은 세계경제의 성장패턴이 크게 달라진 해로 기억된다. 2012년부터 5년 간은 무역이 경제성장률을 밑돌아 성장엔진으로서 무역은 뒷전으로 물러나 있었다. 그러나 2016년은 세계 무역량(상품)이 4.4% 정도 늘어난 것으로 추정되어 같은 해의 경제성장률을 크게 웃돌면서 '무역부국'의 깃발이 글로벌 시장에서 다시 펄럭이고 있다. 특히 2018년 들어 개도국의 성장률이 5%에 바짝 다가설 정도로 근래에 찾기 힘든 호조세를 보인 것으로 추정된다. 더욱 다행스러운 것은 우리의 최대시장인 중국이 6% 대 후반의 성장을 기록할 것으로 예상되는 데다 사드라는 먹구름도 서서히 걷

힐 것으로 보인다는 점이다. 또한 인도의 성장률이 7% 대의 성장세를 보이면서 우리 기업을 손짓하고 있으며 빛바랜 시장으로 치닫던 러시아와 브라질도 확실하게 플러스 성장세를 찍으며 옛 명성을 회복할 태세다.

2018년에 전년도의 반도체에서 시작된 수출의 온기를 더욱 확산시키고 일자리를 늘리기 위해 중소기업의 수출 외연을 넓히는 것이 더욱 절실하다. 내수가 좀처럼 살아나지 않고 있는 상황에서 수출에 거는 기대는 그 어느 때보다 드높다고 하겠다. 더구나 해외 여건의 개선은 우리에게만 주어지는 이점이 아니다. 모든 나라들이 중상주의에 버금가는 '수출 드라이브'를 통해 해외시장 넓히기에 나서고 있기 때문이다. 특히 중국과의 사드갈등은 서서히 완화될 것으로 기대되지만 중국과 우리 기업과의 관계가 '협력에서 경쟁'으로 바뀌면서 다양한 견제는 불쑥불쑥 솟아나 수출업계를 크게 위축되게 만들 것으로 우려된다. 인도 등 개도국 시장도 까다로운 통관절차로 인해 치밀한 접근 전략을 세우지 않으면 '그림의 떡'으로 전락할 수 있다.

최근 우리나라 중소기업들이 해외시장을 겨냥하는 경우가 크게 늘고 있지만 그 정노는 만속할 만한 수준에 도달하지 못하고 있다. 우리 중소기업 중 2.7%만이 해외시장 공략에 나서고 있는데 이는 독일의 4분의 1수준에 불과하다. 중소기업이 해외시장 진출에 주저하는 이유는 제품이 국경을 넘는 데 내수에서는 존재하지 않는 낯선 절차와 서류가 기다리고 있기 때문이다. 그러나 이를 쉽게 뛰어넘을 지렛대가 있음을 상당수 기업들이 간과하고 있음도 되짚어볼 일이다.

관세장벽 넘기 위해 FTA와 AEO 활용

우선, 각국의 비관세 장벽을 쉽게 헤쳐 나갈 수 있는 'AEO(Authorized Economic Operator, 수출입 안전관리 우수업체)'라는 비법이 있다. 이는 APEC 기업인 카드나 외교관 여권처럼 별도의 통로에 대기하지 않고 특별대우를 부여하여 신속하게 통관수속을 받도록 하는 국제적인 제도다. 2001년 미국의 9.11 테러 이후에 각국의 강화된 통관절차로 인해 물류 지체현상이 만연하자 이에 대한 해결책으로 등장한 제도다. 관세당국이 수출기업의 법규준수도, 안전관리, 내부통제시스템 등의 기준을 충족하는 기업을 AEO 기업으로 인증하고, 수출 상대국에서는 AEO 인증기업에게 신속통관, 세관검사 면제 등 통관절차상 혜택을 부여하는 것을 주요 내용으로 한다. 사드라는 복병이 잠복하고 있는 중국은 물론 세계의 경제성장을 선도하는 인도와 브라질, 그리고 '차이나 +1(플러스 원)'의 핵심시장인 베트남 등 70개국에 이른바 상품통관 고속도로가 개통되어 있다. 갈수록 정교해지고 높아지는 보호무역의 파고에 대비하기 위해 중소기업들의 적극적인 이용이 절실하다고 하겠다.

우리나라는 2018년 거대 국가인 G2(미국과 중국)와 자유무역협상(FTA)을 진행했다. 미국과의 FTA에 대한 재협상이 그것이고 중국과는 서비스·투자분야 협상에 촉각을 곤두세우고 있다. 그러나 중소기업 입장에서 더 중요한 것은 이미 개통되어 있는 FTA라는 고속도로를 적극적으로 이용하는 것이다. 1%의 마진으로 기업의 성패가 좌우되는 글로벌 시장에서 우위를 점하기 위해 15건에 52개국과 맺은 FTA는 반드시 이용해야 하는 우군이다. FTA는 양자 간 협정으로 합법적으로 여타 국가의 제품 및 기업과 차별적인 혜택을 받는다는 점에서 더욱 그러하다. 전문인력이 부족한 중소기업들은 다양한 상담창구를 자주 노크하고 필요하면 FTA 교육에 적극 임할 필요가 있다. FTA 활용은 단순히 제도의 이용에 머무는 것이 아니라 기업의 경쟁력을 일순간에 높여 준다는 점에서 새로운 기술 개발과 맞먹는 경제적 이득을 기대할 수 있다.

중소기업들이 해외시장에서 선전하기 위해 전문인력이 중요하다는 점은 아무리 강조해도 지나치지 않을 것이다. 그러나 외부적으로 뒷받침하는 제도를 잘 이용하는 혜안을 발휘하면 부족한 인력에서 오는 결점을 상당 부분 보완할 수 있다. 중소기업의 수출 외연을 넓혀야 일자리도 늘어나고 내수도 부양하는 선순환이 가능하다는 점을 감안할 때 이미 만들어진 유망시장으로 나가는 고속도로를 이용하는 전략을 적극 권한다.

대중국 결제위험
조심 또 조심

경제지표에 노란불이 들어오다

2023년에 코로나19의 봉쇄 해제로 중국의 경기가 빠르게 회복될 것으로 보이지만 예전의 성장률인 6% 대로의 상승은 힘들 것으로 전망되고 있다. 2022년 3% 대 성장에 이어 올해는 4~5%로 점쳐지고 있다. 실제로 중국의 현장 경기를 알 수 있는 실물지표가 언제 완전히 회복될지 단정하기 힘들다. 전기사용량, 화물운송량 등 실물경제 동향을 나타내는 '커창지수'가 부진을 보이고 있기 때문이다. 중국의 경기침체 영향을 받아 한국의 대중국 수출도 감소세를 탈출하지 못하고 있다. 2023년에 1992년 수교 이후에 연간 기준으로 처음으로 무역적자를 기록할 것이라는 진단도 나오고 있다. 한국의 무역흑자 기관차가 적자 수렁에 빠져드는 형국이다.

최근 대중국 수출에 있어 결제위험이 높아지는 경향이 두드러지고 있다. 일반적으로 은행이 대금지급을 확약하여 안전도가 높은 신용장(L/C)에 의한 대중국 수출의 결제비율은 2010년 15.9%에서 2015년 1/4분기에는 9.9%로 하락하였다. 그 이후에도 비슷한 추세가 이어지고 있다. 특히 무역결제 조건 중 수출상에게 가장 유리한 일람불 L/C의 경우 같은 기간 9.8%에서 4.6%로 반감되는 등 감소하는 추세다. 반면, 대금회수 위험이 높은 외상(추심방식 중 인수도 방식)과 전신환(T/T) 등 송금방식에 의한 수출 비중은 2010년 51.4%에서 2015년 1/4분기 59.4%로 8.0% 포인트 높아졌으며 최근에도 같은 흐름이다.

결제조건이 악화되는 추세

대중국 결제조건의 악화는 대규모 무역금융 사기가 중국에서 발생하면서 가중되고 있다는 점을 참고해야 한다. 수년 전에 청도의 A사가 창고의 보관증을 위조하여 무역금융을 사취(160억 위안, 약 2.8조원)한 이후 은행의 신용장 개설 등이 용이하지 않기 때문이다. L/C 개설 등 무역금융을 은행에 신청하면 외자계 기업들은 대부분 거절되거나 100% 이상의 담보를 요구당하는 사례가 일반화된 것으로 알려지고 있다. 중국의 수입액이 대폭 줄고 있는 것은 석유 등 원자재 가격의 상승과 경기침체가 주요 원인이지만 은행을 통한 무역금융 활용의 어려움도 동시에 작용하고 있는 것으로 풀이된다.

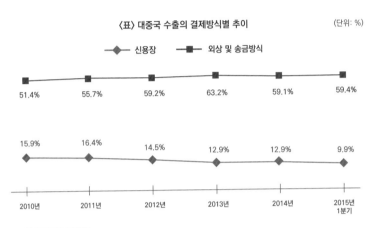

〈표〉 대중국 수출의 결제방식별 추이 (단위: %)

신용장 ◆   외상 및 송금방식 ■

	2010년	2011년	2012년	2013년	2014년	2015년 1분기
외상 및 송금방식	51.4%	55.7%	59.2%	63.2%	59.1%	59.4%
신용장	15.9%	16.4%	14.5%	12.9%	12.9%	9.9%

자료: 한국무역협회 북경지부

잦아지는 무역 결제분쟁 조심

실물경기 둔화로 중국경제에 노란불이 들어오면서 수입 수요가 줄고 일부 중국내 무역업체들은 기존 거래에 대해 대금지급을 회피하거나 소액거래(중국의 대한국 수출)에 대해 선불을 요구하고 물건을 보내지 않는 사례가 발생하여 결제분쟁이 증가하는 추세다. 대중국 교역에서 비신용장 방식의 결제가 늘고 있는데 이는 결제분쟁으로 연결되는 경우가 적지 않아 철저한 주의가 필요하며 중국내 무역업체가 많아 사전대응에 한계가 있는 상황이다. 특히 중국

기업의 창업이 크게 늘면서 중국 수입상의 신용도 확인이 어려운 것도 무역사기를 부채질하는 요소로 작용하고 있다.

예를 들면 전기용품을 생산하는 B사는 30만 달러어치를 중국에 수출하고, 그 대금은 제품 선적 후 60일 후에 송금방식(T/T)으로 받기로 했으나 품질결함을 이유로 대금지급이나 결제를 위한 협상에 전혀 응하지 않고 있다. 매출감소에 따른 고의적 클레임으로 의심되고 있다. C사는 중국에 플라스틱제품 8만 달러어치를 선적한 후에 45일 만에 송금받는 조건으로 수출했으나 판매가 부진하다는 이유로 중국측 수입상이 대금지급을 거절하고 있다. 송금방식은 수입상이 대금을 지급하지 않으면 이를 강제할 방법이 없다는 점을 악용하는 모양새다.

경기악화를 반영하여 대중국 소액거래에서도 결제분쟁이 나타나고 있다. 중국 업체가 해외 거래선의 메일해킹을 통해 송금처를 변경하여 거래대금(약 4만 달러)을 편취하면서 한국의 D사가 곤란한 상황에 처해 있다. 해외로 송금하는 수입결제 금액에 대해 수출상인 것처럼 위장하여 입금구좌를 변경해 달라고 요청한 다음 입금되자 다른 계좌로 이체하여 편취한 후에 종적을 감춘 것이다. 한국의 중소기업인 E사는 광둥지역에 소재한 기업으로부터 기계(1만 달러)를 수입키로 하고 1차 선수금을 요구하여 이를 보냈으며, 이후에 잔금(7천 달러)을 보낼 때에는 수신처를 여러 번 변경하여 우여 곡절 끝에 송금을 완료했으나 중국내 수출상은 대금을 받지 못했 다는 이유로 선적을 거절하면서 재송금을 요청하고 있어 해결책 을 못찾고 있다.

　F사는 중국에서 10만 달러 상당의 오토바이를 수입하기 위해 선 급금 3만 달러를 송금했으나 그 이후에 연락이 두절되었다. G사는 화학제품을 수입키로 하고 중국업체에 선수금 수만 달러를 송금했 으나 제품을 선적하지도 않고 한국 바이어의 공장방문을 거절하면 서 문제가 불거졌다. 조사 결과 다른 회사의 영업집조(사업자등록증) 를 활용하여 한국의 수입상을 속인 것으로 추정된다.

결제리스크에 선제적 대응 필요

　중국에서 무역금융 여건이 악화되었지만 되도록 신용장 방식 등 유리한 대금결제 조건을 고수할 필요가 있다. 한국의 종합상사들 도 중국내 수입상에게 신용장 결제를 요구하고 있으나 쉽게 합의 에 이르지 못하는 경우가 종종 발생하기도 한다. 시황 변화가 심한 화학제품을 취급하는 대부분의 상사들은 매출감소를 감수하고서 라도 대금 회수위험을 낮추기 위해 신용장 결제만을 고집하고 있 다는 점도 참고할 필요가 있다. 이에 따라 구체적인 대중국 무역결 제와 관련하여 반드시 지켜야할 지침을 제시하고자 한다. 우선, 수입결제에서 선불 지급은 최소화할 필요가 있다는 점을 유의해야한다. 완전히 상대방의 신용이 확인되었거나 거래상황을 정확하게 파악한 후에만 제한적으로 일부 수입대금을 먼저 지급하는 관행을 정착시킬 필요가 있다.

공장방문에 시간이나 비용이 부족할 경우 대리인을 통한 확인도 검토할 필요가 있다. 수출대금이 수십만 달러를 상회하는 경우 신용장 방식과 무역보험을 통해 안전장치를 마련해야 한다. 신용장 거래인 경우 개설은행으로 중국내 메이저 은행을 고집하고 사전에 수입상에 대한 신용조회도 진행해야 한다. 무역회사에서 입금 구좌 변경은 흔치 않은 일이므로 변경 요구를 받으면 반드시 유선이나 팩스로 확인하는 조치를 병행할 필요가 있다. 메일을 통해 계좌 변경을 요구하는 경우 최소한 직접 통화하거나 문서를 통해 체크해야 한다. 중국에서 인터넷을 통해 접촉해 오는 경우 서류로만 확인하지 말고 수출상의 공장방문을 통해 생산규모 등을 점검해야 한다. 중국내 경기가 하강국면에 들어서면서 한국기업에게 인터넷(메일)으로 접근하여 턱없이 낮은 가격을 제시한 후 선수금만 받고 오더를 이행하지 않는 경우가 있는데 이런 경우 기업관련 서류가 위조되거나 다른 회사 것을 차용하는 경우가 많아 직접적인 확인이 필수적이다. 왜냐하면 중국에서 다른 회사의 증빙서류를 온라인에서 확보하는 것은 어렵지 않기 때문이다.

【참고】 대중국 무역거래 10대 원칙

① 첫 거래이면서 대규모 수출이라면 신용장 거래를 고수하라

② 거래 전에 상대방에 대한 신용조사를 실시하라

③ 비신용장 방식은 수출보험에 가입한 후에 진행하라

④ 선불지급은 아무리 작은 금액이라도 최소화하라

⑤ 서류만 믿지 말고 현장(공장)을 확인하라

⑥ 인터넷을 통한 저가공세는 의심하고 접근하라

⑦ 입금구좌 변경은 전화나 정식 서류로 확인하라

⑧ 첫 번째 거래는 물론 금액이 늘어난 2~3번째 거래에도 유의하라

⑨ 수입시 중국에서 선적 전 검사를 실시하라

⑩ 개인 휴대전화와 메일이 아닌 회사 대표전화를 통해 마케팅 담당자 실존 여부를 확인하라

자본주의보다 더한
자본주의 중국

백두산도 상장시키는 나라

중국을 대표하는 절인 소림사가 2011년부터 홍콩증시에 상장하기 위해 꾸준히 노력해 왔다는 점은 우리에게 시사하는 바가 적지 않다. 우리나라에서 절이 증권시장에 상장된다면 그 반응이 어떨까? 사실 소림사는 호텔과 병원, 그리고 인터넷 제품판매 등 여러 가지 상업적인 업무를 수행하는 기업집단이다. 그래서 중국에서는 절이라도 마케팅이 너무나 당연한 것으로 여겨진다. 모든 중국기업은 물론 수익사업을 하고, 이들의 최종 목표는 증시상장을 통한 이익의 극대화라는 점에 이의를 제기하기 힘들다. 중국을 대표하는 IT기업인 알리바바가 뉴욕증시에 상장되면서 중국인의 자긍

심을 높여주었다. 한국에서는 수익을 내기 힘들어 상장기업 명단에서 찾기 힘든 구인구직 사이트도 중국에서는 그 위상이 다르다. 중국을 넘어 뉴욕증시와 나스닥에 상장되어 외화벌이(?)는 물론 기업의 가치를 극대화하고 있다.

또한 지난 2014년 8월에는 우리에게 익숙한 백두산(중국명 長白山)이 상하이 증시에 상장되었다. 관광지 상장은 중국에서 너무나 흔한 일이어서 뉴스로 크게 부각되지 못했다. 원래 장백산은 지린성 연변조선족자치구에서 관리했으나 지금은 지린성에서 장백산관리위원회를 별도로 두어 성급 차원에서 독립성을 강조한 모양을 갖추었는데 이제는 한 단계 더 나아가 기업형태의 운영체제를 가동하기 시작한 것으로 보인다. 기업의 공식명칭은 장백산여행주식회사로 주요 업무로는 관광, IT서비스, 장식, 광고, 특산품개발 등 여행 관련 분야는 물론 기술 이전 및 수출입도 포함하고 있다. 형식적으로는 장백산보호개발관리위원회 산하에 임업집단, 건설집단, 장백산임공이라는 3개의 자회사를 두고 이들이 장백산여행주식회사를 100% 소유하는 지배구조를 형성하고 있다. 장백산여행은 온천공사와 천지여행이라는 자회사를 그 밑에 두고 있다. 상장 당시 주식은 총 6,667만 주로 그 총액이 2.7억 위안(약 460억 원)에 달했다. 증시 개시가격은 주당 6.54위안이었다. 모집된 자금을 통해 온천을 개발하고 호텔과 식당을 증설할 것으로 알려졌다. 그런데 우리에게 생소한 관광지의 증시상장은 장백산이 처음은 아니다. 이미 유명한 관광지가 상장되어 주식으로 거래되고 있다. 장가계, 서안, 운남, 계림, 리장 등이 대표적인 업체들이다.

건물주가 택시 기사에게 20위안씩

　중국 베이징 중심지에 한국의 무역센터처럼 전시장(최근 명품매장으로 변신)과 사무동, 그리고 호텔과 쇼핑센터를 갖춘 상업 중심지역이 있다. 이곳은 베이징에서 최고의 입지를 자랑하는데 88층 규모의 새로운 건물이 들어서면서 교통이 혼잡해지자, 퇴근 시에 택시를 잡기 힘든 문제점이 발생하였다. 택시 운전사의 기피지역으로 전락한 것이다. 그런데 건물 소유주가 아이디어를 내어 이곳에서 손님을 태우러 오는 택시 기사에게는 1회당 20위안을 무료로 제공하는 파격적인 택시 유인책을 2013년 말부터 전개해 화제다. 택시 운전자는 돈을 더 벌어 좋으니 빈 택시를 몰고 북경무역센터로 몰려오는 것이다. 빈 택시가 없어 발을 동동 구르던 현상이 사라지고 반대로 빈 택시가 줄을 서기도 한다. 결과적으로 이 건물 근무자들은 택시를 쉽게 잡을 수 있으니 건물가치를 높게 평가하게 되고, 교통난을 이유로 다른 곳으로 옮기려 했던 입주업체 CEO들도 직원들의 교통난이 해소되자 반색을 하며 즐거운 표정이다. 이 건물이 중국 당국이 투자하여 운영되는 국영기업이라면 더욱 놀랄 일이다. 건물의 가치를 높이기 위해 500만 위안을 쓴다는 말까지 나돌고 있다(나중에는 택시기사 보조금을 대당 5위안으로 낮추거나 없앤 것으로 알려졌다).

운전 벌금도 팔고 사는 나라

중국은 운전하기 힘든 나라로 통한다. 신호등을 지키라고 있는지, 아니면 형식적인 그림에 불과한지 모를 정도로 어수선하고 날씨가 안 좋으면 쉽게 엉킨다. 거기에다 자전거와 전동차(자전거에 모터를 부착한 짓)가 갑자기 차도로 돌진하고, 보행자는 불쑥불쑥 튀어 나와 운전자는 긴장의 연속이다. 그래서 상당수 외국인은 베스트 드라이버라도 중국에서는 운전대를 놓는다. 소탐대실할 수 있기 때문이다. 특히 중국은 교통법규 위반에 대한 벌점도 엄하기로 유명하다. 1년간 벌점이 12점에 달하면 면허가 취소되는데 한 번에 12점이나 6점인 법규위반 사항이 수두룩하다. 규정된 속도를 50%만 초과해도 한 번에 벌점이 12점이 부여되어 면허가 바로 취소된다. 이에 따라 운전으로 먹고 사는 사람과 운전이 불가피한 사람은 벌점을 부득이하게 다른 사람에게 전가해야 하는 상황에 내몰린다.

차량이 법규를 위반하면 운전자가 출두하여, 그 위반을 시인해야 하는데 원래 운전자가 아닌 다른 사람을 내세우기도 한다. 벌점을 다른 사람에게 떠넘기는 것이다. 그러다 보니 벌점 거래시장(?)도 형성되어 1점당 최고 250위안에 거래되기도 한다. 벌점을 신고하리 온 사람들에게 브로커들이 접근하여 거래를 부추기는 것이다. 2-3년 전만 해도 1점당 100위안이었는데 날이 갈수록 그 가격이 뜀박질을 계속하고 있다고 한다. 한 번에 많은 점수가 거래되면 상품 가격을 깎듯이 1점당 70-80위안으로 낮아지기도 한다. 이런 벌점 거래 현장을 막기 위해 새로운 규정도 생겨나고 있다. 차량 1대당 3명만 운전할 수 있고, 운전자 1명은 차량 3대만 담당할 수 있다는 규정이 그것이다. 다른 사람의 벌점 인수에는 장롱면허가 동원되는데 한 사람이 5-6대를 운전하는 것처럼 벌점을 사서 떠안는 것을 미연에 방지하기 위한 조치다. 반대로 차량에도 운전자 수를 제한하여 벌점을 아무에게나 팔지 못하도록 규제하고 있다.

유학생 창업원 파격 지원

중국정부는 유학생의 귀국창업을 장려(지원)하는 정책을 지속적으로 발표하고 있다. 1997년에 중국공산당 제15차 전국대표대회에서 해외유학생의 귀국 근무를 장려하는 지침을 발표하여 유학생 지원에 대한 기초를 쌓았다. 유학생이 해외에서 취득한 특허나 연구 성과를 활용하여 중국 국내 기관과 협력해 공동 프로젝트를 수행하거나, 유학생이 중국으로 귀국하여 창업을 하는 등에 대해 적극 장려하며, 관련 업무에 대해 각 지방 정부가 우대정책을 제공하고, 기업 등록, 토지사용, 세무 등 대관업무 처리에서 편의를 제공하도록 하였다. 이런 정부 방침을 실천하기 위해 대부분의 귀국유학생 단지들은 맞춤형 원스톱(One-Stop) 서비스를 제공하고 있다. 중국의 귀국유학생 단지에서 제공하는 기본 서비스에는 정착 서비스, 정책자문 서비스, 대관업무 서비스, 비즈니스 서비스, 마케팅 서비스, 융자 서비스 등이 포함된다.

〈표〉 유학생 귀국창업 지원 내용

구분	주요 내용
①정의	*유학생 귀국창업은 해외유학생이 특허, 연구 성과, 전문기술 등을 이용해 귀국 후 창업한 것을 지칭 *유학생 기업은 통상 유학생이 기업의 법인대표를 맡거나, 유학생의 자금(기술 투자 포함) 및 해외 벤처투자 금액이 기업 전체 투자의 30% 이상을 차지해야 함
②자금 지원	*조건이 허락되는 지역에서는 유학생의 귀국창업을 위해 일정 수량의 창업 개시 자금을 지원해 줄 수 있으며, 일정 금액의 정착비용, 혹은 주택 보조금을 제공할 수 있음 *조건이 허락되는 지역에서는 정부 창업투자 촉진기금을 설립해 국영기업, 민영기업, 외국기업 등 사회자본의 참여를 유도함으로써 유학생의 귀국창업을 위한 자금 조달 경로를 마련
③세금 지원	*국가에서 중점 지원하는 하이테크 산업에 속하는 유학생 기업에 대해 15%(원래는 25%)로 기업소득세를 감면 *연구개발 비용은 실제 발생액의 150%로 확대 계산해 세금 공제를 받을 수 있도록 혜택 제공 *농림축수산업, 국가에서 중점 지원하는 공공 인프라 투자, 친환경 프로젝트 등에 대해 기업소득세를 면제 혹은 감면
④정부 조달	*유학생 기업의 정부 조달 입찰 지원
⑤창업기지 조성	*각 지역은 경제기술개발구, 대학교 과학기술단지, 유학생 단지 등을 이용해 유학생들의 귀국 창업 기지 조성

자료: 중국 중앙인민정부 공식 홈페이지(2014년 8월)

설립 및 운영 방식은 크게 세 가지로 분류된다. 먼저 언급되는 방식이 정부 주도형이다. 전체의 85%에 달하는 유학생 단지가 본 방식으로 설립되었으며, 주로 하이테크구, 경제개발구, 보세구, 공업구, 과학기술구 등 산업 밀집 지역에 건립되었다. 대표적으로 톈진 빈하이 하이테크구 해외유학생창업단지, 항저우 경제기술개발구 유학생창업단지, 닝보보세구 유학생창업단지, 상하이보산 유학생 창업단지, 베이징시 유학생 하이뎬창업단지 등이 손꼽힌다. 톈진 빈하이단지에는 98개의 유학생 창업기업이 입주해 있으며, 본 창업단지를 통해 인큐베이팅을 받은 기업은 수백 개에 달할 정도로 좋은 성과를 내고 있다. 대학교(연구기관) 및 지방정부 합작형도 존재한다. 본 방식은 주로 베이징에 집중되었으며, 다른 지역에는 적은 편인데 베이징대와 중관춘과학기술단지 관리위원회가 공동으로 건립한 '베이징대 유학생 창업단지'가 대표적이다. 관리는 베이징대에서 맡고 있다. 최근에는 민간에서 직접 설립했거나 민간에서 정부와 합작하여 건립한 귀국유학생 단지가 점차 증가하고 있다. 베이징 경제기술개발구내 후이룽선 창업단지는 베이징경제기술개발구 인재교류서비스센터와 후이룽선(汇龙森)이라고 하는 회사가 공동으로 설립한 베이징의 첫 민영 귀국유학생 단지이다. 2005년 5월에 설립된 본 창업단지는 '정부는 지도, 기업은 운영'이라는 지침에 따라 자주 경영 및 높은 효율성 등을 추구하고 있다. 후이룽선은 3,500만 위안을 투자해 생물의약 실험실과 작업실 등을 설립했으며, 신소재 실험실 등도 구축하여 기업들을 밀착 지원하고 있다. 2013년 현재 500개의 유학생 창업기업이 입주해 있으며, 본 창업단지를 통해 인큐베이팅을 받은 기업은 2,000개에 달할 정도로 활성화되어 있다.

최근 중국의 귀국유학생 단지는 최근 급속히 양적으로 성장하는 단계에 들어서 유학생의 귀국에 일조하고 있을 뿐만 아니라 중국 경제의 업그레이드(Up-Grade)에 지렛대가 되고 있다. 특히 귀국유학생 단지에 재직 중인 유학생 수가 3만 명에 육박하여 누계로는 10만 명을 넘어선 것으로 추산될 정도로 양적 성장이 눈부시다. 이와 함께 유학생 단지는 해외 고급인재와 첨단산업의 메카로 자리 잡고 있어 질적 성장도 병행하고 있다는 평가가 나오고 있다. 우리나라도 해외 유학생의 귀국을 유도하고 청년창업 활성화를 위해 종합적인 귀국유학생 비즈니스 활성화방안이 필요하다고 하겠다. 따라서 유학생 기업에 대한 자금 및 임대료 할인은 물론 마케팅까지 통합적으로 지원하는 체제를 국가차원에서 검토할 필요가 있다고 본다. 유학생의 귀국 후 창업은 우수인재의 유치와 일자리 창출이라는 두 마리의 토끼를 잡을 수 있기 때문이다.

미·중 무역전쟁에서
한국이 나아갈 길

미·중 무역전쟁에서 한국이 나아갈 길*

한국 경제를 덮고 있는 외풍은 두 가지, 코로나 사태와 미·중 경제전쟁이다. 두 외풍은 한국 수출을 위협하며 한국경제를 억누르고 있다. 한국은 미국과 중국의 고래 싸움에 끼어 새우등이 터질 수 있다.

이런 와중에 무역협회 국제무역통상연구원이 공개한 한 보고서가 눈길을 끌었다. 미·중 관세 전쟁 개시 후 한국 수출품의 미국 시장 점유율이 증가했다는 내용이다. 삼성전자와 SK하이닉스가 중국 통신장비업체인 화웨이에 반도체를 수출하지 못하도록 미국이

* 조선일보 2020년 10월 29일자 인터뷰

직접 규제에 나서며 글로벌 공급망을 미국 중심으로 재편하고 있는 상황에서 미국 시장은 한국 수출의 새로운 희망이 될 수 있을까? 코로나 사태 이후 한국의 1, 2위 수출 시장인 중국과 미국의 수출 전선은 어떤 상황일까? 지난 27일 오후 서울 삼성동 무역협회 건물 48층 국제무역통상연구원장 집무실에서 최용민 원장(55)을 만났다. 남쪽 창문 밖으로 멀리 새파란 가을 하늘과 푸른 산이 보였다.

최 원장은 "미·중 관세전쟁이 벌어진 지난 2년여 동안 한국 제품의 미국 시장 점유율은 늘어난 반면, 중국 시장에서 받은 충격은 그리 크지 않은 것으로 판단된다"라고 말했다. 다만 "최근에 화웨이 규제 사례처럼 미국의 직접적인 수출 규제가 관세 인상보다 큰 변수라서 이 효과를 주의 깊게 보고 있다"라고 했다. 최 원장은 지난 1990년에 무역협회에 입사한 뒤 FTA(자유무역협정) 통상실장, 동향분석실장을 역임한 30년 경력의 무역통상전문가이다. 2020년 7월부터 국제무역통상연구원장을 맡고 있다.

수출 전선의 이중고
-미·중 관세전쟁에 코로나 사태까지 겹쳐 한국 수출이 이중고를 치르고 있다. 현재 수출 전선은 어떤가?
"코로나 사태도 일종의 경제 위기이다. 한국은 소규모 개방경제이기 때문에 경기위기 극복의 견인차는 무역일 수밖에 없다. 코로나 사태로 해외의 수입 수요가 많이 줄고 사람과 물자의 이동이 막히면서 무역이 제 역할을 못할 것이라는 우려가 많았다. 2분기(4~6월)까지는 상황이 좋지 않았다. 다행히 3분기(7~9월) 무역이 전년 동기 대비 3.2% 감소하는데 그쳤다. 주요 무역국들의 상황을 보면 중국이 전년 동기 대비 10% 정도 증가한 것을 제외하고는 대부분 10% 정도 줄었다. 한국은 선방한 셈이 아닌가 싶다."

-한국이 선방했다면 원인은 무엇인가?

"코로나 사태로 사람들간의 이동은 제한됐지만 상품 소비는 여전하다. 관광 같은 서비스는 줄었지만 제조업은 빨리 회복이 됐다. 한국도 제조업 기반이 탄탄해서 회복속도가 빨랐다. 예컨대 이번 코로나 사태 때 냉장고 수출이 많이 늘었다. 집에 머무는 시간이 늘면서 냉장고 수요가 늘어난 것으로 추정된다. 또 중소기업 제품 가운데에는 1~9월 화장품 수출이 작년보다 8.5%나 증가했다. 사람들이 집에 있으면서도 K-문화의 영향으로 피부 관리와 세면 등에 한국산 화장품을 많이 썼다. 2008년 글로벌 금융위기 때에는 수출이 12개월 만에 플러스로 돌아섰는데 이번에는 코로나 사태 발발 후 6개월 만에 9월 수출이 증가세로 돌아섰다. 외환위기 당시에도 무역 흑자로 경제 위기를 빨리 극복할 수 있었는데, 이번에도 무역이 큰 역할을 할 수 있지 않을까?"

〈그림〉 2020년 수출 증가율　　　　　(전년 동기대비, %)

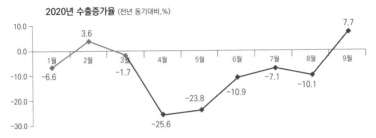

자료: 산업통상자원부

3분기 들어 수출 회복세

-수출이 9월에 증가세로 돌아서기는 했지만 올해 1~9월 누적치를 보면 작년 같은 기간보다 8.6% 감소했다. 이 감소분에서 코로나 사태와 관세 전쟁이 각각 어느 정도씩 영향을 미쳤다고 볼 수 있나?

"둘의 영향을 분석해 수치로 계산하기는 힘들다. 다만 관세가 한국 제품에 직접 부과된 것은 많지 않다. 미국에 수출되는 중국 제품이 관세의 영향을 많이 받는다. 미국이 중국 제품의 미국 진입을 막으면서 미국 시장에 중국 공백이 생겼고 그 덕에 한국의 미국 시장 점유율이 지난 1년 반 사이에 0.5% 포인트 상승했다. 반면 코로나 사태는 지난 9개월간 수출에 큰 악영향을 미쳤다. 지난 2분기(4~6월)에 항공기 운항이 줄어든 것이 큰 요인 중 하나이다. 항공사는 승객을 운송하면서 화물도 같이 싣는데, 수지를 못 맞추니까 항공기 운항을 줄이면서 화물 수송도 많이 감소했다. 수출 화물 봉쇄 현상이 나타난 것이다.

그러나 3분기에는 여객기 운항이 많이 재개됐고 항공사들도 기지를 발휘해 여객기를 화물기로 바꾸어 노선을 다양화했다. 그래서 항공 물류는 거의 회복되었다고 본다. 유럽, 인도, 중남미 등 해외 경기가 아직 코로나 사태로 위축되어 있기 때문에 경제가 완벽하게 해소되지는 않았지만 수출 회복을 위한 물류 기반은 재건된 상태다."

미국 시장 점유율 높아지다

코로나 사태가 끝나도 미·중간 기술 패권 전쟁에서 촉발된 싸움은 계속될 것이다. 앞으로도 오랫동안 한국 경제에 영향을 미칠 기술패권 다툼에 집중해 물어보기로 했다.

-트럼프 미국 대통령이 2018년 7월 중국산 미국 수입 제품에 관세를 부과하면서 미·중 무역전쟁이 시작됐다. 2년 3개월이 지났는데 한국의 1위 수출 시장인 중국, 2위 수출 시장인 미국 지역의 수출은 어떻게 변화됐나?

"둘 다 크게 변화된 것은 없다. 다만 미국 시장 내 중국의 점유율이 하락한 반면, 베트남과 대만, 한국의 점유율이 상승했다. 한국의 경우 2018년에 점유율이 2.9% 였는데, 2019년에 3.1%, 올해 상반기에는 3.4%로 증가했다. 1년 반 동안 0.5% 포인트 늘어났다. 액수로는 35억달러(약 4조원) 정도이다. 중국의 공백을 베트남과 대만, 한국이 주로 차지했다."

〈표〉 주요국가별 미국의 수입증가율 추이 (전년 대비%)

국가	2016	2017	2018	2019
중국	-4.3	9.2	6.7	-16.2
멕시코	-10.0	6.5	10.1	4.0
캐나다	-6.3	7.7	6.5	0.3
일본	0.4	3.3	4.3	0.9
독일	-8.6	3.0	7.0	1.4
한국	-2.6	2.2	4.0	4.3
베트남	10.7	10.4	5.8	35.5
영국	-6.5	-1.8	13.9	4.2
아일랜드	15.7	7.3	17.6	7.7
인도	2.8	5.5	11.8	6.3
프랑스	-2.3	4.7	7.2	9.8
이탈리아	2.4	10.2	9.6	4.7
대만	-4.2	8.2	7.8	18.6
스위스	15.6	-1.0	14.2	8.6
말레이시아	7.8	2.1	5.3	3.1

자료: USITC

-미·중 전쟁이 한국 수출에 큰 악영향을 미쳤을 것으로 보이는데 뜻밖이다?

"중국에서 직접 소비되는 제품이나 한국 기업이 미국으로 직접 수출해 현지에서 소비되는 제품은 이러한 관세 전쟁의 영향을 받지 않는다. 영향을 받는 한국 수출품은 중국에서 조립된 뒤 미국에 수출되는, 예컨대 전자 제품이나 가전 제품이나 관련 중간재가 대부분이다. 한국의 대중 수출품 가운데 이러한 제품이나 중간재는 전체 대중국 수출에서 5% 정도를 차지한다. 중국의 대미 수출 전체가 모두 미국의 관세 규제를 받는 것은 아니고 이 중 대략 3분의 2 정도가 규제 대상이다. 다만 세계 경제와 무역에서 높은 비중을 차지하는 국가 간의 무역 분쟁이기 때문에 양국의 경기변동이나 수요 위축 같은 영향이 일부 있었다고 본다.”

-중국에서 미국으로 수출되는 규제 품목 가운데 포함되는 한국 제품은 어떤 것들이 있나?
“중국 쪽 세관 자료를 분석해야 하는데 그 정도까지 분석작업이 이뤄지지는 못했다.”

-미국 시장은 어떤가?
“미국의 통계를 분석해 보면 관세 전쟁 개시 이후 미국 수입 시장을 둘러싼 공급망 재편 현상이 뚜렷이 드러나고 있다. 한국의 경우 올해 1~9월 전체 수출이 작년 같은 기간에 비해 8.6% 줄었는데, 미국에 대한 수출은 1% 감소했다. 그만큼 미국 시장에서 선전했다는 이야기다.”

-주로 어떤 부문에서 선전했나?
“부품이나 소재와 같은 중간재 수출이 많이 늘었다. 미국이 한국의 전자업체와 배터리업체에게 미국에 투자하라고 했다. 그래서 한국업체들이 미국에 생산공장을 두고 생산하고 있는데 부품과 소재를 한국에서 가져간다. 4차 산업혁명으로 공장자동화, 즉 스마트팩토리가 진행되면서 사람을 많이 고용할 필요가 없게 되자 인건비 부담이 줄었다. 그래서 인건비 부담이 높은 미국에 공장을 세우는 것이 예전보다 쉬워지고 있다. 이러한 흐름을 타고 미국에서 생산하는 한국 기업들이 늘어나고 그 덕에 중간재 수출이 증가하고 있다.”

중국 시장도 큰 타격 없는 듯

-앞의 이야기를 종합해 보면, 중국을 통해 미국으로 가는 수출은 줄어들었지만 미국에 대한 수출은 늘어난 것으로 보인다. 전체적으로 보아 한국 수출은 미·중 관세 전쟁 이후 더 좋아졌나, 더 나빠졌나?

“중국 세관 자료를 보면 중국 수입품 시장에서 한국 수입품이 차지하는 비중은 2019년 8.4%, 올해 상반기는 8.5%였다. 관세전쟁이나 코로나 사태 와중에도 우리가 중국 수입품 시장을 다른 경쟁국에 빼앗긴 것은 아니다. 다만 중국 기업들의 기술 수준이 급격히 올라왔고 중국 경제구조가 내수 중심으로 이동하며 중국 자국 생산품 수요가 증가한 까닭에 중국인들의 한국 수입품 의존도가 줄고 있기는 하다. 그러나 이것은 관세 전쟁과 코로나 사태의 영향이

라기보다는 중국 기업과 중국 경제의 성장 결과라고 봐야 한다. 반면 미국 시장은 앞에서 이야기했듯이 시장 점유율이 늘었다. 그러니 종합해 보면 지금까지는 한국 수출이 관세 전쟁 이후 더 나빠졌다고 보기는 어렵다."

지금까지는 괜찮았지만

-앞으로의 전망은?

"중국의 경제 구조가 수출 중심에서 내수 위주로 바뀌면서 한국의 중국 수출품도 대부분이 중국 내수용이다. 그래서 지금까지는 미·중 관세전쟁의 영향을 별로 받지 않았다. 다만 미국이 지난 9월부터 한국의 중국 수출에 직접 규제를 하기 시작하면서 충격이 커질 수 있다. 예컨대 한국의 중국 수출품 가운데 1위는 반도체인데, 작년에 중국 수출품 가운데 27.4%, 373억달러(약 42조원)를 차지했다. 미국이 미국의 기술을 사용한 한국산 반도체를 중국 통신업체인 화웨이에 공급하지 못하도록 규제하고 있다. 그 여파가 어떨지 살피고 있다."

-화웨이에 공급하는 한국 반도체 규모는 얼마인가?

"연간 10조원 정도로 추정된다."

-그렇다면 한국의 대중 반도체 수출이 10조원 줄어드는 셈 아닌가? 관세 전쟁 이후 1년 반 동안 한국 제품의 미국 수출이 약 4조

원 정도 늘었는데 화웨이 규제만으로 대중 수출이 연간 10조원씩 줄어든다면 큰 문제 아닌가?

"꼭 그렇게 볼 수는 없다. 지난 9월 중순부터 화웨이 납품이 중단 됐는데, 화웨이는 내년 초 부품까지는 이미 구입해 확보한 상태라 고 했다. 한국 반도체를 미리 사갔을 가능성이 있다. 또 내년 이후 에 화웨이의 스마트폰 생산량이 줄어들면 다른 중국업체들의 스마 트폰 생산이 그만큼 늘 것이다. 이런 업체들이 한국 반도체 수입을 늘릴 것이라고 본다. 화웨이 외의 다른 중국 스마트폰 제조업체들 은 아직 미국의 규제를 받지 않기 때문이다. 그래서 10월 이후 반 도체의 중국 수출 통계를 유심히 보고 있다."

바이든이 미국 대통령이 되면

-바이든 후보가 대통령에 당선될 경우 향후 전망은?

"중국 정책에서 바이든 후보는 트럼프 대통령과 큰 차이가 없다 고 본다. 다만 동맹을 중시하니 한국과 같은 동맹국의 의견을 들어 서 미세조정은 할 것 같다."

-트럼프 대통령은 중국을 직접 겨냥해 1대1의 방식으로 대응했 다. 반면 바이든 후보는 동맹국과 함께 공동으로 미국 중심의 글로 벌 공급망을 만들겠다고 했다. 바이든 후보가 되면 글로벌 공급망 재편이 빠르게 이뤄질까?

"글로벌 공급망을 짜는 데 앞장서고 있는 나라는 일본과 미국이다. 일본은 2011년 동일본 대지진 이후에 한 품목만 없어도 제품 생산이 올스톱된다는 것을 체험했다. 그래서 생산 효율보다 복수의 공급처를 확보하는 것이 중요하다는 생각을 하게 됐다. 중국뿐 아니라 태국 등에도 공장을 갖고 있다. 미국은 미국 내에 제조업 공장이 없다는 것은 일자리가 없다는 것과 같다고 생각한다. 그래서 미국 정부는 해외에 있는 미국 기업을 미국으로 다시 데려오기 위해 법인세를 낮추는 등 규제완화를 하고 있다.

그러나 미국 정부 뜻대로 되지는 않고 있다. 해외 시장이 미국 내수 시장보다 더 크기 때문이다. 한국은 해외 시장이 내수 시장의 70배나 된다. 미국도 해외 시장이 더 크기는 마찬가지이다. 그러니 미국 기업 가운데 중국 시장에서 더 많은 물건을 팔 수 있는 업체는 중국 시장을 중심으로 조달 구조, 공장의 분화 구조를 만들 것이다. 미국으로 공장을 모두 이전하기보다는 미국에 별도의 공장을 하나 더 만드는 정도의 조치를 하는 수준에 그칠 것으로 본다. 미국에 필요한 것을 생산하기 위한 공장은 미국으로 돌아가겠지만, 다른 시장에 필요한 제품까지 미국에서 만들어 공급할 수는 없다는 뜻이다. 중국 시장이 더 큰 기업은 중국이나 아시아 공장을 미국으로 이전할 수 없다. 한국의 경우에도 업종별로 다를 것이다. 미국 시장이 중요한 전기차 배터리와 가전 업체는 미국에 공장을 짓는 것이 중요하다. 모든 것이 미국 중심으로 돌아가는 것은 아니다. 각 업종의 기업인들이 미국 시장이 얼마나 중요하다고 판단하느냐에 따라 미국 중심의 글로벌 공급망 구조가 결정된다."

미·중 전쟁을 피해가는 묘수

－미국 중심으로 글로벌 공급망이 재편될 때 한국이 미국 혹은 중국 수출을 늘리기 위해 취해야 하는 전략은 무엇인가? 양 국가의 직접적인 규제를 피하기 위해 예컨대 베트남 등 제3국으로 해외 생산기지를 이전하거나 제3국의 기업들과 파트너십을 맺는 것이 필요한가?(미국 기업인 인텔은 관세 회피를 위해 중국 내 칩셋 생산물량을 베트남에서 생산하기로 결정했다.)

"당연히 그러한 부분이 필요하다. 그래서 일본은 태국으로 가고 있다. 한국 기업인들은 말레이시아가 사업 환경이 좋다고 한다. 그러나 중국에 생산 기반이 있는 한국 기업이 미·중간의 경쟁 때문에 중국 생산 기반을 모두 제 3국으로 이전해서는 안 된다. 중국 것은 놔 두고 다른 나라 것을 확보하는 방식으로 다원화된 안정적 공급망을 확보해야 한다. 중국 시장이 엄청나게 큰 데도 생산의 효율성만 보고 베트남으로 이전하면 안 된다는 말이다. 장기적으로 보면 생산기지는 시장 중심적으로 갈 수밖에 없다. 판매 제품의 중국 시장이 크면 중국에 공장을, 미국 시장이 크면 미국에 공장을 두면서 다른 지역에도 보조 공장을 두는 복수화 전략을 써야 한다."

중국의 역공

-미국이 글로벌 공급망을 미국 중심으로 재편하겠다고 하지만 최근 추세를 보면 중국 기업이 멕시코나 동남아에 공장을 세워 미국에 수출하는 경우가 늘어나고 있다. 그렇다면 미국의 조치는 의미가 없지 않나?

"그렇다. 무역전쟁 이후에 미국의 중국 무역적자는 줄었지만 베트남과 멕시코 무역에서 생기는 적자는 더 늘었다. 과연 미국이 미·중 무역전쟁을 시작할 때 제기했던 무역적자 감소 목표를 달성하고 있는지 의문이다. 다만 중국이 멕시코와 베트남을 통해 우회수출을 할 경우 중국에서 직접 생산할 때보다 중국 국내에 떨어지는 부가가치의 양은 줄어든다. 중국의 일자리가 감소하는 것이다. 그런 점에서 미국이 성과를 거두는 측면은 있다."

-중국이 우회수출에 나서면 한국 기업이 피해를 보지 않나?

"그런 측면이 있다. 중국이 미국으로 물건을 수출 못하니 동남아에 수출한다. 그래서 한국은 동남아 시장에서 중국과 더 피 튀기는 경쟁을 하게 된다. 미국이 죽이려고 하니 중국도 스스로 활로를 찾는 것이다. 세계 무역 시장은 살아 움직이는 생물이다. 그리 간단하지 않다."

놓칠 수 없는 중국 시장

세계 무역계의 화두인 미국 중심의 글로벌 공급망 재편에 관한 대화가 끝났다. 최 원장이 무역협회 베이징 지부장 3년을 포함해 중국에서 모두 7년간 근무했다는 생각이 떠올랐다. 한국 최대 수출시장인 중국 사정에 훤한 그에게 중국 시장에 대해 좀 더 깊이 들어보기로 했다.

-지난해 한국의 전체 수출에서 중국이 차지하는 비중은 25.1% (1,362억달러)로 1위, 미국의 비중은 13.5%(733억달러)로 2위였다. 파이의 크기를 놓고 볼 때, 미·중 간에 무역 전쟁을 하더라도 한국에게 중국은 놓치기 어려운 수출 시장 아닌가?

"이렇게 봐야 한다. 한국 기업에게는 미·중 무역전쟁에 따른 규제보다는 중국의 경제성장률이 더 중요하다. 규제에 따라 해당 품목의 중국 수출이 줄 수는 있겠지만, 중국의 내수 시장이 급성장하기 때문에 그 부분에서 한국 기업들이 수출할 여지가 더 늘어나고 있다. 그러니 미·중 무역전쟁 속에서 한국이 동맹국인 미국의 뜻을 따라 중국 수출을 줄인다고 하더라도 품목의 비중이 크지 않기 때문에 한국이 중국 시장을 잃어버릴 것이라고 속단할 필요는 없다. 앞으로 미·중 간에 무역전쟁이 이어지더라도 한국의 중국 수출 전망이 그리 나쁘지 않다는 이야기이다. 한국은 내수 시장이 작다. 중국 수출 시장이 더 크다면 거기에 맞춰야 한다. 생산 공장을 복수화해 한국 내수시장과 중국 등 해외 시장의 공급을 안정적으로 관리하는 것이 중요하다."

-반도체 수출 규제가 이어지더라도 전체 전망이 그리 나쁘지 않다는 말인가?

"반도체 수출은 줄겠지만 중국이 올해 빠르게 경제 회복을 하게 되면 반도체보다 비중이 큰 다른 제품의 수출이 더 빠른 속도로 늘어난다. 또 한국 반도체의 미국 수출이 더 늘어나면 상쇄 효과가 있다."

예측 어려운 미·중 전쟁

-미국이 반도체에 이어 한국 수출에 영향을 미칠 수 있는 제재 조치를 한다면 어떤 분야나 업종이 될까?

"어떤 품목으로 불똥이 튈지 예상하기 어렵다. 미국이 베트남의 환율 조작 조사를 하고 있는데 베트남이 환율 조작을 했다면 그 효과를 상쇄하는 상계 관세를 부과할 수 있다. 중국에도 환율 조작 카드를 들이대고 관세 외에 다른 것으로 압박할 수도 있다"

기업은 제품 혁신, 정부는 기업 도와야

-현재 미·중 경제전쟁에서 한국이 가장 우려하는 것은 미국이 중국 뿐 아니라 한국의 수출을 직접 통제하는 형태이다. 이 문제를 해결하기 위해 한국 정부가 할 수 있는 대책은 무엇인가?

"미·중 간의 싸움이기 때문에 한국 정부가 할 수 있는 것은 거의 없다. 다만 미래 신기술 제품은 제품에 서비스를 융합하는 것이므로 기업들이 이러한 신제품을 잘 만들 수 있도록 정부가 기업 혁신을 돕는 규제 완화를 해줘야 한다. 특히 스타트업들이 혁신을 잘할 수 있도록 말이다."

-한국 기업이 할 일은?

"중국 제품이 미국에 진입하지 못해 생기는 공백만 노리는 대체 수요 카드로는 한국 수출이 오래 갈 수 없다. 결국 기본으로 돌아가야 한다. 수출 제품 경쟁력을 높여서 중국 제품이나 미국 제품과 차별화해 중국 시장과 미국 시장을 돌파하는 데 집중해야 한다. 특히 코로나 사태 이후 디지털화가 10년 정도 앞당겨졌다고 봐야 한다. 그래서 한국 기업들은 이 부분에 집중해 혁신을 해야 한다. 자율주행차 등 신산업은 기술의 융합에서 나오므로 기존 제품의 수성보다는 외부 기술과 자기 제품을 결합해 신상품의 영역을 개척해야 한다. 소비자의 선택 방법이 달라지고 디지털 기술의 수요가 늘고 있기 때문에 이러한 트렌드 변화를 보고 나가는 것이 미·중 패러다임에 매달리는 것보다 더 중요하다."

인터뷰를 시작한지 1시간 10분이 넘었다. 최 원장은 인터뷰 내내 열정적인 목소리로 쉬지 않고 자신의 의견을 피력했다. 1997년 외환위기와 2008년 글로벌 금융위기 때처럼 이번 코로나 경제위기 극복에도 수출과 무역 실적이 관건이라고 굳게 믿고 있었다. 인터뷰를 마무리 짓자마자 화웨이 규제에 따른 수출 대책 회의를 해야 한다며 필자보다 먼저 서둘러 사무실을 빠져나갔다.